Orlando Syrg Taschenbuch 152018

OR
SY
TA

RAT ACBO

Reihe

Alte Tradition

Azurcelesteblueoscuro

herausgegeben

von

Joerg K. Sommermeyer & Orlando Syrg

Exemplarische Werke der Weltliteratur

herausgegeben von

Joerg K. Sommermeyer

MIX
Papier aus verantwortungsvollen Quellen
Paper from responsible sources
FSC® C105338

Über dieses Buch

Balladen haben ihre Hypothek, bis zum Verdruss Pflichtlektüre in der Schule zu sein, überlebt. Meisterwerke erweisen sich aber bis heute als "unkaputtbar"!
Peter Hacks ließ nur wenige gelten: *»Von den hundert Balladen, die die Deutschen besitzen, sind je ein Viertel von Goethe, Schiller und Heine und ist das verbleibende Viertel von sonstigen Dichtern verfasst.«* Und seit über fünfzig Jahren wurde und wird sie immer wieder für tot erklärt. Aber Totgesagte leben länger.
Die vorliegende Ausgabe (mit absichtlichem Schwerpunkt auf Heinrich Heines Werke) will weder Enzyklopädie noch Balladengeschichte vergangener Jahrhunderte und schon gar nicht ein Beitrag zur Balladentheorie sein, sie ist vielmehr als Lesebuch gedacht, welches anregen und erfreuen soll. Leser dürfen keineswegs nur alle zwanzig oder dreißig Seiten auf einen packenden Text stoßen, sondern gerade umgekehrt, langweilende oder gar nervende Texte, wenn sich das – über Geschmäcker lässt sich (nicht) streiten – nicht gänzlich vermeiden ließe, sollten bei der Lektüre dieses Buches höchst selten begegnen, äußerstenfalls siebenmal, nicht mehr! (siehe auch das Nachwort von JS, unten, S. 395 f.)

Die Autoren

Heinrich Heine, Johann Wolfgang von Goethe, Friedrich Schiller, Clemens Brentano, Adelbert von Chamisso, Joseph von Eichendorff, Ludwig Uhland, Friedrich Rückert, Gustav Schwab, August von Platen, Annette von Droste-Hülshoff, Nikolaus Lenau, Eduard Mörike, Friedrich Hebbel, Ferdinand Freiligrath, Emmanuel Geibel, Theodor Fontane, Gottfried Keller, Conrad Ferdinand Meyer, Detev von Liliencron, Else Lasker-Schüler, Georg Heym, Georg Trakl, Stefan George, Hugo von Hofmannsthal, Börries Freiherr von Münchhausen, Joachim Ringelnatz.

Der Herausgeber

Joerg K. Sommermeyer (JS), * 14.10.1947 in Brackenheim, Sohn des Physikers Prof. Dr. Kurt Hans Sommermeyer (* 23. März 1906, Schleusingen/Thüringen - † 13. Februar 1969, Freiburg i. Brsg./Bd.-Wrtt.). Kindheit in Freiburg. Studierte Jura, Philosophie, Germanistik, Geschichte und Musikwissenschaft. Klassische Gitarre bei Viktor v. Hasselmann und Anton Stingl. Unterrichtete in den späten Sechzigern Gitarre am Kindergärtnerinnen-/Jugendleiterinnenseminar und in den Achtzigern Rechtsanwaltsgehilfinnen in spe an der Max-Weber-Schule in Freiburg. 1976 bis 2004 Rechtsanwalt in Freiburg. Setzte sich für eine Verstärkung des Rechtsschutzes bei Grundrechtseingriffen ein (Unterbringungsrecht, Untersuchungshaft, Durchsuchungsrecht). Zahlreiche Veröffentlichungen in juristischen Fachzeitschriften sowie Artikel in Musikblättern. Gründer und Vorsitzender der Internationalen Gitarristischen Vereinigung, Organisator und Künstlerischer Leiter der Freiburger Gitarren- und Lautentage, Herausgeber und Redakteur der Zeitschrift *Nova Giulianiad: Saitenblätter für die Gitarre und Laute.* Juror beim Schlesischen Gitarrenherbst in Tychy und Internationalen Gitarrenkongress Freiburg/Basel/Straßburg. Komponierte Songs, schrieb Liedtexte, Arrangements, Instrumentalmusik. 7 CDs, u. a.: Total Overdrive, Those Rocks & Lieders, Nel Cuore Romanzo Rock, Ergo, 7 Celebrities. Prosa: Anton Unbekannt, Pathoaphysischer Antiroman, Tragigroteskenfragment, 2008/2009; Vernimm mein Schreien, 2017/2018. Lieblingsmärchen, 2017/2018. Edition von Werken Josefa Gerhäusers, Franz Trellers, Oskar Panizzas, Fritz von Ostinis, Hugo Balls, Carl Einsteins, Ludwig Rubiners, Franz Kafkas, Heinrich von Kleists, Christian Morgensterns, Robert Müllers, Joseph von Eichendorffs, Adelbert von Chamissos, Georg Büchners, Denis Diderots, Wilhelm Heinrich Wackenroders, E. T. A. Hoffmanns, Rainer Maria Rilkes, Annette von Droste-Hülshoffs, Jeremias Gotthelfs und Marie von Ebner-Eschenbachs. Joerg K. Sommermeyer (JS) lebt in Berlin.

Orlando Syrg, Berlin, 4. Oktober 2018

Joerg K. Sommermeyer (Hg.)

Heinrich Heines

Romanzero

nebst

Lieblingsballaden

von

Goethe, Schiller und anderen

Ausgewählt, durchgesehen, revidiert und mit
einem Nachwort herausgegeben
von
Joerg K. Sommermeyer

Orlando Syrg

MMXVIII

1. Auflage 2018

Orlando Syrg, Berlin **(vormals Freiburg i. Brsg.)**

Orlando Syrg Taschenbuch

ORSYTA 152018

Reihe Alte Tradition Azurcelesteblueoscuro

RAT ACBO 11

Auswahl, Revision, Herausgabe und Nachwort:
Joerg K. Sommermeyer

Umschlaggestaltung (unter Verwendung des Gemäldes von Arnold Böcklin, *"Angelika, von einem Drachen bewacht"*, 1873, auf der Vorderseite): JS

Lektorat, Satz und Layout: Rodrigo Wunderfroh, JS, Maria Messall, Ton Unbe, Roland König, Christa Seehak, Hans Ohnson, Lars Penath, Waltraut Schmidt, Don Salpius, Martina Pfennig, Hermann Henes

Herstellung, Verlag BoD - Books on Demand, Norderstedt

Made in Germany

ISBN 9783748112563

Inhalt

Für
H. K. S.,
wo immer sie jetzt sein mögen,
in Liebe, Verehrung und Dankbarkeit

Heinrich Heine

(1797–1856)

Romanzero

Entstanden 1846-1851; Erstdruck bei Hoffmann und Campe, Hamburg 1851.

Erstes Buch – Historien

Wenn man an dir Verrat geübt,
Sei du um so treuer;
Und ist deine Seele zu Tode betrübt,
So greife zur Leier.

Die Saiten klingen! Ein Heldenlied,
Voll Flammen und Gluten!
Da schmilzt der Zorn, und dein Gemüt
Wird süß verbluten.

Rhampsenit

Als der König Rhampsenit
Eintrat in die goldne Halle
Seiner Tochter, lachte diese,
Lachten ihre Zofen alle.

Auch die Schwarzen, die Eunuchen,
Stimmten lachend ein, es lachten
Selbst die Mumien, selbst die Sphinxe,
Dass sie schier zu bersten dachten.

Die Prinzessin sprach: »Ich glaubte
Schon, den Schatzdieb zu erfassen,
Der hat aber einen toten
Arm in meiner Hand gelassen.

Jetzt begreif ich, wie der Schatzdieb
Dringt in deine Schatzhauskammern,
Und die Schätze dir entwendet,
Trotz den Schlössern, Riegeln, Klammern.

Einen Zauberschlüssel hat er,
Der erschließet allerorten
Jede Türe, widerstehen
Können nicht die stärksten Pforten.

Ich bin keine starke Pforte,
Und ich hab nicht widerstanden,
Schätzehütend diese Nacht
Kam ein Schätzlein mir abhanden.«

So sprach lachend die Prinzessin,
Und sie tänzelt im Gemache,
Und die Zofen und Eunuchen
Hoben wieder ihre Lache.

An demselben Tag ganz Memphis
Lachte, selbst die Krokodile
Reckten lachend ihre Häupter
Aus dem schlammig gelben Nile,

Als sie Trommelschlag vernahmen
Und sie hörten an dem Ufer
Folgendes Reskript verlesen
Von dem Kanzeleiausrufer:

»Rhampsenit, von Gottes Gnaden
König zu und in Ägypten,
Wir entbieten Gruß und Freundschaft
Unsern Vielgetreun und Liebden.

In der Nacht vom dritten zu dem
Vierten Junius des Jahres
Dreizehnhundertvierundzwanzig
Vor Christi Geburt, da war es,

Dass ein Dieb aus unserm Schatzhaus
Eine Menge von Juwelen
Uns entwendet; es gelang ihm,
Uns auch später zu bestehlen.

Zur Ermittelung des Täters
Ließen schlafen wir die Tochter
Bei den Schätzen – doch auch jene
Zu bestehlen schlau vermocht er.

Um zu steuern solchem Diebstahl
Und zu gleicher Zeit dem Diebe
Unsre Sympathie zu zeigen,
Unsre Ehrfurcht, unsre Liebe,

Wollen wir ihm zur Gemahlin
Unsre einz'ge Tochter geben

Und ihn auch als Thronnachfolger
In den Fürstenstand erheben.

Sintemal uns die Adresse
Unsres Eidams noch zur Stunde
Unbekannt, soll dies Reskript ihm
Bringen Unsrer Gnade Kunde.

So geschehn den dritten Jänner
Dreizehnhundertzwanzigsechs
Vor Christi Geburt. – Signieret
Von Uns: Rhampsenitus Rex.«

Rhampsenit hat Wort gehalten,
Nahm den Dieb zum Schwiegersohne,
Und nach seinem Tode erbte
Auch der Dieb Ägyptens Krone.

Er regierte wie die andern,
Schützte Handel und Talente;
Wenig, heißt es, ward gestohlen
Unter seinem Regimente.

Der weiße Elefant

Der König von Siam, Mahawasant,
Beherrscht das halbe Indienland,
Zwölf Kön'ge, der große Mogul sogar,
Sind seinem Zepter tributar.

Alljährlich mit Trommeln, Posaunen und Fahnen
Ziehen nach Siam die Zinskarawanen;
Viel tausend Kamele, hochberuckte,
Schleppen die kostbarsten Landesprodukte.

Sieht er die schwerbepackten Kamele,
So schmunzelt heimlich des Königs Seele;
Öffentlich freilich pflegt er zu jammern,
Es fehle an Raum in seinen Schatzkammern.

Doch diese Schatzkammern sind so weit,

So groß und voller Herrlichkeit;
Hier überflügelt der Wirklichkeit Pracht
Die Märchen von Tausendundeine Nacht.

»Die Burg des Indra« heißt die Halle,
Wo aufgestellt die Götter alle,
Bildsäulen von Gold, fein ziselieret,
Mit Edelsteinen inkrustieret.

Sind an der Zahl wohl dreißigtausend,
Figuren abenteuerlich grausend,
Mischlinge von Menschen- und Tiergeschöpfen,
Mit vielen Händen und vielen Köpfen.

Im »Purpursaale« sieht man verwundert
Korallenbäume dreizehnhundert,
Wie Palmen groß, seltsamer Gestalt,
Geschnörkelt die Äste, ein roter Wald.

Das Estrich ist vom reinsten Kristalle
Und widerspiegelt die Bäume alle.
Fasanen vom buntesten Glanzgefieder
Gehn gravitätisch dort auf und nieder.

Der Lieblingsaffe des Mahawasant
Trägt an dem Hals ein seidenes Band,
Dran hängt der Schlüssel, welcher erschleußt
Die Halle, die man den Schlafsaal heißt.

Die Edelsteine vom höchsten Wert,
Die liegen wie Erbsen hier auf der Erd'
Hochaufgeschüttet; man findet dabei
Diamanten so groß wie ein Hühnerei.

Auf grauen, mit Perlen gefüllten Säcken
Pflegt hier der König sich hinzustrecken;
Der Affe legt sich zum Monarchen,
Und beide schlafen ein und schnarchen.

Das Kostbarste aber von allen Schätzen
Des Königs, sein Glück, sein Seelenergötzen,
Die Lust und der Stolz von Mahawasant,

Das ist sein weißer Elefant.

Als Wohnung für diesen erhabenen Gast
Ließ bauen der König den schönsten Palast;
Es wird das Dach, mit Goldblech beschlagen,
Von lotosknäufigen Säulen getragen.

Am Tore stehen dreihundert Trabanten
Als Ehrenwache des Elefanten,
Und kniend, mit gekrümmtem Rucken,
Bedienen ihn hundert schwarze Eunucken.

Man bringt auf einer güldnen Schüssel
Die leckersten Bissen für seinen Rüssel;
Er schlürft aus silbernen Eimern den Wein,
Gewürzt mit den süßesten Spezerein.

Man salbt ihn mir Ambra und Rosenessenzen,
Man schmückt sein Haupt mit Blumenkränzen;
Als Fußdecke dienen dem edlen Tier
Die kostbarsten Schals aus Kaschimir.

Das glücklichste Leben ist ihm beschieden,
Doch niemand auf Erden ist zufrieden.
Das edle Tier, man weiß nicht wie,
Versinkt in tiefe Melancholie.

Der weiße Melancholikus
Steht traurig mitten im Überfluss.
Man will ihn ermuntern, man will ihn erheitern,
Jedoch die klügsten Versuche scheitern.

Vergebens kommen mit Springen und Singen
Die Bajaderen; vergebens erklingen
Die Zinken und Pauken der Musikanten,
Doch nichts erlustigt den Elefanten.

Da täglich sich der Zustand verschlimmert,
Wird Mahawasantes Herz bekümmert;
Er lässt vor seines Thrones Stufen
Den klügsten Astrologen rufen.

»Sterngucker, ich lass dir das Haupt abschlagen«,

Herrscht er ihn an, »kannst du mir nicht sagen,
Was meinem Elefanten fehle,
Warum so verdüstert seine Seele?«

Doch jener wirft sich dreimal zur Erde,
Und endlich spricht er mit ernster Gebärde:
»O König, ich will dir die Wahrheit verkünden,
Du kannst dann handeln nach Gutbefinden.

Es lebt im Norden ein schönes Weib
Von hohem Wuchs und weißem Leib,
Dein Elefant ist herrlich, unleugbar,
Doch ist er nicht mit ihr vergleichbar.

Mit ihr verglichen, erscheint er nur
Ein weißes Mäuschen. Es mahnt die Statur
An Bimha, die Riesin, im ›Ramayana‹,
Und an der Epheser große Diana.

Wie sich die Gliedermassen wölben
Zum schönsten Bau! Es tragen dieselben
Anmutig und stolz zwei hohe Pilaster
Von blendend weißem Alabaster.

Das ist Gott Amors kolossale
Domkirche, der Liebe Kathedrale;
Als Lampe brennt im Tabernakel
Ein Herz, das ohne Falsch und Makel.

Die Dichter jagen vergebens nach Bildern,
Um ihre weiße Haut zu schildern;
Selbst Gautier ist dessen nicht kapabel –
O diese Weiße ist implacable!

Des Himalaja Gipfelschnee
Erscheint aschgrau in ihrer Näh';
Die Lilie die ihre Hand erfasst,
Vergilbt durch Eifersucht oder Kontrast.

Gräfin Bianka ist der Name
Von dieser großen weißen Dame;
Sie wohnt zu Paris im Frankenland,

Und diese liebt der Elefant.

Durch wunderbare Wahlverwandtschaft
Im Traume machte er ihre Bekanntschaft,
Und träumend in sein Herze stahl
Sich dieses hohe Ideal.

Sehnsucht verzehrt ihn seit jener Stund',
Und er, der vormals so froh und gesund,
Er ist ein vierfüßiger Werther geworden,
Und träumt von einer Lotte im Norden.

Geheimnisvolle Sympathie!
Er sah sie nie und denkt an sie.
Er trampelt oft im Mondschein umher
Und seufzet: ›Wenn ich ein Vöglein wär!‹

In Siam ist nur der Leib, die Gedanken
Sind bei Bianka im Lande der Franken;
Doch diese Trennung von Leib und Seele
Schwächt sehr den Magen, vertrocknet die Kehle.

Die leckersten Braten widern ihn an,
Er liebt nur Dampfnudeln und Ossian;
Er hüstelt schon, er magert ab,
Die Sehnsucht schaufelt sein frühes Grab.

Willst du ihn retten, erhalten sein Leben,
Der Säugetierwelt ihn wiedergeben,
O König, so schicke den hohen Kranken
Direkt nach Paris, der Hauptstadt der Franken.

Wenn ihn alldort in der Wirklichkeit
Der Anblick der schönen Frau erfreut,
Die seiner Träume Urbild gewesen,
Dann wird er von seinem Trübsinn genesen.

Wo seiner Schönen Augen strahlen,
Da schwinden seiner Seele Qualen;
Ihr Lächeln verscheucht die letzten Schatten,
Die hier sich eingenistet hatten;

Und ihre Stimme, wie 'n Zauberlied,

Löst sie den Zwiespalt in seinem Gemüt;
Froh hebt er wieder die Lappen der Ohren,
Er fühlt sich verjüngt, wie neugeboren.

Es lebt sich so lieblich, es lebt sich so süß
Am Seinestrand, in der Stadt Paris!
Wie wird sich dorten zivilisieren
Dein Elefant und amüsieren!

Vor allem aber, o König, lasse
Ihm reichlich füllen die Reisekasse,
Und gib ihm einen Kreditbrief mit
Auf Rothschild frères in der Rue Lafitte.

Ja, einen Kreditbrief von einer Million
Dukaten etwa; – der Herr Baron
Von Rothschild sagt von ihm alsdann:
›Der Elefant ist ein braver Mann!‹«

So sprach der Astrolog, und wieder
Warf er sich dreimal zur Erde nieder.
Der König entließ ihn mit reichen Geschenken,
Und streckte sich aus, um nachzudenken.

Er dachte hin, er dachte her;
Das Denken wird den Königen schwer.
Sein Affe sich zu ihm niedersetzt,
Und beide schlafen ein zuletzt.

Was er beschlossen, das kann ich erzählen
Erst später; die indischen Mall'posten fehlen.
Die letzte, welche uns zugekommen,
Die hat den Weg über Suez genommen.

Schelm von Bergen

Im Schloss zu Düsseldorf am Rhein
Wird Mummenschanz gehalten;
Da flimmern die Kerzen, da rauscht die Musik,
Da tanzen die bunten Gestalten.

Da tanzt die schöne Herzogin,
Sie lacht laut auf beständig;
Ihr Tänzer ist ein schlanker Fant,
Gar höfisch und behändig.

Er trägt eine Maske von schwarzem Samt,
Daraus gar freudig blicket
Ein Auge, wie ein blanker Dolch,
Halb aus der Scheide gezücket.

Es jubelt die Fastnachtsgeckenschar,
Wenn jene vorüberwalzen.
Der Drickes und die Marizzebill
Grüßen mit Schnarren und Schnalzen.

Und die Trompeten schmettern drein,
Der närrische Brummbass brummet,
Bis endlich der Tanz ein Ende nimmt
Und die Musik verstummet.

»Durchlauchtigste Frau, gebt Urlaub mir,
Ich muss nach Hause gehen –«
Die Herzogin lacht: »Ich lass dich nicht fort,
Bevor ich dein Antlitz gesehen.«

»Durchlauchtigste Frau, gebt Urlaub mir,
Mein Anblick bringt Schrecken und Grauen –«
Die Herzogin lacht: »Ich fürchte mich nicht,
Ich will dein Antlitz schauen.«

»Durchlauchtigste Frau, gebt Urlaub mir,
Der Nacht und dem Tode gehör ich –«
Die Herzogin lacht: »Ich lasse dich nicht,
Dein Antlitz zu schauen begehr ich.«

Wohl sträubt sich der Mann mit finsterm Wort,
Das Weib nicht zähmen kunnt er;
Sie riss zuletzt ihm mit Gewalt
Die Maske vom Antlitz herunter.

»Das ist der Scharfrichter von Bergen!« so schreit
Entsetzt die Menge im Saale

Und weichet scheusam – die Herzogin
Stürzt fort zu ihrem Gemahle.

Der Herzog ist klug, er tilgte die Schmach
Der Gattin auf der Stelle.
Er zog sein blankes Schwert und sprach:
»Knie vor mir nieder, Geselle!

Mit diesem Schwertschlag mach ich dich
Jetzt ehrlich und ritterzünftig,
Und weil du ein Schelm, so nenne dich
Herr Schelm von Bergen künftig.«

So ward der Henker ein Edelmann
Und Ahnherr der Schelme von Bergen.
Ein stolzes Geschlecht! es blühte am Rhein.
Jetzt schläft es in steinernen Särgen.

Walküren

Unten Schlacht. Doch oben schossen
Durch die Luft auf Wolkenrossen
Drei Walküren, und es klang
Schilderklirrend ihr Gesang:

»Fürsten hadern, Völker streiten,
Jeder will die Macht erbeuten;
Herrschaft ist das höchste Gut,
Höchste Tugend ist der Mut.

Heisa! vor dem Tod beschützen
Keine stolzen Eisenmützen,
Und das Heldenblut zerrinnt
Und der schlechtre Mann gewinnt.

Lorbeerkränze, Siegesbogen!
Morgen kommt er eingezogen,
Der den Bessern überwand
Und gewonnen Leut' und Land.

Bürgermeister und Senator

Holen ein den Triumphator,
Tragen ihm die Schlüssel vor,
Und der Zug geht durch das Tor.

Hei! da böllert's von den Wällen,
Zinken und Trompeten gellen,
Glockenklang erfüllt die Luft,
Und der Pöbel ›Vivat!‹ ruft.

Lächelnd stehen auf Balkonen
Schöne Fraun, und Blumenkronen
Werfen sie dem Sieger zu.
Dieser grüßt mit stolzer Ruh'.«

Schlachtfeld bei Hastings

Der Abt von Waltham seufzte tief,
Als er die Kunde vernommen,
Dass König Harold elendiglich
Bei Hastings umgekommen.

Zwei Mönche, Asgod und Ailrik genannt,
Die schickt' er aus als Boten,
Sie sollten suchen die Leiche Harolds
Bei Hastings unter den Toten.

Die Mönche gingen traurig fort
Und kehrten traurig zurücke:
»Hochwürdiger Vater, die Welt ist uns gram,
Wir sind verlassen vom Glücke.

Gefallen ist der bessre Mann,
Es siegte der Bankert, der schlechte,
Gewappnete Diebe verteilen das Land
Und machen den Freiling zum Knechte.

Der lausigste Lump aus der Normandie
Wird Lord auf der Insel der Briten;
Ich sah einen Schneider aus Bayeux, er kam
Mit goldnen Sporen geritten.

Weh dem, der jetzt ein Sachse ist!
Ihr Sachsenheilige droben
Im Himmelreich, nehmt euch in acht,
Ihr seid der Schmach nicht enthoben.

Jetzt wissen wir, was bedeutet hat
Der große Komet, der heuer
Blutrot am nächtlichen Himmel ritt
Auf einem Besen von Feuer.

Bei Hastings in Erfüllung ging
Des Unsterns böses Zeichen,
Wir waren auf dem Schlachtfeld dort
Und suchten unter den Leichen.

Wir suchten hin, wir suchten her,
Bis alle Hoffnung verschwunden –
Den Leichnam des toten Königs Harold,
Wir haben ihn nicht gefunden.«

Asgod und Ailrik sprachen also;
Der Abt rang jammernd die Hände,
Versank in tiefe Nachdenklichkeit
Und sprach mit Seufzen am Ende:

»Zu Grendelfield am Bardenstein,
Just in des Waldes Mitte,
Da wohnet Edith Schwanenhals
In einer dürft'gen Hütte.

Man hieß sie Edith Schwanenhals,
Weil wie der Hals der Schwäne
Ihr Nacken war; der König Harold,
Er liebte die junge Schöne.

Er hat sie geliebt, geküsst und geherzt,
Und endlich verlassen, vergessen.
Die Zeit verfließt; wohl sechzehn Jahr'
Verflossen unterdessen.

Begebt euch, Brüder, zu diesem Weib
Und lasst sie mit euch gehen

Zurück nach Hastings, der Blick des Weibs
Wird dort den König erspähen.

Nach Waltham-Abtei hierher alsdann
Sollt ihr die Leiche bringen,
Damit wir christlich bestatten den Leib
Und für die Seele singen.«

Um Mitternacht gelangten schon
Die Boten zur Hütte im Walde:
»Erwache, Edith Schwanenhals,
Und folge uns alsbalde.

Der Herzog der Normannen hat
Den Sieg davongetragen,
Und auf dem Feld bei Hastings liegt
Der König Harold erschlagen.

Komm mit nach Hastings, wir suchen dort
Den Leichnam unter den Toten,
Und bringen ihn nach Waltham-Abtei,
Wie uns der Abt geboten.«

Kein Wort sprach Edith Schwanenhals,
Sie schürzte sich geschwinde
Und folgte den Mönchen; ihr greisendes Haar,
Das flatterte wild im Winde.

Es folgte barfuß das arme Weib
Durch Sümpfe und Baumgestrüppe.
Bei Tagesanbruch gewahrten sie schon
Zu Hastings die kreidige Klippe.

Der Nebel, der das Schlachtfeld bedeckt
Als wie ein weißes Leilich,
Zerfloss allmählich; es flatterten auf
Die Dohlen und krächzten abscheulich.

Viel tausend Leichen lagen dort
Erbärmlich auf blutiger Erde,
Nackt ausgeplündert, verstümmelt, zerfleischt,
Daneben die Äser der Pferde.

Es wadete Edith Schwanenhals
Im Blute mit nackten Füßen;
Wie Pfeile aus ihrem stieren Aug'
Die forschenden Blicke schießen.

Sie suchte hin, sie suchte her,
Oft musste sie mühsam verscheuchen
Die fraßbegierige Rabenschar;
Die Mönche hinter ihr keuchen.

Sie suchte schon den ganzen Tag,
Es ward schon Abend – plötzlich
Bricht aus der Brust des armen Weibs
Ein geller Schrei, entsetzlich.

Gefunden hat Edith Schwanenhals
Des toten Königs Leiche.
Sie sprach kein Wort, sie weinte nicht,
Sie küsste das Antlitz, das bleiche.

Sie küsste die Stirne, sie küsste den Mund,
Sie hielt ihn fest umschlossen;
Sie küsste auf des Königs Brust
Die Wunde blutumflossen.

Auf seiner Schulter erblickt sie auch –
Und sie bedeckt sie mit Küssen –
Drei kleine Narben, Denkmäler der Lust,
Die sie einst hineingebissen.

Die Mönche konnten mittlerweil'
Baumstämme zusammenfugen;
Das war die Bahre, worauf sie alsdann
Den toten König trugen.

Sie trugen ihn nach Waltham-Abtei,
Dass man ihn dort begrübe;
Es folgte Edith Schwanenhals
Der Leiche ihrer Liebe.

Sie sang die Totenlitanei'n
In kindisch frommer Weise;

Das klang so schauerlich in der Nacht –
Die Mönche beteten leise. –

Karl I.

Im Wald, in der Köhlerhütte, sitzt
Trübsinnig allein der König;
Er sitzt an der Wiege des Köhlerkinds
Und wiegt und singt eintönig:

»Eiapopeia, was raschelt im Stroh?
Es blöken im Stalle die Schafe –
Du trägst das Zeichen an der Stirn
Und lächelst so furchtbar im Schlafe.

Eiapopeia, das Kätzchen ist tot –
Du trägst auf der Stirne das Zeichen –
Du wirst ein Mann und schwingst das Beil,
Schon zittern im Walde die Eichen.

Der alte Köhlerglaube verschwand,
Es glauben die Köhlerkinder –
Eiapopeia – nicht mehr an Gott,
Und an den König noch minder.

Das Kätzchen ist tot, die Mäuschen sind froh –
Wir müssen zuschanden werden –
Eiapopeia – im Himmel der Gott
Und ich, der König auf Erden.

Mein Mut erlischt, mein Herz ist krank,
Und täglich wird es kränker –
Eiapopeia – du Köhlerkind,
Ich weiß es, du bist mein Henker.

Mein Todesgesang ist dein Wiegenlied –
Eiapopeia – die greisen
Haarlocken schneidest du ab zuvor –
Im Nacken klirrt mir das Eisen.

Eiapopeia, was raschelt im Stroh?

Du hast das Reich erworben,
Und schlägst mir das Haupt vom Rumpf herab –
Das Kätzchen ist gestorben.

Eiapopeia, was raschelt im Stroh?
Es blöken im Stalle die Schafe.
Das Kätzchen ist tot, die Mäuschen sind froh –
Schlafe, mein Henkerchen, schlafe!«

Maria Antoinette

Wie heiter im Tuilerienschloss
Blinken die Spiegelfenster,
Und dennoch dort am hellen Tag
Gehn um die alten Gespenster.

Es spukt im Pavillon de Flor'
Maria Antoinette;
Sie hält dort morgens ihr Lever
Mit strenger Etikette.

Geputzte Hofdamen. Die meisten stehn,
Auf Taburetts andre sitzen;
Die Kleider von Atlas und Goldbrokat,
Behängt mit Juwelen und Spitzen.

Die Taille ist schmal, der Reifrock bauscht,
Darunter lauschen die netten
Hochhackigen Füßchen so klug hervor –
Ach, wenn sie nur Köpfe hätten!

Sie haben alle keinen Kopf,
Der Königin selbst manquieret
Der Kopf, und Ihro Majestät
Ist deshalb nicht frisieret.

Ja, sie, die mit turmhohem Toupet
So stolz sich konnte gebaren,
Die Tochter Maria Theresias,
Die Enkelin deutscher Cäsaren,

Sie muss jetzt spuken ohne Frisur
Und ohne Kopf, im Kreise
Von unfrisierten Edelfraun,
Die kopflos gleicherweise.

Das sind die Folgen der Revolution
Und ihrer fatalen Doktrine;
An allem ist schuld Jean Jacques Rousseau,
Voltaire und die Guillotine.

Doch sonderbar! es dünkt mich schier,
Als hätten die armen Geschöpfe
Gar nicht bemerkt, wie tot sie sind
Und dass sie verloren die Köpfe.

Ein leeres Gespreize, ganz wie sonst,
Ein abgeschmacktes Scherwenzen –
Possierlich sind und schauderhaft
Die kopflosen Reverenzen.

Es knickst die erste Dame d'atour
Und bringt ein Hemd von Linnen;
Die zweite reicht es der Königin,
Und beide knicksen von hinnen.

Die dritte Dam' und die vierte Dam'
Knicksen und niederknien
Vor Ihrer Majestät, um Ihr
Die Strümpfe anzuziehen.

Ein Ehrenfräulein kommt und knickst
Und bringt das Morgenjäckchen;
Ein andres Fräulein knickst und bringt
Der Königin Unterröckchen.

Die Oberhofmeisterin steht dabei,
Sie fächert die Brust, die weiße,
Und in Ermanglung eines Kopfs
Lächelt sie mit dem Steiße.

Wohl durch die verhängten Fenster wirft
Die Sonne neugierige Blicke,

Doch wie sie gewahrt den alten Spuk,
Prallt sie erschrocken zurücke.

Pomare

1.

Alle Liebesgötter jauchzen
Mir im Herzen, und Fanfare
Blasen sie und rufen: »Heil!
Heil, der Königin Pomare!«

Jene nicht von Otahaiti –
Missionärisiert ist jene –
Die ich meine, die ist wild,
Eine ungezähmte Schöne.

Zweimal in der Woche zeigt sie
Öffentlich sich ihrem Volke
In dem Garten Mabill, tanzt
Dort den Cancan, auch die Polke.

Majestät in jedem Schritte,
Jede Beugung Huld und Gnade,
Eine Fürstin jeder Zoll
Von der Hüfte bis zur Wade –

Also tanzt sie – und es blasen
Liebesgötter die Fanfare
Mir im Herzen, rufen: »Heil!
Heil der Königin Pomare!«

2.

Sie tanzt. Wie sie das Leibchen wiegt!
Wie jedes Glied sich zierlich biegt!
Das ist ein Flattern und ein Schwingen,
Um wahrlich aus der Haut zu springen.

Sie tanzt. Wenn sie sich wirbelnd dreht

Auf einem Fuß, und stillesteht
Am End' mit ausgestreckten Armen.
Mag Gott sich meiner Vernunft erbarmen!

Sie tanzt. Derselbe Tanz ist das,
Den einst die Tochter Herodias'
Getanzt vor dem Judenkönig Herodes.
Ihr Auge sprüht wie Blitze des Todes.

Sie tanzt mich rasend – ich werde toll –
Sprich, Weib, was ich dir schenken soll?
Du lächelst? Heda! Trabanten! Läufer!
Man schlage ab das Haupt dem Täufer!

3.

Gestern noch fürs liebe Brot
Wälzte sie sich tief im Kot,
Aber heute schon mit vieren
Fährt das stolze Weib spazieren.
In die seidnen Kissen drückt
Sie das Lockenhaupt, und blickt
Vornehm auf den großen Haufen
Derer, die zu Fuße laufen.

Wenn ich dich so fahren seh,
Tut es mir im Herzen weh!
Ach, es wird dich dieser Wagen
Nach dem Hospitale tragen,
Wo der grausenhafte Tod
Endlich endigt deine Not,
Und der Carabin mit schmierig
Plumper Hand und lernbegierig
Deinen schönen Leib zerfetzt,
Anatomisch ihn zersetzt –
Deine Rosse trifft nicht minder
Einst zu Montfaucon der Schinder.

4.

Besser hat es sich gewendet,
Das Geschick, das dich bedroht' –
Gott sei Dank, du hast geendet,
Gott sei Dank, und du bist tot.

In der Dachstub' deiner armen
Alten Mutter starbest du,
Und sie schloss dir mit Erbarmen
Deine schönen Augen zu.

Kaufte dir ein gutes Leilich,
Einen Sarg, ein Grab sogar.
Die Begräbnisfeier freilich
Etwas kahl und ärmlich war.

Keinen Pfaffen hört' man singen,
Keine Glocke klagte schwer;
Hinter deiner Bahre gingen
Nur dein Hund und dein Friseur.

»Ach, ich habe der Pomare«,
Seufzte dieser, »oft gekämmt
Ihre langen schwarzen Haare,
Wenn sie vor mir saß im Hemd.«

Was den Hund betrifft, so rannt er
Schon am Kirchhofstor davon,
Und ein Unterkommen fand er
Späterhin bei Ros' Pompon,

Ros' Pompon, der Provenzalin,
Die den Namen Königin
Dir missgönnt und als Rivalin
Dich verklatscht mit niederm Sinn.

Arme Königin des Spottes,
Mit dem Diadem von Kot,
Bist gerettet jetzt durch Gottes
Ew'ge Güte, du bist tot.

Wie die Mutter, so der Vater

Hat Barmherzigkeit geübt,
Und ich glaube, dieses tat er,
Weil auch du soviel geliebt.

Der Apollogott

1.

Das Kloster ist hoch auf Felsen gebaut,
Der Rhein vorüberrauschet;
Wohl durch das Gitterfenster schaut
Die junge Nonne und lauschet.

Da fährt ein Schifflein, märchenhaft
Vom Abendrot beglänzet;
Es ist bewimpelt von buntem Taft,
Von Lorbeern und Blumen bekränzet.

Ein schöner blondgelockter Fant
Steht in des Schiffes Mitte;
Sein goldgesticktes Purpurgewand
Ist von antikem Schnitte.

Zu seinen Füßen liegen da
Neun marmorschöne Weiber;
Die hochgeschürzte Tunika
Umschließt die schlanken Leiber.

Der Goldgelockte lieblich singt
Und spielt dazu die Leier;
Ins Herz der armen Nonne dringt
Das Lied und brennt wie Feuer.

Sie schlägt ein Kreuz, und noch einmal
Schlägt sie ein Kreuz, die Nonne;
Nicht scheucht das Kreuz die süße Qual,
Nicht bannt es die bittre Wonne.

2.

»Ich bin der Gott der Musika,
Verehrt in allen Landen;
Mein Tempel hat in Gräcia
Auf Mont-Parnaß gestanden.

Auf Mont-Parnaß in Gräcia,
Da hab ich oft gesessen
Am holden Quell Kastalia,
Im Schatten der Zypressen.

Vokalisierend saßen da
Um mich herum die Töchter,
Das sang und klang la-la, la-la!
Geplauder und Gelächter.

Mitunter rief tra-ra, tra-ra!
Ein Waldhorn aus dem Holze;
Dort jagte Artemisia,
Mein Schwesterlein, die Stolze.

Ich weiß es nicht, wie mir geschah:
Ich brauchte nur zu nippen
Vom Wasser der Kastalia,
Da tönten meine Lippen.

Ich sang – und wie von selbst beinah
Die Leier klang, berauschend;
Mir war, als ob ich Daphne sah,
Aus Lorbeerbüschen lauschend.

Ich sang – und wie Ambrosia
Wohlrüche sich ergossen,
Es war von einer Gloria
Die ganze Welt umflossen.

Wohl tausend Jahr' aus Gräcia
Bin ich verbannt, vertrieben –
Doch ist mein Herz in Gräcia,
In Gräcia geblieben.«

3.

In der Tracht der Beguinen,
In dem Mantel mit der Kappe
Von der gröbsten schwarzen Serge,
Ist vermummt die junge Nonne.

Hastig längs des Rheines Ufern
Schreitet sie hinab die Landstraß',
Die nach Holland führt, und hastig
Fragt sie jeden, der vorbeikommt:

»Habt Ihr nicht gesehn Apollo?
Einen roten Mantel trägt er,
Lieblich singt er, spielt die Leier,
Und er ist mein holder Abgott.«

Keiner will ihr Rede stehen,
Mancher dreht ihr stumm den Rücken,
Mancher glotzt sie an und lächelt,
Mancher seufzet: »Armes Kind!«

Doch des Wegs herangetrottelt
Kommt ein schlottrig alter Mensch,
Fingert in der Luft, wie rechnend,
Näselnd singt er vor sich hin.

Einen schlappen Quersack trägt er,
Auch ein klein dreieckig Hütchen;
Und mit schmunzelnd klugen Äuglein
Hört er an den Spruch der Nonne:

»Habt Ihr nicht gesehn Apollo?
Einen roten Mantel trägt er,
Lieblich singt er, spielt die Leier,
Und er ist mein holder Abgott.«

Jener aber gab zur Antwort,
Während er sein Köpfchen wiegte
Hin und her, und gar possierlich
Zupfte an dem spitzen Bärtchen:

»Ob ich ihn gesehen habe?

Ja, ich habe ihn gesehen
Oft genug zu Amsterdam,
In der deutschen Synagoge.

Denn er war Vorsänger dorten,
Und da hieß er Rabbi Faibisch,
Was auf Hochdeutsch heiße Apollo –
Doch mein Abgott ist er nicht.

Roter Mantel? Auch den roten
Mantel kenn ich. Echter Scharlach,
Kostet acht Florin die Elle,
Und ist noch nicht ganz bezahlt.

Seinen Vater Moses Jitscher
Kenn ich gut. Vorhautabschneider
Ist er bei den Portugiesen.
Er beschnitt auch Souveräne.

Seine Mutter ist Cousine
Meines Schwagers, und sie handelt
Auf der Gracht mit sauern Gurken
Und mit abgelebten Hosen.

Haben kein Pläsier am Sohne.
Dieser spielt sehr gut die Leier,
Aber leider noch viel besser
Spielt er oft Tarock und L'hombre.

Auch ein Freigeist ist er, aß
Schweinefleisch, verlor sein Amt,
Und er zog herum im Lande
Mit geschminkten Komödianten.

In den Buden, auf den Märkten,
Spielte er den Pickelhering,
Holofernes, König David,
Diesen mit dem besten Beifall.

Denn des Königs eigne Lieder
Sang er in des Königs eigner
Muttersprache, tremulierend

In des Nigens alter Weise.

Aus dem Amsterdamer Spielhuis
Zog er jüngst etwelche Dirnen,
Und mit diesen Musen zieht er
Jetzt herum als ein Apollo.

Eine dicke ist darunter,
Die vorzüglich quiekt und grünzelt;
Ob dem großen Lorbeerkopfputz
Nennt man sie die grüne Sau.«

Kleines Volk

In einem Pisspott kam er geschwommen,
Hochzeitlich geputzt, hinab den Rhein.
Und als er nach Rotterdam gekommen,
Da sprach er: »Juffräuken, willst du mich frein?

Ich führe dich, geliebte Schöne,
Nach meinem Schloss, ins Brautgemach;
Die Wände sind eitel Hobelspäne,
Aus Häckerling besteht das Dach.

Da ist es so puppenniedlich und nette,
Da lebst du wie eine Königin!
Die Schale der Walnuss ist unser Bette,
Von Spinnweb sind die Laken drin.

Ameiseneier, gebraten in Butter,
Essen wir täglich, auch Würmchengemüs',
Und später erb ich von meiner Frau Mutter
Drei Nonnenfürzchen, die schmecken so süß.

Ich habe Speck, ich habe Schwarten,
Ich habe Fingerhüte voll Wein,
Auch wächst eine Rübe in meinem Garten,
Du wirst wahrhaftig glücklich sein!«

Das war ein Locken und ein Werben!
Wohl seufzte die Braut: »Ach Gott! ach Gott!«

Sie war wehmütig, wie zum Sterben –
Doch endlich stieg sie hinab in den Pott.

Sind Christenleute oder Mäuse
Die Helden des Lieds? Ich weiß es nicht mehr.
Im Beverland hört ich die schnurrige Weise,
Es sind nun dreißig Jahre her.

Zwei Ritter

Crapülinski und Waschlapski,
Polen aus der Polackei,
Fochten für die Freiheit, gegen
Moskowitertyrannei.

Fochten tapfer und entkamen
Endlich glücklich nach Paris –
Leben bleiben, wie das Sterben
Für das Vaterland, ist süß.

Wie Achilles und Patroklus,
David und sein Jonathan,
Liebten sich die beiden Polen,
Küssten sich: »Kochan! Kochan!«

Keiner je verriet den andern,
Blieben Freunde, ehrlich, treu,
Ob sie gleich zwei edle Polen,
Polen aus der Polackei.

Wohnten in derselben Stube,
Schliefen in demselben Bette;
Eine Laus und eine Seele,
Kratzten sie sich um die Wette.

Speisten in derselben Kneipe,
Und da keiner wollte leiden,
Dass der andre für ihn zahle,
Zahlte keiner von den beiden.

Auch dieselbe Henriette

Wäscht für beide edlen Polen;
Trällernd kommt sie jeden Monat –
Um die Wäsche abzuholen.

Ja, sie haben wirklich Wäsche,
Jeder hat der Hemden zwei,
Ob sie gleich zwei edle Polen,
Polen aus der Polackei.

Sitzen heute am Kamine,
Wo die Flammen traulich flackern;
Draußen Nacht und Schneegestöber
Und das Rollen von Fiakern.

Eine große Bowle Punsch
(Es versteht sich, unverzückert,
Unversäuert, unverwässert)
Haben sie bereits geschlückert.

Und von Wehmut wird beschlichen
Ihr Gemüte; ihr Gesicht
Wird befeuchtet schon von Zähren,
Und der Crapülinski spricht:

»Hätt' ich doch hier in Paris
Meinen Bärenpelz, den lieben
Schlafrock und die Katzfellnachtmütz',
Die im Vaterland geblieben!«

Ihm erwiderte Waschlapski:
»O du bist ein treuer Schlachzitz,
Denkest immer an der Heimat
Bärenpelz und Katzfellnachtmütz'.

Polen ist noch nicht verloren,
Unsre Weiber, sie gebären,
Unsre Jungfraun tun dasselbe,
Werden Helden uns bescheren,

Helden, wie der Held Sobieski,
Wie Schelmuffski und Uminski,
Eskrokewitsch, Schubiakski,

Und der große Eselinski.«

Das goldne Kalb

Doppelflöten, Hörner, Geigen
Spielen auf zum Götzenreigen,
Und es tanzen Jakobs Töchter
Um das Goldne Kalb herum –
Brum – brum – brum –
Paukenschläge und Gelächter!

Hochgeschürzt bis zu den Lenden
Und sich fassend an den Händen,
Jungfraun edelster Geschlechter
Kreisen wie ein Wirbelwind
Um das Rind –
Paukenschläge und Gelächter!

Aaron selbst wird fortgezogen
Von des Tanzes Wahnsinnwogen,
Und er selbst, der Glaubenswächter,
Tanzt im Hohenpriesterrock,
Wie ein Bock –
Paukenschläge und Gelächter!

König David

Lächelnd scheidet der Despot,
Denn er weiß, nach seinem Tod
Wechselt Willkür nur die Hände,
Und die Knechtschaft hat kein Ende.

Armes Volk! wie Pferd und Farr'n
Bleibt es angeschirrt am Karr'n,
Und der Nacken wird gebrochen,
Der sich nicht bequemt den Jochen.

Sterbend spricht zu Salomo

König David: »Apropos,
Dass ich Joab dir empfehle,
Einen meiner Generäle.

Dieser tapfre General
Ist seit Jahren mir fatal,
Doch ich wagte den Verhassten
Niemals ernstlich anzutasten.

Du, mein Sohn, bist fromm und klug,
Gottesfürchtig, stark genug,
Und es wird dir leicht gelingen,
Jenen Joab umzubringen.«

König Richard

Wohl durch der Wälder einödige Pracht
Jagt ungestüm ein Reiter;
Er bläst ins Horn, er singt und lacht
Gar seelenvergnügt und heiter.

Sein Harnisch ist von starkem Erz,
Noch stärker ist sein Gemüte,
Das ist Herr Richard Löwenherz,
Der christlichen Ritterschaft Blüte.

»Willkommen in England!« rufen ihm zu
Die Bäume mit grünen Zungen –
»Wir freuen uns, o König, dass du
Östreichischer Haft entsprungen.«

Dem König ist wohl in der freien Luft,
Er fühlt sich wie neugeboren,
Er denkt an Östreichs Festungsduft –
Und gibt seinem Pferde die Sporen.

Der Asra

Täglich ging die wunderschöne
Sultanstochter auf und nieder
Um die Abendzeit am Springbrunn,
Wo die weißen Wasser plätschern.

Täglich stand der junge Sklave
Um die Abendzeit am Springbrunn,
Wo die weißen Wasser plätschern;
Täglich ward er bleich und bleicher.

Eines Abends trat die Fürstin
Auf ihn zu mit raschen Worten:
»Deinen Namen will ich wissen,
Deine Heimat, deine Sippschaft!«

Und der Sklave sprach: »Ich heiße
Mohamet, ich bin aus Yemmen,
Und mein Stamm sind jene Asra,
Welche sterben, wenn sie lieben.«

Himmelsbräute

Wer dem Kloster geht vorbei
Mitternächtlich, sieht die Fenster
Hell erleuchtet. Ihren Umgang
Halten dorten die Gespenster.

Eine düstre Prozession
Toter Ursulinerinnen;
Junge, hübsche Angesichter
Lauschen aus Kapuz' und Linnen.

Tragen Kerzen in der Hand,
Die unheimlich blutrot schimmern;
Seltsam widerhallt im Kreuzgang
Ein Gewisper und ein Wimmern.

Nach der Kirche geht der Zug,
Und sie setzen dort sich nieder

Auf des Chores Buchsbaumstühle
Und beginnen ihre Lieder.

Litaneienfromme Weisen,
Aber wahnsinnwüste Worte;
Arme Seelen sind es, welche
Pochen an des Himmels Pforte.

»Bräute Christi waren wir,
Doch die Weltlust uns betörte,
Und da gaben wir dem Cäsar,
Was dem lieben Gott gehörte.

Reizend ist die Uniform
Und des Schnurrbarts Glanz und Glätte;
Doch verlockend sind am meisten
Cäsars goldne Epaulette.

Ach, der Stirne, welche trug
Eine Dornenkrone weiland,
Gaben wir ein Hirschgeweihe –
Wir betrogen unsern Heiland.

Jesus, der die Güte selbst,
Weinte sanft ob unsrer Fehle,
Und er sprach: ›Vermaledeit
Und verdammt sei eure Seele!‹

Grabenstiegner Spuk der Nacht,
Müssen büßend wir nunmehre
Irregehn in diesen Mauern –
Miserere! Miserere!

Ach, im Grabe ist es gut,
Ob es gleich viel besser wäre
In dem warmen Himmelreiche –
Miserere! Miserere!

Süßer Jesus, o vergib
Endlich uns die Schuld, die schwere,
Schließ uns auf den warmen Himmel –
Miserere! Miserere!«

Also singt die Nonnenschar,
Und ein längst verstorbner Küster
Spielt die Orgel. Schattenhände
Stürmen toll durch die Register.

Pfalzgräfin Jutta

Pfalzgräfin Jutta fuhr über den Rhein,
Im leichten Kahn, bei Mondenschein.
Die Zofe rudert, die Gräfin spricht:
»Siehst du die sieben Leichen nicht,
Die hinter uns kommen
Einhergeschwommen –
So traurig schwimmen die Toten!

Das waren Ritter voll Jugendlust –
Sie sanken zärtlich an meine Brust
Und schwuren mir Treue – Zur Sicherheit,
Dass sie nicht brächen ihren Eid,
Ließ ich sie ergreifen
Sogleich und ersäufen –
So traurig schwimmen die Toten!«

Die Zofe rudert, die Gräfin lacht.
Das hallt so höhnisch durch die Nacht!
Bis an die Hüfte tauchen hervor
Die Leichen und strecken die Finger empor,
Wie schwörend – Sie nicken
Mit gläsernen Blicken –
So traurig schwimmen die Toten!

Der Mohrenkönig

Ins Exil der Alpuxarren
Zog der junge Mohrenkönig;
Schweigsam und das Herz voll Kummer
Ritt er an des Zuges Spitze.

Hinter ihm auf hohen Zeltern
Oder auch in güldnen Sänften
Saßen seines Hauses Frauen;
Schwarze Mägde trägt das Maultier.

Hundert treue Diener folgen
Auf arabisch edlen Rappen;
Stolze Gäule, doch die Reiter
Hängen schlottrig in den Sätteln.

Keine Zimbel, keine Pauke,
Kein Gesangeslaut ertönte;
Nur des Maultiers Silberglöckchen
Wimmern schmerzlich in der Stille.

Auf der Höhe, wo der Blick
Ins Duero-Tal hinabschweift,
Und die Zinnen von Granada
Sichtbar sind zum letzten Male:

Dorten stieg vom Pferd der König
Und betrachtete die Stadt,
Die im Abendlichte glänzte,
Wie geschmückt mit Gold und Purpur.

Aber, Allah! Welch ein Anblick!
Statt des vielgeliebten Halbmonds,
Prangen Spaniens Kreuz und Fahnen
Auf den Türmen der Alhambra.

Ach, bei diesem Anblick brachen
Aus des Königs Brust die Seufzer,
Tränen überströmten plötzlich
Wie ein Sturzbach seine Wangen.

Düster von dem hohen Zelter
Schaut' herab des Königs Mutter,
Schaut' auf ihres Sohnes Jammer,
Und sie schalt ihn stolz und bitter.

»Boabdil el Chico«, sprach sie,
»Wie ein Weib beweinst du jetzo

Jene Stadt, die du nicht wusstest
Zu verteid'gen wie ein Mann.«

Als des Königs liebste Kebsin
Solche harte Rede hörte,
Stürzte sie aus ihrer Sänfte
Und umhalste den Gebieter.

»Boabdil el Chico«, sprach sie,
»Tröste dich, mein Heißgeliebter,
Aus dem Abgrund deines Elends
Blüht hervor ein schöner Lorbeer.

Nicht allein der Triumphator,
Nicht allein der sieggekrönte
Günstling jener blinden Göttin,
Auch der blut'ge Sohn des Unglücks,

Auch der heldenmüt'ge Kämpfer,
Der dem ungeheuren Schicksal
Unterlag, wird ewig leben
In der Menschen Angedenken.«

»Berg des letzten Mohrenseufzers«
Heißt bis auf den heut'gen Tag
Jene Höhe, wo der König
Sah zum letzten Mal Granada.

Lieblich hat die Zeit erfüllet,
Seiner Liebsten Prophezeiung,
Und des Mohrenkönigs Name
Ward verherrlicht und gefeiert.

Nimmer wird sein Ruhm verhallen,
Ehe nicht die letzte Saite
Schnarrend losspringt von der letzten
Andalusischen Gitarre.

Geoffroy Rudèl und Melisande von Tripoli

In dem Schlosse Blay erblickt man
Die Tapete an den Wänden,
So die Gräfin Tripolis
Einst gestickt mit klugen Händen.

Ihre ganze Seele stickte
Sie hinein, und Liebesträne
Hat gefeit das seidne Bildwerk,
Welches darstellt jene Szene:

Wie die Gräfin den Rudèl,
Sterbend sah am Strande liegen,
Und das Urbild ihrer Sehnsucht
Gleich erkannt in seinen Zügen.

Auch Rudèl hat hier zum ersten
Und zum letzten Mal erblicket
In der Wirklichkeit die Dame,
Die ihn oft im Traum entzücket.

Über ihn beugt sich die Gräfin,
Hält ihn liebevoll umschlungen,
Küsst den todesbleichen Mund,
Der so schön ihr Lob gesungen!

Ach! der Kuss des Willkomms wurde
Auch zugleich der Kuss des Scheidens,
Und so leerten sie den Kelch
Höchster Lust und tiefsten Leidens.

In dem Schlosse Blay allnächtlich
Gibt's ein Rauschen, Knistern, Beben,
Die Figuren der Tapete
Fangen plötzlich an zu leben.

Troubadour und Dame schütteln
Die verschlafnen Schattenglieder,
Treten aus der Wand und wandeln
Durch die Säle auf und nieder.

Trautes Flüstern, sanftes Tändeln,

Wehmutsüße Heimlichkeiten,
Und postume Galantrie
Aus des Minnesanges Zeiten:

»Geoffroy! Mein totes Herz
Wird erwärmt von deiner Stimme,
In den längst erloschnen Kohlen
Fühl ich wieder ein Geglimme!«

»Melisande! Glück und Blume!
Wenn ich dir ins Auge sehe,
Leb ich auf – gestorben ist
Nur mein Erdenleid und – wehe.«

»Geoffroy! Wir liebten uns
Einst im Traume, und jetzunder
Lieben wir uns gar im Tode –
Gott Amour tat dieses Wunder!«

»Melisande! Was ist Traum?
Was ist Tod? Nur eitel Töne.
In der Liebe nur ist Wahrheit,
Und dich lieb ich, ewig Schöne.«

»Geoffroy! Wie traulich ist es
Hier im stillen Mondscheinsaale,
Möchte nicht mehr draußen wandeln
In des Tages Sonnenstrahle.«

»Melisande! teure Närrin,
Du bist selber Licht und Sonne,
Wo du wandelst, blüht der Frühling,
Sprossen Lieb' und Maienwonne!«

Also kosen, also wandeln
Jene zärtlichen Gespenster
Auf und ab, derweil das Mondlicht
Lauschet durch die Bogenfenster.

Doch den holden Spuk vertreibend,
Kommt am End' die Morgenröte –
Jene huschen scheu zurück

In die Wand, in die Tapete.

Der Dichter Firdusi

1.

Goldne Menschen, Silbermenschen!
Spricht ein Lump von einem Toman,
Ist die Rede nur von Silber,
Ist gemeint ein Silbertoman.

Doch im Munde eines Fürsten,
Eines Schaches, ist ein Toman
Gülden stets; ein Schach empfängt
Und er gibt nur goldne Toman.

Also denken brave Leute,
Also dachte auch Firdusi,
Der Verfasser des berühmten
Und vergötterten »Schach Nameh«.

Dieses große Heldenlied
Schrieb er auf Geheiß des Schaches,
Der für jeden seiner Verse
Einen Toman ihm versprochen.

Siebzehnmal die Rose blühte,
Siebzehnmal ist sie verwelket,
Und die Nachtigall besang sie
Und verstummte siebzehnmal –

Unterdessen saß der Dichter
An dem Webstuhl des Gedankens,
Tag und Nacht, und webte emsig
Seines Liedes Riesenteppich –

Riesenteppich, wo der Dichter
Wunderbar hineingewebt
Seiner Heimat Fabelchronik,
Farsistans uralte Kön'ge,

Lieblingshelden seines Volkes,

Rittertaten, Aventüren,
Zauberwesen und Dämonen,
Keck umrankt von Märchenblumen –

Alles blühend und lebendig,
Farbenglänzend, glühend, brennend,
Und wie himmlisch angestrahlt
Von dem heil'gen Lichte Irans,

Von dem göttlich reinen Urlicht,
Dessen letzter Feuertempel,
Trotz dem Koran und dem Mufti,
In des Dichters Herzen flammte.

Als vollendet war das Lied,
Überschickte seinem Gönner
Der Poet das Manuskript,
Zweimalhunderttausend Verse.

In der Badestube war es,
In der Badestub' zu Gasna,
Wo des Schaches schwarze Boten
Den Firdusi angetroffen –

Jeder schleppte einen Geldsack,
Den er zu des Dichters Füßen
Kniend legte, als den hohen
Ehrensold für seine Dichtung.

Der Poet riss auf die Säcke
Hastig, um am lang entbehrten
Goldesanblick sich zu laben –
Da gewahrt' er mit Bestürzung,

Dass der Inhalt dieser Säcke
Bleiches Silber, Silbertomans,
Zweimalhunderttausend etwa –
Und der Dichter lachte bitter.

Bitter lachend hat er jene
Summe abgeteilt in drei
Gleiche Teile, und jedwedem

Von den beiden schwarzen Boten

Schenkte er als Botenlohn
Solch ein Drittel, und das dritte
Gab er einem Badeknechte,
Der sein Bad besorgt, als Trinkgeld.

Seinen Wanderstab ergriff er
Jetzo und verließ die Hauptstadt;
Vor dem Tor hat er den Staub
Abgefegt von seinen Schuhen.

2.

»Hätt er menschlich ordinär
Nicht gehalten, was versprochen,
Hätt er nur sein Wort gebrochen,
Zürnen wollt ich nimmermehr.

Aber unverzeihlich ist,
Dass er mich getäuscht so schnöde
Durch den Doppelsinn der Rede
Und des Schweigens größre List.

Stattlich war er, würdevoll
Von Gestalt und von Gebärden,
Wen'ge glichen ihm auf Erden,
War ein König jeder Zoll.

Wie die Sonn' am Himmelsbogen,
Feuerblicks, sah er mich an,
Er, der Wahrheit stolzer Mann –
Und er hat mich doch belogen.«

3.

Schach Mahomet hat gut gespeist,
Und gut gelaunet ist sein Geist.

Im dämmernden Garten, auf purpurnem Pfühl,

Am Springbrunn sitzt er. Das plätschert so kühl!

Die Diener stehen mit Ehrfurchtsmienen;
Sein Liebling Ansari ist unter ihnen.

Aus Marmorvasen quillt hervor
Ein üppig brennender Blumenflor.

Gleich Odalisken anmutiglich
Die schlanken Palmen fächern sich.

Es stehen regungslos die Zypressen,
Wie himmelträumend, wie weltvergessen.

Doch plötzlich erklingt bei Lautenklang
Ein sanft geheimnisvoller Gesang.

Der Schach fährt auf, als wie behext –
»Von wem ist dieses Liedes Text?«

Ansari, an welchen die Frage gerichtet,
Gab Antwort: »Das hat Firdusi gedichtet.«

»Firdusi?« – rief der Fürst betreten –
»Wo ist er? Wie geht es dem großen Poeten?«

Ansari gab Antwort: »In Dürftigkeit
Und Elend lebt er seit langer Zeit

Zu Thus, des Dichters Vaterstadt,
Wo er ein kleines Gärtchen hat.«

Schach Mahomet schwieg, eine gute Weile,
Dann sprach er: »Ansari, mein Auftrag hat Eile –

Geh nach meinen Ställen und erwähle
Dort hundert Maultiere und fünfzig Kamele.

Die sollst du belasten mit allen Schätzen,
Die eines Menschen Herz ergötzen,

Mit Herrlichkeiten und Raritäten,
Kostbaren Kleidern und Hausgeräten

Von Sandelholz, von Elfenbein,
Mit güldnen und silbernen Schnurrpfeiferein,

Kannen und Kelchen, zierlich gehenkelt,

Lepardenfellen, groß gesprenkelt,

Mit Teppichen, Schals und reichen Brokaten,
Die fabriziert in meinen Staaten –

Vergiss nicht, auch hinzuzupacken
Glänzende Waffen und Schabracken,

Nicht minder Getränke jeder Art
Und Speisen, die man in Töpfen bewahrt,

Auch Konfitüren und Mandeltorten,
Und Pfefferkuchen von allen Sorten.

Füge hinzu ein Dutzend Gäule,
Arabischer Zucht, geschwind wie Pfeile,

Und schwarze Sklaven gleichfalls ein Dutzend,
Leiber von Erz, strapazentrutzend.

Ansari, mit diesen schönen Sachen
Sollst du dich gleich auf die Reise machen.

Du sollst sie bringen nebst meinem Gruß
Dem großen Dichter Firdusi zu Thus.«

Ansari erfüllte des Herrschers Befehle,
Belud die Mäuler und Kamele

Mit Ehrengeschenken, die wohl den Zins
Gekostet von einer ganzen Provinz.

Nach dreien Tagen verließ er schon
Die Residenz, und in eigner Person,

Mit einer roten Führerfahne,
Ritt er voran der Karawane.

Am achten Tage erreichten sie Thus;
Die Stadt liegt an des Berges Fuß.

Wohl durch das Westtor zog herein
Die Karawane mit Lärmen und Schrein.

Die Trommel scholl, das Kuhhorn klang,
Und lautaufjubelt Triumphgesang.

»La Illa Il Allah!« aus voller Kehle

Jauchzten die Treiber der Kamele.

Doch durch das Osttor, am andern End'
Von Thus, zog in demselben Moment

Zur Stadt hinaus der Leichenzug,
Der den toten Firdusi zu Grabe trug.

Nächtliche Fahrt

Es wogte das Meer, aus dem dunklen Gewölk
Der Halbmond lugte scheu;
Und als wir stiegen in den Kahn,
Wir waren unsrer drei.

Es plätschert' im Wasser des Ruderschlags
Verdrossenes Einerlei;
Weißschäumende Wellen rauschten heran,
Bespritzten uns alle drei.

Sie stand im Kahn so blass, so schlank,
Und unbeweglich dabei,
Als wär sie ein welsches Marmorbild,
Dianens Konterfei.

Der Mond verbirgt sich ganz. Es pfeift
Der Nachtwind kalt vorbei;
Hoch über unsern Häuptern ertönt
Plötzlich ein gellender Schrei.

Die weiße, gespenstische Möwe war's,
Und ob dem bösen Schrei,
Der schauerlich klang wie Warnungsruf,
Erschraken wir alle drei.

Bin ich im Fieber? Ist das ein Spuk
Der nächtlichen Phantasei?
Äfft mich ein Traum? Es träumet mir
Grausame Narretei.

Grausame Narretei! Mir träumt,
Dass ich ein Heiland sei,

Und dass ich trüge das große Kreuz
Geduldig und getreu.

Die arme Schönheit ist schwer bedrängt,
Ich aber mache sie frei
Von Schmach und Sünde, von Qual und Not,
Von der Welt Unfläterei.

Du arme Schönheit, schaudre nicht
Wohl ob der bittern Arznei;
Ich selber kredenze dir den Tod,
Bricht auch mein Herz entzwei.

O Narretei, grausamer Traum,
Wahnsinn und Raserei!
Es gähnt die Nacht, es kreischt das Meer,
O Gott! o steh mir bei!

O steh mir bei, barmherziger Gott!
Barmherziger Gott Schaddey!
Da schollert's hinab ins Meer – O Weh –
Schaddey! Schaddey! Adonay! –

Die Sonne ging auf, wir fuhren ans Land,
Da blühte und glühte der Mai!
Und als wir stiegen aus dem Kahn,
Da waren wir unsrer *zwei*.

Vitzliputzli

Präludium

Dieses ist Amerika!
Dieses ist die Neue Welt!
Nicht die heutige, die schon
Europäisieret abwelkt. –

Dieses ist die Neue Welt,
Wie sie Christoval Kolumbus
Aus dem Ozean hervorzog.
Glänzet noch in Flutenfrische,

Träufelt noch von Wasserperlen,
Die zerstieben, farbensprühend,
Wenn sie küsst das Licht der Sonne.
Wie gesund ist diese Welt!

Ist kein Kirchhof der Romantik,
Ist kein alter Scherbenberg
Von verschimmelten Symbolen
Und versteinerten Perücken.

Aus gesundem Boden sprossen
Auch gesunde Bäume – keiner
Ist blasiert und keiner hat
In dem Rückgratmark die Schwindsucht.

Auf den Baumesästen schaukeln
Große Vögel. Ihr Gefieder
Farbenschillernd. Mit den ernsthaft
Langen Schnäbeln und mit Augen,

Brillenartig schwarz umrändert,
Schaun sie auf dich nieder, schweigsam –
Bis sie plötzlich schrillend aufschrein
Und wie Kaffeeschwestern schnattern.

Doch ich weiß nicht, was sie sagen,
Ob ich gleich der Vögel Sprachen
Kundig bin wie Salomo,
Welcher tausend Weiber hatte

Und die Vögelsprachen kannte,
Die modernen nicht allein,
Sondern auch die toten, alten,
Ausgestopften Dialekte.

Neuer Boden, neue Blumen!
Neue Blumen, neue Düfte!
Unerhörte, wilde Düfte,
Die mir in die Nase dringen,

Neckend, prickelnd, leidenschaftlich –
Und mein grübelnder Geruchsinn

Quält sich ab: Wo hab ich denn
Je dergleichen schon gerochen?

War's vielleicht auf Regentstreet,
In den sonnig gelben Armen
Jener schlanken Javanesin,
Die beständig Blumen kaute?

Oder war's zu Rotterdam,
Neben des Erasmi Bildsäul',
In der weißen Waffelbude
Mit geheimnisvollem Vorhang?

Während ich die Neue Welt
Solcher Art verdutzt betrachte,
Schein ich selbst ihr einzuflößen
Noch viel größre Scheu – Ein Affe,

Der erschreckt ins Buschwerk forthuscht,
Schlägt ein Kreuz bei meinem Anblick,
Angstvoll rufend: »Ein Gespenst!
Ein Gespenst der Alten Welt!«

Affe! fürcht dich nicht, ich bin
Kein Gespenst, ich bin kein Spuk;
Leben kocht in meinen Adern,
Bin des Lebens treuster Sohn.

Doch durch jahrelangen Umgang
Mit den Toten nahm ich an
Der Verstorbenen Manieren
Und geheime Seltsamkeiten.

Meine schönsten Lebensjahre,
Die verbracht ich im Kyffhäuser,
Auch im Venusberg und andern
Katakomben der Romantik.

Fürcht dich nicht vor mir, mein Affe!
Bin dir hold, denn auf dem haarlos
Ledern abgeschabten Hintern
Trägst du Farben, die ich liebe.

Teure Farben! Schwarz-rot-goldgelb!
Diese Affensteißcouleuren,
Sie erinnern mich mit Wehmut
An das Banner Barbarossas.

1.

Auf dem Haupt trug er den Lorbeer,
Und an seinen Stiefeln glänzten
Goldne Sporen – dennoch war er
Nicht ein Held und auch kein Ritter.

Nur ein Räuberhauptmann war er,
Der ins Buch des Ruhmes einschrieb,
Mit der eignen frechen Faust,
Seinen frechen Namen: Cortez.

Unter des Kolumbus Namen
Schrieb er ihn, ja dicht darunter,
Und der Schulbub' auf der Schulbank
Lernt auswendig beide Namen –

Nach dem Christoval Kolumbus,
Nennt er jetzt Fernando Cortez
Als den zweiten großen Mann
In dem Pantheon der Neuwelt.

Heldenschicksals letzte Tücke:
Unser Name wird verkoppelt
Mit dem Namen eines Schächers
In der Menschen Angedenken.

Wär's nicht besser, ganz verhallen
Unbekannt, als mit sich schleppen
Durch die langen Ewigkeiten
Solche Namenskameradschaft?

Messer Christoval Kolumbus
War ein Held, und sein Gemüte,
Das so lauter wie die Sonne,

War freigebig auch wie diese.

Mancher hat schon viel gegeben,
Aber jener hat der Welt
Eine ganze Welt geschenket,
Und sie heißt Amerika.

Nicht befreien konnt er uns
Aus dem öden Erdenkerker,
Doch er wusst ihn zu erweitern
Und die Kette zu verlängern.

Dankbar huldigt ihm die Menschheit,
Die nicht bloß europamüde,
Sondern Afrikas und Asiens
Endlich gleichfalls müde worden – –

Einer nur, ein einz'ger Held,
Gab uns mehr und gab uns Bessres
Als Kolumbus, das ist jener,
Der uns einen Gott gegeben.

Sein Herr Vater, der hieß Amram,
Seine Mutter hieß Jochebeth,
Und er selber, Moses heißt er,
Und er ist mein bester Heros.

Doch, mein Pegasus, du weilest
Viel zu lang bei dem Kolumbus –
Wisse, unser heut'ger Flugritt
Gilt dem g'ringern Mann, dem Cortez.

Breite aus den bunten Fittich,
Flügelross! und trage mich
Nach der Neuwelt schönem Lande,
Welches Mexiko geheißen.

Trage mich nach jener Burg,
Die der König Montezuma
Gastlich seinen span'schen Gästen
Angewiesen zur Behausung.

Doch nicht Obdach bloß und Atzung,

In verschwenderischer Fülle,
Gab der Fürst den fremden Strolchen –
Auch Geschenke reich und prächtig,

Kostbarkeiten klug gedrechselt,
Von massivem Gold, Juwelen,
Zeugten glänzend von der Huld
Und der Großmut des Monarchen.

Dieser unzivilisierte,
Abergläubisch blinde Heide
Glaubte noch an Treu' und Ehre
Und an Heiligkeit des Gastrechts.

Er willfahrte dem Gesuche,
Beizuwohnen einem Feste,
Das in ihrer Burg die Spanier
Ihm zu Ehren geben wollten –

Und mit seinem Hofgesinde,
Arglos, huldreich, kam der König
In das spanische Quartier,
Wo Fanfaren ihn begrüßten.

Wie das Festspiel war betitelt,
Weiß ich nicht. Es hieß vielleicht:
»Span'sche Treue!«, doch der Autor
Nannt sich Don Fernando Cortez.

Dieser gab das Stichwort – plötzlich
Ward der König überfallen,
Und man band ihn und behielt ihn
In der Burg als eine Geisel.

Aber Montezuma starb,
Und da war der Damm gebrochen,
Der die kecken Abenteurer
Schützte vor dem Zorn des Volkes.

Schrecklich jetzt begann die Brandung –
Wie ein wild empörtes Meer
Tosten, rasten immer näher

Die erzürnten Menschenwellen.

Tapfer schlugen zwar die Spanier
Jeden Sturm zurück. Doch täglich
Ward berennt die Burg aufs neue,
Und ermüdend war das Kampfspiel.

Nach dem Tod des Königs stockte
Auch der Lebensmittel Zufuhr;
Kürzer wurden die Rationen,
Die Gesichter wurden länger.

Und mit langen Angesichtern
Sahn sich an Hispaniens Söhne,
Und sie seufzten und sie dachten
An die traute Christenheimat,

An das teure Vaterland,
Wo die frommen Glocken läuten
Und am Herde friedlich brodelt
Eine Ollea Potrida,

Dick verschmoret mit Garbanzos,
Unter welchen, schalkhaft duftend,
Auch wohl kichernd, sich verbergen
Die geliebten Knoblauchwürstchen.

Einen Kriegsrat hielt der Feldherr,
Und der Rückzug ward beschlossen;
In der nächsten Tagesfrühe
Soll das Heer die Stadt verlassen.

Leicht gelang's hineinzukommen
Einst durch List dem klugen Cortez,
Doch die Rückkehr nach dem Festland
Bot fatale Schwierigkeiten.

Mexiko, die Inselstadt,
Liegt in einem großen See,
In der Mitte, flutumrauscht:
Eine stolze Wasserfestung,

Mit dem Uferland verkehrend

Nur durch Schiffe, Flöße, Brücken,
Die auf Riesenpfählen ruhen;
Kleine Inseln bilden Furten.

Noch bevor die Sonne aufging,
Setzten sich in Marsch die Spanier;
Keine Trommel ward gerühret,
Kein Trompeter blies Reveille.

Wollten ihre Wirte nicht
Aus dem süßen Schlafe wecken –
(Hunderttausend Indianer
Lagerten in Mexiko).

Doch der Spanier machte diesmal
Ohne seinen Wirt die Rechnung;
Noch frühzeit'ger aufgestanden
Waren heut die Mexikaner.

Auf den Brücken, auf den Flößen,
Auf den Furten harrten sie,
Um den Abschiedstrunk alldorten
Ihren Gästen zu kredenzen.

Auf den Brücken, Flößen, Furten,
Hei! da gab's ein toll Gelage!
Rot in Strömen floss das Blut,
Und die kecken Zecher rangen –

Rangen Leib an Leib gepresst,
Und wir sehn auf mancher nackten
Indianerbrust den Abdruck
Span'scher Rüstungsarabesken.

Ein Erdrosseln war's, ein Würgen,
Ein Gemetzel, das sich langsam,
Schaurig langsam, weiterwälzte,
Über Brücken, Flöße, Furten.

Die Indianer sangen, brüllten,
Doch die Spanier fochten schweigend;
Mussten Schritt für Schritt erobern

Einen Boden für die Flucht.

In gedrängten Engpasskämpfen
Boten g'ringen Vorteil heute
Alteuropas strenge Kriegskunst,
Feuerschlünde, Harnisch, Pferde.

Viele Spanier waren gleichfalls
Schwer bepackt mit jenem Golde,
Das sie jüngst erpresst, erbeutet –
Ach, die gelbe Sündenlast

Lähmte, hemmte sie im Kampfe,
Und das teuflische Metall
Ward nicht bloß der armen Seele,
Sondern auch dem Leib verderblich.

Mittlerweile ward der See
Ganz bedeckt von Kähnen, Barken;
Schützen saßen drin und schossen
Nach den Brücken, Flößen, Furten.

Trafen freilich im Getümmel
Viele ihrer eignen Brüder,
Doch sie trafen auch gar manchen
Hochvortrefflichen Hidalgo.

Auf der dritten Brücke fiel
Junker Gaston, der an jenem
Tag die Fahne trug, worauf
Konterfeit die heil'ge Jungfrau.

Dieses Bildnis selber trafen
Die Geschosse der Indianer;
Sechs Geschosse blieben stecken
Just im Herzen – blanke Pfeile,

Ähnlich jenen güldnen Schwertern,
Die der Mater dolorosa
Schmerzenreiche Brust durchbohren
Bei Karfreitagsprozessionen.

Sterbend übergab Don Gaston

Seine Fahne dem Gonzalvo,
Der zu Tod getroffen gleichfalls
Bald dahinsank. – Jetzt ergriff

Cortez selbst das teure Banner,
Er, der Feldherr, und er trug es
Hoch zu Ross bis gegen Abend,
Wo die Schlacht ein Ende nahm.

Hundertsechzig Spanier fanden
Ihren Tod an jenem Tage;
Über achtzig fielen lebend
In die Hände der Indianer.

Schwer verwundet wurden viele,
Die erst später unterlagen.
Schier ein Dutzend Pferde wurde
Teils getötet, teils erbeutet.

Gegen Abend erst erreichten
Cortez und sein Herr das sichre
Uferland, ein Seegestade,
Karg bepflanzt mit Trauerweiden.

2.

Nach des Kampfes Schreckenstag,
Kommt die Spuknacht des Triumphes;
Hunderttausend Freudenlampen
Lodern auf in Mexiko.

Hunderttausend Freudenlampen,
Waldharzfackeln, Pechkranzfeuer,
Werfen grell ihr Tageslicht
Auf Paläste, Götterhallen,

Gildenhäuser und zumal
Auf den Tempel Vitzliputzlis,
Götzenburg von rotem Backstein,
Seltsam mahnend an ägyptisch,

Babylonisch und assyrisch
Kolossalen Bauwerkmonstren,
Die wir schauen auf den Bildern
Unsers Briten Henri Martin.

Ja, das sind dieselben breiten
Rampentreppen, also breit,
Dass dort auf und nieder wallen
Viele tausend Mexikaner,

Während auf den Stufen lagern
Rottenweis die wilden Krieger,
Welche lustig bankettieren,
Hochberauscht von Sieg und Palmwein.

Diese Rampentreppen leiten,
Wie ein Zickzack, nach der Plattform,
Einem balustradenart'gen
Ungeheuern Tempeldach.

Dort auf seinem Thronaltar
Sitzt der große Vitzliputzli,
Mexikos blutdürst'ger Kriegsgott.
Ist ein böses Ungetüm,

Doch sein Äußres ist so putzig,
So verschnörkelt und so kindisch,
Dass er trotz des innern Grausens
Dennoch unsre Lachlust kitzelt –

Und bei seinem Anblick denken
Wir zu gleicher Zeit etwa
An den blassen Tod von Basel
Und an Brüssels Mankepiss.

An des Gottes Seite stehen
Rechts die Laien, links die Pfaffen;
Im Ornat von bunten Federn
Spreizt sich heut die Klerisei.

Auf des Altars Marmorstufen
Hockt ein hundertjährig Männlein,

Ohne Haar an Kinn und Schädel;
Trägt ein scharlach Kamisölchen.

Dieses ist der Opferpriester,
Und er wetzet seine Messer,
Wetzt sie lächelnd, und er schielet
Manchmal nach dem Gott hinauf.

Vitzliputzli scheint den Blick
Seines Dieners zu verstehen,
Zwinkert mit den Augenwimpern
Und bewegt sogar die Lippen.

Auf des Altars Stufen kauern
Auch die Tempelmusici,
Paukenschläger, Kuhhornbläser –
Ein Gerassel und Getute –

Ein Gerassel und Getute,
Und es stimmet ein des Chores
Mexikanisches Tedeum –
Ein Miaulen wie von Katzen –

Ein Miaulen wie von Katzen,
Doch von jener großen Sorte,
Welche Tigerkatzen heißen
Und statt Mäuse Menschen fressen!

Wenn der Nachtwind diese Töne
Hinwirft nach dem Seegestade,
Wird den Spaniern, die dort lagern,
Katzenjämmerlich zumute.

Traurig unter Trauerweiden,
Stehen diese dort noch immer,
Und sie starren nach der Stadt,
Die im dunkeln Seegewässer

Widerspiegelt, schier verhöhnend,
Alle Flammen ihrer Freude –
Stehen dort wie im Parterre
Eines großen Schauspielhauses,

Und des Vitzliputzli-Tempels
Helle Plattform ist die Bühne,
Wo zur Siegesfeier jetzt
Ein Mysterium tragiert wird.

»Menschenopfer« heißt das Stück.
Uralt ist der Stoff, die Fabel;
In der christlichen Behandlung
Ist das Schauspiel nicht so grässlich.

Denn dem Blute wurde Rotwein,
Und dem Leichnam, welcher vorkam,
Wurde eine harmlos dünne
Mehlbreispeis' transsubstituieret –

Diesmal aber, bei den Wilden,
War der Spaß sehr roh und ernsthaft
Aufgefasst: man speiste Fleisch,
Und das Blut war Menschenblut.

Diesmal war es gar das Vollblut
Von Altchristen, das sich nie,
Nie vermischt hat mit dem Blute
Der Moresken und der Juden.

Freu dich, Vitzliputzli, freu dich,
Heute gibt es Spanierblut,
Und am warmen Dufte wirst du
Gierig laben deine Nase.

Heute werden dir geschlachtet
Achtzig Spanier, stolze Braten
Für die Tafel deiner Priester,
Die sich an dem Fleisch erquicken.

Denn der Priester ist ein Mensch,
Und der Mensch, der arme Fresser,
Kann nicht bloß vom Riechen leben
Und vom Dufte, wie die Götter.

Horch! die Todespauke dröhnt schon,
Und es kreischt das böse Kuhhorn!

Sie verkünden, dass heraufsteigt
Jetzt der Zug der Sterbemänner.

Achtzig Spanier, schmählich nackend,
Ihre Hände auf dem Rücken
Festgebunden, schleppt und schleift man
Hoch hinauf die Tempeltreppe.

Vor dem Vitzliputzli-Bilde
Zwingt man sie, das Knie zu beugen
Und zu tanzen Possentänze,
Und man zwingt sie durch Torturen,

Die so grausam und entsetzlich,
Dass der Angstschrei der Gequälten
Überheulet das gesamte
Kannibalencharivari. –

Armes Publikum am See!
Cortez und die Kriegsgefährten,
Sie vernahmen und erkannten
Ihrer Freunde Angstrufstimmen –

Auf der Bühne, grellbeleuchtet,
Sahen sie auch ganz genau
Die Gestalten und die Mienen –
Sahn das Messer, sahn das Blut –

Und sie nahmen ab die Helme
Von den Häuptern, knieten nieder,
Stimmten an den Psalm der Toten,
Und sie sangen: »De profundis!«

Unter jenen, welche starben,
War auch Raimond de Mendoza,
Sohn der schönen Abbatissin,
Cortez' erste Jugendliebe.

Als er auf der Brust des Jünglings
Jenes Medaillon gewahrte,
Das der Mutter Bildnis einschloss,
Weinte Cortez helle Tränen –

Doch er wischt' sie ab vom Auge
Mit dem harten Büffelhandschuh,
Seufzte tief und sang im Chore
Mit den andern: »Miserere!«

3.

Blasser schimmern schon die Sterne,
Und die Morgennebel steigen
Aus der Seeflut, wie Gespenster,
Mit hinschleppend weißen Laken.

Fest und Lichter sind erloschen
Auf dem Dach des Götzentempels,
Wo am blutgetränkten Estrich
Schnarchend liegen Pfaff' und Laie.

Nur die rote Jacke wacht.
Bei dem Schein der letzten Lampe,
Süßlich grinsend, grimmig schäkernd,
Spricht der Priester zu dem Gotte:

»Vitzliputzli, Putzlivitzli,
Liebstes Göttchen Vitzliputzli!
Hast dich heute amüsieret,
Hast gerochen Wohlgerüche!

Heute gab es Spanierblut –
Oh, das dampfte so app'titlich,
Und dein feines Leckernäschen
Sog den Duft ein, wollustglänzend.

Morgen opfern wir die Pferde,
Wiehernd edle Ungetüme,
Die des Windes Geister zeugten,
Buhlschaft treibend mit der Seekuh.

Willst du artig sein, so schlacht ich
Dir auch meine beiden Enkel,
Hübsche Bübchen, süßes Blut,

Meines Alters einz'ge Freude.

Aber artig musst du sein,
Musst uns neue Siege schenken –
Lass uns siegen, liebes Göttchen,
Putzlivitzli, Vitzliputzli!

O verderbe unsre Feinde,
Diese Fremden, die aus fernen
Und noch unentdeckten Ländern
Zu uns kamen übers Weltmeer –

Warum ließen sie die Heimat?
Trieb sie Hunger oder Blutschuld?
Bleib im Land und nähr dich redlich,
Ist ein sinnig altes Sprichwort.

Was ist ihr Begehr? Sie stecken
Unser Gold in ihre Taschen,
Und sie wollen, dass wir droben
Einst im Himmel glücklich werden!

Anfangs glaubten wir, sie wären
Wesen von der höchsten Gattung,
Sonnensöhne, die unsterblich
Und bewehrt mit Blitz und Donner.

Aber Menschen sind sie, tötbar
Wie wir andre, und mein Messer
Hat erprobet heute Nacht
Ihre Menschensterblichkeit.

Menschen sind sie und nicht schöner
Als wir andre, manche drunter
Sind so hässlich wie die Affen;
Wie bei diesen sind behaart

Die Gesichter, und es heißt,
Manche trügen in den Hosen
Auch verborgne Affenschwänze –
Wer kein Aff', braucht keine Hosen.

Auch moralisch hässlich sind sie,

Wissen nichts von Pietät,
Und es heißt, dass sie sogar
Ihre eignen Götter fräßen!

O vertilge diese ruchlos
Böse Brut, die Götterfresser –
Vitzliputzli, Putzlivitzli,
Lass uns siegen, Vitzliputzli!« –

Also sprach zum Gott der Priester,
Und des Gottes Antwort tönt
Seufzend, röchelnd, wie der Nachtwind,
Welcher koset mit dem Seeschilf:

»Rotjack', Rotjack', blut'ger Schlächter,
Hast geschlachtet viele Tausend,
Bohre jetzt das Opfermesser
In den eignen alten Leib.

Aus dem aufgeschlitzten Leib
Schlüpft alsdann hervor die Seele;
Über Kiesel, über Wurzel
Trippelt sie zum Laubfroschteiche.

Dorten hocket meine Muhme
Rattenkön'gin – sie wird sagen:
›Guten Morgen, nackte Seele,
Wie ergeht es meinem Neffen?

Vitzliputzelt er vergnügt
In dem honigsüßen Goldlicht?
Wedelt ihm das Glück die Fliegen
Und die Sorgen von der Stirne?

Oder kratzt ihn Katzlagara,
Die verhasste Unheilsgöttin
Mit den schwarzen Eisenpfoten,
Die in Otterngift getränket?‹

Nackte Seele, gib zur Antwort:
›Vitzliputzli lässt dich grüßen,
Und er wünscht dir Pestilenz

In den Bauch, Vermaledeite!

Denn du rietest ihm zum Kriege,
Und dein Rat, es war ein Abgrund –
In Erfüllung geht die böse,
Uralt böse Prophezeiung.

Von des Reiches Untergang
Durch die furchtbar bärt'gen Männer,
Die auf hölzernem Gevögel
Hergeflogen aus dem Osten.

Auch ein altes Sprichwort gibt es:
Weiberwille, Gotteswille –
Doppelt ist der Gotteswille,
Wenn das Weib die Muttergottes.

Diese ist es, die mir zürnet,
Sie, die stolze Himmelsfürstin,
Eine Jungfrau sonder Makel,
Zauberkundig, wundertätig.

Sie beschützt das Spaniervolk,
Und wir müssen untergehen,
Ich, der ärmste aller Götter,
Und mein armes Mexiko.‹

Nach vollbrachtem Auftrag, Rotjack',
Krieche deine nackte Seele
In ein Sandloch – Schlafe wohl!
Dass du nicht mein Unglück schauest!

Dieser Tempel stürzt zusammen,
Und ich selber, ich versinke
In dem Qualm – nur Rauch und Trümmer –
Keiner wird mich wiedersehen.

Doch ich sterbe nicht; wir Götter
Werden alt wie Papageien,
Und wir mausern nur und wechseln
Auch wie diese das Gefieder.

Nach der Heimat meiner Feinde,

Die Europa ist geheißen,
Will ich flüchten, dort beginn ich
Eine neue Karriere.

Ich verteufle mich, der Gott
Wird jetzund ein Gottseibeiuns;
Als der Feinde böser Feind,
Kann ich dorten wirken, schaffen.

Quälen will ich dort die Feinde,
Mit Phantomen sie erschrecken –
Vorgeschmack der Hölle, Schwefel
Sollen sie beständig riechen.

Ihre Weisen, ihre Narren
Will ich ködern und verlocken;
Ihre Tugend will ich kitzeln,
Bis sie lacht wie ein Metze.

Ja, ein Teufel will ich werden,
Und als Kameraden grüß ich
Satanas und Belial,
Astaroth und Beelzebub.

Dich zumal begrüß ich, Lilis,
Sündenmutter, glatte Schlange!
Lehr mich deine Grausamkeiten
Und die schöne Kunst der Lüge!

Mein geliebtes Mexiko,
Nimmermehr kann ich es retten,
Aber rächen will ich furchtbar
Mein geliebtes Mexiko.«

Zweites Buch – Lamentationen

> Das Glück ist eine leichte Dirne,
> Und weilt nicht gern am selben Ort;
> Sie streicht das Haar dir von der Stirne
> Und küsst dich rasch und flattert fort.
>
> Frau Unglück hat im Gegenteile
> Dich liebefest ans Herz gedrückt;
> Sie sagt, sie habe keine Eile,
> Setzt sich zu dir ans Bett und strickt.

Waldeinsamkeit

Ich hab in meinen Jugendtagen
Wohl auf dem Haupt einen Kranz getragen;
Die Blumen glänzten wunderbar,
Ein Zauber in dem Kranze war.

Der schöne Kranz gefiel wohl allen,
Doch der ihn trug, hat manchem missfallen;
Ich floh den gelben Menschenneid,
Ich floh in die grüne Waldeinsamkeit.

Im Wald, im Wald! da konnt ich führen
Ein freies Leben mit Geistern und Tieren;
Feen und Hochwild von stolzem Geweih,
Sie nahten sich mir ganz ohne Scheu.

Sie nahten sich mir ganz ohne Zagnis,
Sie wussten, das sei kein schreckliches Wagnis;
Dass ich kein Jäger, wusste das Reh,
Dass ich kein Vernunftmensch, wusste die Fee.

Von Feenbegünstigung plaudern nur Toren –
Doch wie die übrigen Honoratioren
Des Waldes mir huldreich gewesen, fürwahr,
Ich darf es bekennen offenbar.

Wie haben mich lieblich die Elfen umflattert!
Ein luftiges Völkchen! das plaudert und schnattert!
Ein bisschen stechend ist der Blick,
Verheißend ein süßes, doch tödliches Glück.

Ergötzten mich mit Maitanz und Maispiel,
Erzählten mir Hofgeschichten zum Beispiel:
Die skandalöse Chronika
Der Königin Titania.

Saß ich am Bache, so tauchten und sprangen
Hervor aus der Flut, mit ihrem langen
Silberschleier und flatterndem Haar,
Die Wasserbacchanten, die Nixenschar.

Sie schlugen die Zither, sie spielten auf Geigen,
Das war der famose Nixenreigen;
Die Posituren, die Melodei,
War klingende, springende Raserei.

Jedoch zuzeiten waren sie minder
Tobsüchtig gelaunt, die schönen Kinder;
Zu meinen Füßen lagerten sie,
Das Köpfchen gestützt auf meinem Knie.

Trällerten, trillerten welsche Romanzen,
Zum Beispiel das Lied von den drei Pomeranzen,
Sangen auch wohl ein Lobgedicht
Auf mich und mein nobeles Menschengesicht.

Sie unterbrachen manchmal das Gesinge
Lautlachend, und frugen bedenkliche Dinge,
Zum Beispiel: »Sag uns, zu welchem Behuf
Der liebe Gott den Menschen schuf?

Hat eine unsterbliche Seele ein jeder
Von euch? Ist diese Seele von Leder
Oder von steifer Leinwand? Warum
Sind eure Leute meistens so dumm?«

Was ich zur Antwort gab, verhehle
Ich hier, doch meine unsterbliche Seele,
Glaubt mir's, ward nie davon verletzt,
Was eine kleine Nixe geschwätzt.

Anmutig und schalkhaft sind Nixen und Elfen;
Nicht so die Erdgeister, sie dienen und helfen

Treuherzig den Menschen. Ich liebte zumeist
Die, welche man Wichtelmännchen heißt.

Sie tragen Rotmäntelchen, lang und bauschig,
Die Miene ist ehrlich, doch bang und lauschig;
Ich ließ nicht merken, dass ich entdeckt,
Warum sie so ängstlich die Füße versteckt.

Sie haben nämlich Entenfüße
Und bilden sich ein, dass niemand es wisse.
Das ist eine tiefgeheime Wund',
Worüber ich nimmermehr spötteln kunnt.

Ach Himmel! wir alle, gleich jenen Zwergen,
Wir haben ja alle etwas zu verbergen;
Kein Christenmensch, wähnen wir, hätte entdeckt,
Wo unser Entenfüßchen steckt.

Niemals verkehrt ich mit Salamandern,
Und über ihr Treiben erfuhr ich von andern
Waldgeistern sehr wenig. Sie huschten mir scheu
Des Nachts wie leuchtende Schatten vorbei.

Sind spindeldürre, von Kindeslänge,
Höschen und Wämschen anliegend enge,
Von Scharlachfarbe, goldgestickt;
Das Antlitz kränklich, vergilbt und bedrückt.

Ein güldnes Krönlein, gespickt mit Rubinen,
Trägt auf dem Köpfchen ein jeder von ihnen;
Ein jeder von ihnen bildet sich ein,
Ein absoluter König zu sein.

Dass sie im Feuer nicht verbrennen,
Ist freilich ein Kunststück, ich will es bekennen;
Jedoch der unentzündbare Wicht,
Ein wahrer Feuergeist ist er nicht.

Die klügsten Waldgeister sind die Alräunchen,
Langbärtige Männlein mit kurzen Beinchen,
Ein fingerlanges Greisengeschlecht;
Woher sie stammen, man weiß es nicht recht.

Wenn sie im Mondschein kopfüber purzeln,
Das mahnt bedenklich an Pissewurzeln;
Doch da sie mir nur Gutes getan,
So geht mich nichts ihr Ursprung an.

Sie lehrten mir kleine Hexereien,
Feuer besprechen, Vögel beschreien,
Auch pflücken in der Johannisnacht
Das Kräutlein, das unsichtbar macht.

Sie lehrten mich Sterne und Zeichen deuten,
Sattellos auf dem Winde reiten,
Auch Runensprüche, womit man ruft
Die Toten hervor aus ihrer Gruft.

Sie haben mir auch den Pfiff gelehrt,
Wie man den Vogel Specht betört
Und ihm die Springwurz abgewinnt,
Die anzeigt, wo Schätze verborgen sind.

Die Worte, die man beim Schätzegraben
Hinmurmelt, lehrten sie mich, sie haben
Mir alles expliziert – umsunst!
Hab nie begriffen die Schatzgräberkunst.

Wohl hatt ich derselben nicht nötig dermalen,
Ich brauchte wenig, und konnt es bezahlen,
Besaß auch in Spanien manch luftiges Schloss,
Wovon ich die Revenuen genoss.

Oh, schöne Zeit! wo voller Geigen
Der Himmel hing, wo Elfenreigen
Und Nixentanz und Koboldscherz
Umgaukelt mein märchentrunkenes Herz!

Oh, schöne Zeit! wo sich zu grünen
Triumphespforten zu wölben schienen
Die Bäume des Waldes – ich ging einher,
Bekränzt, als ob ich der Sieger wär!

Die schöne Zeit, sie ist verschlendert,
Und alles hat sich seitdem verändert,

Und ach! mir ist der Kranz geraubt,
Den ich getragen auf meinem Haupt.

Der Kranz ist mir vom Haupt genommen,
Ich weiß es nicht, wie es gekommen;
Doch seit der schöne Kranz mir fehlt,
Ist meine Seele wie entseelt.

Es glotzen mich an unheimlich blöde
Die Larven der Welt! Der Himmel ist öde,
Ein blauer Kirchhof, entgöttert und stumm.
Ich gehe gebückt im Wald herum.

Im Walde sind die Elfen verschwunden,
Jagdhörner hör ich, Gekläffe von Hunden;
Im Dickicht ist das Reh versteckt,
Das tränend seine Wunden leckt.

Wo sind die Alräunchen? Ich glaube, sie halten
Sich ängstlich verborgen in Felsenspalten.
Ihr kleinen Freunde, ich komme zurück,
Doch ohne Kranz und ohne Glück.

Wo ist die Fee mit dem langen Goldhaar,
Die erste Schönheit, die mir hold war?
Der Eichenbaum, worin sie gehaust,
Steht traurig entlaubt, vom Winde zerzaust.

Der Bach rauscht trostlos gleich dem Styxe;
Am einsamen Ufer sitzt eine Nixe,
Todblass und stumm, wie 'n Bild von Stein,
Scheint tief in Kummer versunken zu sein.

Mitleidig tret ich zu ihr heran –
Da fährt sie auf und schaut mich an,
Und sie entflieht mit entsetzten Mienen,
Als sei ihr ein Gespenst erschienen.

Spanische Atriden

Am Hubertustag des Jahres
Dreizehnhundertdreiundachtzig
Gab der König uns ein Gastmahl
Zu Segovia im Schlosse.

Hofgastmähler sind dieselben
Überall, es gähnt dieselbe
Souveräne Langeweile
An der Tafel aller Fürsten.

Prunkgeschirr von Gold und Silber,
Leckerbissen aller Zonen,
Und derselbe Bleigeschmack,
Mahnend an Lokustes Küche.

Auch derselbe seidne Pöbel,
Buntgeputzt und vornehm nickend,
Wie ein Beet von Tulipanen;
Nur die Saucen sind verschieden.

Und das ist ein Wispern, Sumsen,
Das wie Mohn den Sinn einschläfert,
Bis Trompetenstöße wecken
Aus der kauenden Betäubnis.

Neben mir, zum Glücke, saß
Don Diego Albuquerque,
Dem die Rede unterhaltsam
Von den klugen Lippen floss.

Ganz vorzüglich gut erzählte
Er die blut'gen Hofgeschichten
Aus den Tagen des Don Pedro,
Den man »König Grausam« nannte.

Als ich frug, warum Don Pedro
Seinen Bruder Don Fredrego
Insgeheim enthaupten ließ,
Sprach mein Tischgenosse seufzend:

»Señor! glaubt nicht, was sie klimpern

Auf den schlottrigen Gitarren,
Bänkelsänger, Maultiertreiber,
In Posaden, Kneipen, Schenken.

Glaubet nimmer, was sie faseln
Von der Liebe Don Fredregos
Und Don Pedros schöner Gattin,
Doña Blanca von Bourbon.

Nicht der Eifersucht des Gatten,
Nur der Missgunst eines Neidharts
Fiel als Opfer Don Fredrego,
Calatravas Ordensmeister.

Das Verbrechen, das Don Pedro
Nicht verzieh, das war sein Ruhm,
Jener Ruhm, den Doña Fama
Mit Entzücken ausposaunte.

Auch verzieh ihm nicht Don Pedro
Seiner Seele Hochgefühle
Und die Wohlgestalt des Leibes,
Die ein Abbild solcher Seele.

Blühend blieb mir im Gedächtnis
Diese schlanke Heldenblume;
Nie vergaß ich dieses schöne
Träumerische Jünglingsantlitz.

Das war eben jene Sorte,
Die geliebt wird von den Feen,
Und ein märchenhaft Geheimnis
Sprach aus allen diesen Zügen.

Blaue Augen, deren Schmelz
Blendend wie ein Edelstein –
Aber auch der stieren Härte
Eines Edelsteins teilhaftig.

Seine Haare waren schwarz,
Bläulichschwarz, von seltnem Glanze,
Und in üppig schönen Locken

Auf die Schulter niederfallend.

In der schönen Stadt Coimbra,
Die er abgewann den Mohren,
Sah ich ihn zum letzten Male
Lebend – unglücksel'ger Prinz!

Eben kam er vom Alkanzor,
Durch die engen Straßen reitend;
Manche junge Mohrin lauschte
Hinterm Gitter ihres Fensters.

Seines Hauptes Helmbusch wehte
Frei galant, jedoch des Mantels
Strenges Calatrava-Kreuz
Scheuchte jeden Buhlgedanken.

Ihm zur Seite, freudewedelnd,
Sprang sein Liebling, Allan hieß er,
Eine Bestie stolzer Rasse,
Deren Heimat die Sierra.

Trotz der ungeheuern Größe
War er wie ein Reh gelenkig,
Nobel war des Kopfes Bildung,
Ob sie gleich dem Fuchse ähnlich.

Schneeweiß und so weich wie Seide
Flockten lang herab die Haare;
Mit Rubinen inkrustieret
War das breite goldne Halshand.

Dieses Halshand, sagt man, barg
Einen Talisman der Treue;
Niemals wich er von der Seite
Seines Herrn, der treue Hund.

O der schauerlichen Treue!
Mir erbebet das Gemüte,
Denk ich dran, wie sie sich hier
Offenbart vor unsern Augen.

O des schreckenvollen Tages!

Hier in diesem Saale war es,
Und wie heute saß ich hier
An der königlichen Tafel.

An dem obern Tafelende,
Dort, wo heute Don Henrico
Fröhlich bechert mit der Blume
Kastilian'scher Ritterschaft –

Jenes Tags saß dort Don Pedro
Finster stumm, und neben ihm,
Strahlend stolz wie eine Göttin,
Saß Maria de Padilla.

Hier am untern End' der Tafel,
Wo wir heut die Dame sehen,
Deren große Linnenkrause
Wie ein weißer Teller aussieht –

Während ihr vergilbt Gesichtchen
Mit dem säuerlichen Lächeln
Der Zitrone gleichet, welche
Auf besagtem Teller ruht:

Hier am untern End' der Tafel
War ein leerer Platz geblieben;
Eines Gasts von hohem Range
Schien der goldne Stuhl zu harren.

Don Fredrego war der Gast,
Dem der goldne Stuhl bestimmt war –
Doch er kam nicht – ach, wir wissen
Jetzt den Grund der Zögerung.

Ach, zur selben Stunde wurde
Sie vollbracht, die dunkle Untat,
Und der arglos junge Held
Wurde von Don Pedros Schergen

Hinterlistig überfallen
Und gebunden fortgeschleppt
In ein ödes Schlossgewölbe,

Nur von Fackelschein beleuchtet.

Dorten standen Henkersknechte,
Dorten stand der rote Meister,
Der, gestützt auf seinem Richtbeil,
Mit schwermüt'ger Miene sprach:

›Jetzt, Großmeister von San Jago,
Müsst Ihr Euch zum Tod bereiten,
Eine Viertelstunde sei
Euch bewilligt zum Gebete.‹

Don Fredrego kniete nieder,
Betete mit frommer Ruhe,
Sprach sodann: ›Ich hab vollendet‹,
Und empfing den Todesstreich.

In demselben Augenblicke,
Als der Kopf zu Boden rollte,
Sprang drauf zu der treue Allan,
Welcher unbemerkt gefolgt war.

Er erfasste, mit den Zähnen,
Bei dem Lockenhaar das Haupt,
Und mit dieser teuern Beute
Schoss er zauberschnell von dannen.

Jammer und Geschrei erscholl
Überall auf seinem Wege,
Durch die Gänge und Gemächer,
Treppen auf und Treppen ab.

Seit dem Gastmahl des Belsazar
Gab es keine Tischgesellschaft,
Welche so verstöret aussah
Wie die unsre in dem Saale,

Als das Ungetüm hereinsprang
Mit dem Haupte Don Fredregos,
Das er mit den Zähnen schleppte
An den träufend blut'gen Haaren.

Auf den leer gebliebnen Stuhl,

Welcher seinem Herrn bestimmt war;
Sprang der Hund und, wie ein Kläger,
Hielt er uns das Haupt entgegen.

Ach, es war das wohlbekannte
Heldenantlitz, aber blässer,
Aber ernster, durch den Tod,
Und umringelt gar entsetzlich

Von der Fülle schwarzer Locken,
Die sich bäumten wie der wilde
Schlangenkopfputz der Meduse,
Auch wie dieser schreckversteinernd.

Ja, wir waren wie versteinert,
Sahn uns an mit starrer Miene,
Und gelähmt war jede Zunge
Von der Angst und Etikette.

Nur Maria de Padilla
Brach das allgemeine Schweigen;
Händeringend, laut aufschluchzend,
Jammerte sie ahndungsvoll:

›Heißen wird es jetzt, ich hätte
Angestiftet solche Mordtat,
Und der Groll trifft meine Kinder,
Meine schuldlos armen Kinder!‹«

Don Diego unterbrach hier
Seine Rede, denn wir sahen,
Dass die Tafel aufgehoben
Und der Hof den Saal verlassen.

Höfisch fein von Sitten, gab
Mir der Ritter das Geleite,
Und wir wandelten selbander
Durch das alte Gotenschloss.

In dem Kreuzgang, welcher leitet
Nach des Königs Hundeställen,
Die durch Knurren und Gekläffe

Schon von fernher sich verkünd'gen,

Dorten sah ich, in der Wand
Eingemauert und nach außen
Fest mit Eisenwerk vergattert,
Eine Zelle wie ein Käfig.

Menschliche Gestalten zwo
Saßen drin, zwei junge Knaben;
Angefesselt bei den Beinen,
Hockten sie auf fauler Streu.

Kaum zwölfjährig schien der eine,
Wenig älter war der andre;
Die Gesichter schön und edel,
Aber fahl und welk von Siechtum.

Waren ganz zerlumpt, fast nackend,
Und die magern Leibchen trugen
Wunde Spuren der Misshandlung;
Beide schüttelte das Fieber.

Aus der Tiefe ihres Elends
Schauten sie zu mir empor,
Wie mit weißen Geisteraugen,
Dass ich schier darob erschrocken.

»Wer sind diese Jammerbilder?«
Rief ich aus, indem ich hastig
Don Diegos Hand ergriff,
Die gezittert, wie ich fühlte.

Don Diego schien verlegen,
Sah sich um, ob niemand lausche,
Seufzte tief und sprach am Ende,
Heitern Weltmannston erkünstelnd:

»Dieses sind zwei Königskinder,
Früh verwaiset, König Pedro
Hieß der Vater, und die Mutter
War Maria de Padilla.

Nach der großen Schlacht bei Narvas,

Wo Henrico Transtamare
Seinen Bruder, König Pedro,
Von der großen Last der Krone

Und zugleich von jener größern
Last, die Leben heißt, befreite:
Da traf auch die Bruderskinder
Don Henricos Siegergroßmut.

Hat sich ihrer angenommen,
Wie es einem Oheim ziemet,
Und im eignen Schlosse gab er
Ihnen freie Kost und Wohnung.

Enge freilich ist das Stübchen,
Das er ihnen angewiesen,
Doch im Sommer ist es kühlig,
Und nicht gar zu kalt im Winter.

Ihre Speis' ist Roggenbrot,
Das so schmackhaft ist, als hätt es
Göttin Ceres selbst gebacken
Für ihr liebes Proserpinchen.

Manchmal schickt er ihnen auch
Eine Kumpe mit Garbanzos,
Und die Jungen merken dann,
Dass es Sonntag ist in Spanien.

Doch nicht immer ist es Sonntag,
Und nicht immer gibt's Garbanzos,
Und der Oberkoppelmeister
Regaliert sie mit der Peitsche.

Denn der Oberkoppelmeister,
Der die Ställe mit der Meute
Sowie auch den Neffenkäfig
Unter seiner Aufsicht hat,

Ist der unglücksel'ge Gatte
Jener sauren Zitronella
Mit der weißen Tellerkrause,

Die wir heut bei Tisch bewundert,

Und sie keift so frech, dass oft
Ihr Gemahl zur Peitsche greift –
Und hierher eilt und die Hunde
Und die armen Knaben züchtigt.

Doch der König hat missbilligt
Solch Verfahren und befahl,
Dass man künftig seine Neffen
Nicht behandle wie die Hunde.

Keiner fremden Mietlingsfaust
Wird er ferner anvertrauen
Ihre Zucht, die er hinfüro
Eigenhändig leiten will.«

Don Diego stockte plötzlich,
Denn der Seneschall des Schlosses
Kam zu uns und frug uns
Höflich: ob wir wohlgespeist? – –

Der Ex-Lebendige

Brutus, wo ist dein Cassius,
Der Wächter, der nächtliche Rufer,
Der einst mit dir, im Seelenerguss,
Gewandelt am Seineufer?

Ihr schautet manchmal in die Höh',
Wo die dunklen Wolken jagen –
Viel dunklere Wolke war die Idee,
Die ihr im Herzen getragen.

Brutus, wo ist dein Cassius?
Er denkt nicht mehr ans Morden!
Es heißt, er sei am Neckarfluss
Tyrannenvorleser geworden.

Doch Brutus erwidert: »Du bist ein Tor,
Kurzsichtig wie alle Poeten –

Mein Cassius liest dem Tyrannen vor,
Jedoch um ihn zu töten.

Er liest ihm Gedichte von Matzerath –
Ein Dolch ist jede Zeile!
Der arme Tyrann, früh oder spat
Stirbt er vor Langeweile.«

Der Ex-Nachtwächter

Missgelaunt, sagt man, verließ er
Stuttgart an dem Neckarstrand,
und zu München an der Isar
Ward er Schauspielintendant.

Das ist eine schöne Gegend
Ebenfalls, es schäumet hier,
Geist- und phantasieerregend,
Holder Bock, das beste Bier.

Doch der arme Intendante,
Heißt es, gehet dort herum
Melancholisch wie ein Dante,
Wie Lord Byron gloomy, stumm.

Ihn ergötzen nicht Komödien,
Nicht das schlechteste Gedicht,
Selbst die traurigsten Tragödien
Liest er – doch er lächelt nicht.

Manche Schöne möcht erheitern
Dieses gramumflorte Herz,
Doch die Liebesblicke scheitern
An dem Panzer, der von Erz

Nannerl mit dem Riegelhäubchen
Girrt ihn an so muntern Sinns –
»Geh ins Kloster, armes Täubchen«,
Spricht er wie ein Dänenprinz.

Seine Freunde sind vergebens

Zu erlust'gen ihn bemüht,
Singen: »Freue dich des Lebens,
Weil dir noch dein Lämpchen glüht!«

Kann dich nichts zum Frohsinn reizen
Hier in dieser hübschen Stadt,
Die an amüsanten Käuzen
Wahrlich keinen Mangel hat?

Zwar hat sie in jüngsten Tagen
Eingebüßt so manchen Mann,
Manchen trefflichen Choragen,
Den man schwer entbehren kann.

Wär der Maßmann nur geblieben!
Dieser hätte wohl am End'
Jeden Trübsinn dir vertrieben
Durch sein Burzelbaumtalent.

Schelling, der ist unersetzlich!
Ein Verlust vom höchsten Wert!
War als Philosoph ergötzlich
Und als Mime hochgeehrt.

Dass der Gründer der Walhalla
Fortging und zurücke ließ
Seine Manuskripte alle,
Gleichfalls ein Verlust war dies!

Mit Cornelius ging verloren
Auch des Meisters Jüngerschaft;
Hat das Haar sich abgeschoren,
Und im Haar war ihre Kraft.

Denn der kluge Meister legte
Einen Zauber in das Haar,
Drin sich sichtbar oft bewegte
Etwas, das lebendig war.

Tot ist Görres, die Hyäne.
Ob des heiligen Offiz
Umsturz quoll ihm einst die Träne

Aus des Auges rotem Schlitz.

Dieses Raubtier hat ein Sühnchen
Hinterlassen, doch es ist
Nur ein giftiges Kaninchen,
Welches Nonnenfürzchen frisst.

Apropos! Der erzinfame
Pfaffe Dollingerius –
Das ist ungefähr sein Name –
Lebt er noch am Isarfluss?

Dieser bleibt mir unvergesslich!
Bei dem reinen Sonnenlicht!
Niemals schaut ich solch ein hässlich
Armesünderangesicht.

Wie es heißt, ist er gekommen
Auf die Welt gar wundersam,
Hat den Afterweg genommen,
Zu der Mutter Schreck und Scham.

Sah ihn am Karfreitag wallen
In dem Zug der Prozession,
Von den dunkeln Männern allen
Wohl die dunkelste Person.

Ja, Monacho Monachorum
Ist in unsrer Zeit der Sitz
Der Virorum obscurorum,
Die verherrlicht Huttens Witz.

Wie du zuckst beim Namen Hutten!
Ex-Nachtwächter, wache auf!
Hier die Pritsche, dort die Kutten,
Und wie eh'mals schlage drauf!

Geißle ihre Rücken blutig,
Wie einst tat der Ullerich;
Dieser schlug so rittermutig,
Jene heulten fürchterlich.

Der Erasmus musste lachen

So gewaltig ob dem Spaß,
Dass ihm platzte in dem Rachen
Sein Geschwür und er genas.

Auf der Ebersburg desgleichen
Lachte Sickingen wie toll,
Und in allen deutschen Reichen
Das Gelächter widerscholl.

Alte lachten wie die Jungen –
Eine einz'ge Lache nur
War ganz Wittenberg, sie sungen
»Gaudeamus igitur!«

Freilich, klopft man faule Kutten,
Fängt man Flöh' im Überfluss,
Und es musste sich der Hutten
Manchmal kratzen vor Verdruss.

Aber »Alea est jacta!«
War des Ritters Schlachtgeschrei,
Und er knickte und er knackte
Pulices und Klerisei.

Ex-Nachtwächter, Stundenrufer,
Fühlst du nicht dein Herz erglühn?
Rege dich am Isarufer,
Schüttle ab den kranken Spleen.

Deine langen Fortschrittsbeine,
Heb sie auf zu neuem Lauf –
Kutten grobe, Kutten feine,
Sind es Kutten, schlage drauf!

Jener aber seufzt, und seine
Hände ringend er versetzt:
»Meine langen Fortschrittsbeine
Sind europamüde jetzt.

Meine Hühneraugen jücken,
Habe deutsche enge Schuh',
Und wo mich die Schuhe drücken,

Weiß ich wohl – lass mich in Ruh'!«

Plateniden

Iliaden, Odysseen
Kündigst du uns prahlend an,
Und wir sollen in dir sehen
Deutscher Zukunft größten Mann.

Eine große Tat in Worten,
Die du einst zu tun gedenkst! –
Oh, ich kenne solche Sorten
Geist'ger Schuldenmacher längst.

Hier ist Rhodus, komm und zeige
Deine Kunst, hier wird getanzt!
Oder trolle dich und schweige,
Wenn du heut nicht tanzen kannst.

Wahre Prinzen aus Genieland
Zahlen bar, was sie verzehrt,
Schiller, Goethe, Lessing, Wieland
Haben nie Kredit begehrt.

Wollten keine Ovationen
Von dem Publiko auf Pump,
Keine Vorschusslorbeerkronen,
Rühmten sich nicht keck und plump.

Tot ist längst der alte Junker,
Doch sein Same lebt noch heut –
Oh, ich kenne das Geflunker
Künftiger Unsterblichkeit.

Das sind Platens echte Kinder,
Echtes Platenidenblut –
Meine teuern Hallermünder,
Oh, ich kenn euch gar zu gut!

Mythologie

Ja, Europa ist erlegen –
Wer kann Ochsen widerstehen?
Wir verzeihen auch Danäen –
Sie erlag dem goldnen Regen!

Semele ließ sich verführen –
Denn sie dachte: eine Wolke,
Ideale Himmelswolke,
Kann uns nicht kompromittieren.

Aber tief muss uns empören
Was wir von der Leda lesen –
Welche Gans bist du gewesen,
Dass ein Schwan dich konnt betören!

In Mathildens Stammbuch

Hier, auf gewalkten Lumpen, soll ich
Mit einer Spule von der Gans
Hinkritzeln ernsthaft halb, halb drollig,
Versifizierten Firlefanz –

Ich, der gewohnt mich auszusprechen
Auf deinem schönen Rosenmund,
Mit Küssen, die wie Flammen brechen
Hervor aus tiefstem Herzensgrund!

O Modewut! Ist man ein Dichter,
Quält uns die eigne Frau zuletzt,
Bis man, wie andre Sangeslichter,
Ihr einen Reim ins Album setzt.

An die Jungen

Lass dich nicht kirren, lass dich nicht wirren
Durch goldne Äpfel in deinem Lauf!
Die Schwerter klirren, die Pfeile schwirren,

Doch halten sie nicht den Helden auf.

Ein kühnes Beginnen ist halbes Gewinnen,
Ein Alexander erbeutet die Welt!
Kein langes Besinnen! Die Königinnen
Erwarten schon kniend den Sieger im Zelt.

Wir wagen, wir werben! besteigen als Erben
Des alten Darius Bett und Thron.
O süßes Verderben! o blühendes Sterben!
Berauschter Triumphtod zu Babylon!

Der Ungläubige

Du wirst in meinen Armen ruhn!
Von Wonnen sonder Schranken
Erbebt und schwillt mein ganzes Herz
Bei diesem Zaubergedanken.

Du wirst in meinen Armen ruhn!
Ich spiele mit den schönen
Goldlocken! Dein holdes Köpfchen wird
An meine Schulter lehnen.

Du wirst in meinen Armen ruhn!
Der Traum will Wahrheit werden,
Ich soll des Himmels höchste Lust
Hier schon genießen auf Erden.

Oh, heil'ger Thomas! Ich glaub es kaum!
Ich zweifle bis zur Stunde,
Wo ich den Finger legen kann
In meines Glückes Wunde.

K.-Jammer

Diese graue Wolkenschar
Stieg aus einem Meer von Freuden;
Heute muss ich dafür leiden,

Dass ich gestern glücklich war.

Ach, in Wermut hat verkehrt
Sich der Nektar! Ach, wie quälend,
Katzenjammer, Hundeelend
Herz und Magen mir beschwert!

Zum Hausfrieden

Viele Weiber, viele Flöhe,
Viele Flöhe, vieles Jucken –
Tun sich heimlich dir ein Wehe,
Darfst du dennoch dich nicht mucken.

Denn sie rächen, schelmisch lächelnd,
Sich zur Nachtzeit – Willst du drücken
Sie ans Herze, lieberöchelnd,
Ach, da drehn sie dir den Rücken.

Jetzt wohin?

Jetzt wohin? Der dumme Fuß
Will mich gern nach Deutschland tragen;
Doch es schüttelt klug das Haupt
Mein Verstand und scheint zu sagen:

›Zwar beendigt ist der Krieg,
Doch die Kriegsgerichte blieben,
Und es heißt, du habest einst
Viel Erschießliches geschrieben.‹

Das ist wahr, unangenehm
Wär mir das Erschossenwerden;
Bin kein Held, es fehlen mir
Die pathetischen Gebärden.

Gern würd ich nach England gehn,
Wären dort nicht Kohlendämpfe
Und Engländer – schon ihr Duft

Gibt Erbrechen mir und Krämpfe.

Manchmal kommt mir in den Sinn,
Nach Amerika zu segeln,
Nach dem großen Freiheitstall,
Der bewohnt von Gleichheitsflegeln –

Doch es ängstet mich ein Land,
Wo die Menschen Tabak käuen,
Wo sie ohne König kegeln,
Wo sie ohne Spucknapf speien.

Russland, dieses schöne Reich,
Würde mir vielleicht behagen,
Doch im Winter könnte ich
Dort die Knute nicht ertragen.

Traurig schau ich in die Höh',
Wo viel tausend Sterne nicken –
Aber meinen eignen Stern
Kann ich nirgends dort erblicken.

Hat im güldnen Labyrinth
Sich vielleicht verirrt am Himmel,
Wie ich selber mich verirrt
In dem irdischen Getümmel. –

Altes Lied

Du bist gestorben und weißt es nicht,
Erloschen ist dein Augenlicht,
Erblichen ist dein rotes Mündchen,
Und du bist tot, mein totes Kindchen.

In einer schaurigen Sommernacht
Hab ich dich selber zu Grabe gebracht;
Klaglieder die Nachtigallen sangen,
Die Sterne sind mit zur Leiche gegangen.

Der Zug, der zog den Wald vorbei,
Dort widerhallt die Litanei;

Die Tannen, in Trauermänteln vermummet,
Sie haben Totengebete gebrummet.

Am Weidensee vorüber ging's,
Die Elfen tanzten inmitten des Rings;
Sie blieben plötzlich stehn und schienen
Uns anzuschaun mit Beileidsmienen.

Und als wir kamen zu deinem Grab,
Da stieg der Mond vom Himmel herab.
Er hielt eine Rede. Ein Schluchzen und Stöhnen,
Und in der Ferne die Glocken tönen.

Solidität

Liebe sprach zum Gott der Lieder,
Sie verlange Sicherheiten,
Ehe sie sich ganz ergebe,
Denn es wären schlechte Zeiten.

Lachend gab der Gott zur Antwort:
»Ja, die Zeiten sich verändern,
Und du sprichst jetzt wie ein alter
Wuchrer, welcher leiht auf Pfändern.

Ach, ich hab nur eine Leier,
Doch sie ist von gutem Golde.
Wie viel Küsse willst du borgen
Mir darauf, o meine Holde?«

Alte Rose

Eine Rosenknospe war
Sie, für die mein Herze glühte;
Doch sie wuchs, und wunderbar
Schoss sie auf in voller Blüte.

Ward die schönste Ros' im Land,
Und ich wollt die Rose brechen,

Doch sie wusste mich pikant
Mit den Dornen fortzustechen.

Jetzt, wo sie verwelkt, zerfetzt
Und verklatscht von Wind und Regen –
»Liebster Heinrich« bin ich jetzt,
Liebend kommt sie mir entgegen.

Heinrich hinten, Heinrich vorn,
Klingt es jetzt mit süßen Tönen;
Sticht mich jetzt etwa ein Dorn,
Ist es an dem Kinn der Schönen.

Allzu hart die Borsten sind,
Die des Kinnes Wärzchen zieren –
Geh ins Kloster, liebes Kind,
Oder lasse dich rasieren.

Autodafé

Welke Veilchen, stäub'ge Locken,
Ein verblichen blaues Band,
Halb zerrissene Billette,
Längst Vergessner Herzenstand –

In die Flammen des Kamines
Werf ich sie verdrossnen Blicks;
Ängstlich knistern diese Trümmer
Meines Glücks und Missgeschicks.

Liebeschwüre, flatterhafte
Falsche Eide, in den Schlot
Fliegen sie hinauf – es kichert
Unsichtbar der kleine Gott.

Bei den Flammen des Kamines
Sitz ich träumend, und ich seh,
Wie die Fünkchen in der Asche
Still verglühn – Gut' Nacht – Ade!

Lazarus

1.

Weltlauf

Hat man viel, so wird man bald
Noch viel mehr dazubekommen.
Wer nur wenig hat, dem wird
Auch das wenige genommen.

Wenn du aber gar nichts hast,
Ach, so lasse dich begraben –
Denn ein Recht zum Leben, Lump,
Haben nur, die etwas haben.

2.

Rückschau

Ich habe gerochen alle Gerüche
In dieser holden Erdenküche;
Was man genießen kann in der Welt,
Das hab ich genossen wie je ein Held!
Hab Kaffee getrunken, hab Kuchen gegessen,
Hab manche schöne Puppe besessen;
Trug seidne Westen, den feinsten Frack,
Mir klingelten auch Dukaten im Sack.
Wie Gellert ritt ich auf hohem Ross;
Ich hatte ein Haus, ich hatte ein Schloss.
Ich lag auf der grünen Wiese des Glücks,
Die Sonne grüßte goldigsten Blicks;
Ein Lorbeerkranz umschloss die Stirn,
Er duftete Träume mir ins Gehirn,
Träume von Rosen und ewigem Mai –
Es ward mir so selig zu Sinne dabei,
So dämmersüchtig, so sterbefaul –
Mir flogen gebratne Tauben ins Maul,
Und Englein kamen, und aus den Taschen

Sie zogen hervor Champagnerflaschen –
Das waren Visionen, Seifenblasen –
Sie platzten – Jetzt lieg ich auf feuchtem Rasen,
Die Glieder sind mir rheumatisch gelähmt,
Und meine Seele ist tief beschämt.
Ach, jede Lust, ach, jeden Genuss
Hab ich erkauft durch herben Verdruss;
Ich ward getränkt mit Bitternissen
Und grausam von den Wanzen gebissen;
Ich ward bedrängt von schwarzen Sorgen,
Ich musste lügen, ich musste borgen
Bei reichen Buben und alten Vetteln –
Ich glaube sogar, ich musste betteln.
Jetzt bin ich müd' vom Rennen und Laufen,
Jetzt will ich mich im Grabe verschnaufen.
Lebt wohl! Dort oben, ihr christlichen Brüder,
Ja, das versteht sich, dort sehn wir uns wieder.

3.

Auferstehung

Posaunenruf erfüllt die Luft,
Und furchtbar schallt es wider;
Die Toten steigen aus der Gruft,
Und schütteln und rütteln die Glieder.

Was Beine hat, das trollt sich fort,
Es wallen die weißen Gestalten,
Nach Josaphat, dem Sammelort,
Dort wird Gericht gehalten.

Als Freigraf sitzet Christus dort
In seiner Apostel Kreise.
Sie sind die Schöppen, ihr Spruch und Wort
Ist minniglich und weise.

Sie urteln nicht vermummten Gesichts;
Die Maske lässt jeder fallen

Am hellen Tage des Jüngsten Gerichts,
Wenn die Posaunen schallen.

Das ist zu Josaphat im Tal,
Da stehn die geladenen Scharen,
Und weil zu groß der Beklagten Zahl,
Wird hier summarisch verfahren.

Das Böcklein zur Linken, zur Rechten das Schaf,
Geschieden sind sie schnelle;
Der Himmel dem Schäfchen fromm und brav,
Dem geilen Bock die Hölle!

4.

Sterbende

Flogest aus nach Sonn' und Glück,
Nackt und schlecht kommst du zurück.
Deutsche Treue, deutsche Hemde,
Die verschleißt man in der Fremde.

Siehst sehr sterbeblässlich aus,
Doch getrost, du bist Zuhaus.
Warm wie an dem Flackerherde
Liegt man in der deutschen Erde.

Mancher leider wurde lahm
Und nicht mehr nach Hause kam –
Streckt verlangend aus die Arme,
Dass der Herr sich sein erbarme!

5.

Lumpentum

Die reichen Leute, die gewinnt
Man nur durch platte Schmeichelein –
Das Geld ist platt, mein liebes Kind,
Und will auch platt geschmeichelt sein.

Das Weihrauchfass, das schwinge keck
Vor jedem göttlich goldnen Kalb;
Bet an im Staub, bet an im Dreck,
Vor allem aber lob nicht halb.

Das Brot ist teuer dieses Jahr,
Jedoch die schönsten Worte hat
Man noch umsonst – Besinge gar
Mäcenas' Hund, und fress dich satt!

6.
Erinnerung

Dem einen die Perle, dem andern die Truhe,
O Wilhelm Wisetzki, du starbest so fruhe –
Doch die Katze, die Katz' ist gerettet.

Der Balken brach, worauf er geklommen,
Da ist er im Wasser umgekommen –
Doch die Katze, die Katz' ist gerettet.

Wir folgten der Leiche, dem lieblichen Knaben,
Sie haben ihn unter Maiblumen begraben –
Doch die Katze, die Katz' ist gerettet.

Bist klug gewesen, du bist entronnen
Den Stürmen, hast früh ein Obdach gewonnen –
Doch die Katze, die Katz' ist gerettet.

Bist früh entronnen, bist klug gewesen,
Noch eh' du erkranktest, bist du genesen –
Doch die Katze, die Katz' ist gerettet.

Seit langen Jahren, wie oft, o Kleiner,
Mit Neid und Wehmut gedenk ich deiner –
Doch die Katze, die Katz' ist gerettet.

7.

Unvollkommenheit

Nichts ist vollkommen hier auf dieser Welt.
Der Rose ist der Stachel beigesellt;
Ich glaube gar, die lieben holden Engel
Im Himmel droben sind nicht ohne Mängel.

Der Tulpe fehlt der Duft. Es heißt am Rhein:
Auch Ehrlich stahl einmal ein Ferkelschwein.
Hätte Lucretia sich nicht erstochen,
Sie wär vielleicht gekommen in die Wochen.

Hässliche Füße hat der stolze Pfau.
Uns kann die amüsant geistreichste Frau
Manchmal langweilen wie die Henriade
Voltaires, sogar wie Klopstocks Messiade.

Die bravste, klügste Kuh kein Spanisch weiß,
Wie Maßmann kein Latein – Der Marmorsteiß
Der Venus von Canova ist zu glatte,
Wie Maßmanus Nase viel zu ärschig platte.

Im süßen Lied ist oft ein saurer Reim,
Wie Bienenstachel steckt im Honigseim.
Am Fuß verwundbar war der Sohn der Thetis,
Und Alexander Dumas ist ein Metis.

Der strahlenreinste Stern am Himmelzelt,
Wenn er den Schnupfen kriegt, herunterfällt.
Der beste Äpfelwein schmeckt nach der Tonne,
Und schwarze Flecken sieht man in der Sonne.

Du bist, verehrte Frau, du selbst sogar
Nicht fehlerfrei, nicht aller Mängel bar.
Du schaust mich an – du fragst mich, was dir fehle?
Ein Busen, und im Busen eine Seele.

8.

Fromme Warnung

Unsterbliche Seele, nimm dich in acht,
Dass du nicht Schaden leidest,
Wenn du aus dem Irdischen scheidest;
Es geht der Weg durch Tod und Nacht.

Am goldnen Tore der Hauptstadt des Lichts,
Da stehen die Gottessoldaten;
Sie fragen nach Werken und Taten,
Nach Namen und Amt fragt man hier nichts.

Am Eingang lässt der Pilger zurück
Die stäubigen, drückenden Schuhe –
Kehr ein, hier findest du Ruhe,
Und weiche Pantoffeln und schöne Musik.

9.

Der Abgekühlte

Und ist man tot, so muss man lang
Im Grabe liegen; ich bin bang,
Ja, ich bin bang, das Auferstehen
Wird nicht so schnell vonstatten gehen.

Noch einmal, eh' mein Lebenslicht
Erlöschet, eh' mein Herze bricht –
Noch einmal möcht ich vor dem Sterben
Um Frauenhuld beseligt werben.

Und eine Blonde müsst es sein,
Mit Augen sanft wie Mondenschein –
Denn schlecht bekommen mir am Ende
Die wild brünetten Sonnenbrände.

Das junge Volk voll Lebenskraft
Will den Tumult der Leidenschaft,
Das ist ein Rasen, Schwören, Poltern
Und wechselseit'ges Seelenfoltern!

Unjung und nicht mehr ganz gesund,
Wie ich es bin zu dieser Stund',
Möcht ich noch einmal lieben, schwärmen
Und glücklich sein – doch ohne Lärmen.

10.

Salomo

Verstummt sind Pauken, Posaunen und Zinken.
An Salomos Lager Wache halten
Die schwertgegürteten Engelgestalten,
Sechstausend zur Rechten, sechstausend zur Linken.

Sie schützen den König vor träumendem Leide,
Und zieht er finster die Brauen zusammen,
Da fahren sogleich die stählernen Flammen,
Zwölftausend Schwerter, hervor aus der Scheide.

Doch wieder zurück in die Scheide fallen
Die Schwerter der Engel. Das nächtliche Grauen
Verschwindet, es glätten sich wieder die Brauen
Des Schläfers, und seine Lippen lallen:

»O Sulamith! Das Reich ist mein Erbe,
Die Lande sind mir untertänig,
Bin über Juda und Israel König –
Doch liebst du mich nicht, so welk ich und sterbe.«

11.

Verlorene Wünsche

Von der Gleichheit der Gemütsart
Wechselseitig angezogen,
Waren wir einander immer
Mehr als uns bewusst gewogen.

Beide ehrlich und bescheiden,
Konnten wir uns leicht verstehen;

Worte waren überflüssig,
Brauchten uns nur anzusehen.

O wie sehnlich wünscht ich immer,
Dass ich bei dir bleiben könnte
Als der tapfre Waffenbruder
Eines Dolcefarniente.

Ja, mein liebster Wunsch war immer,
Dass ich immer bei dir bliebe!
Alles, was dir wohlgefiele,
Alles tät ich dir zuliebe.

Würde essen, was dir schmeckte,
Und die Schüssel gleich entfernen,
Die dir nicht behagt. Ich würde
Auch Zigarren rauchen lernen.

Manche polnische Geschichte,
Die dein Lachen immer weckte,
Wollt ich wieder dir erzählen
In Judäas Dialekte.

Ja, ich wollte zu dir kommen,
Nicht mehr in der Fremde schwärmen –
An dem Herde deines Glückes
Wollt ich meine Kniee wärmen. – –

Goldne Wünsche! Seifenblasen!
Sie zerrinnen wie mein Leben –
Ach, ich liege jetzt am Boden,
Kann mich nimmermehr erheben.

Und Ade! sie sind zerronnen,
Goldne Wünsche, süßes Hoffen!
Ach, zu tödlich war der Faustschlag,
Der mich just ins Herz getroffen.

12.

Gedächtnisfeier

Keine Messe wird man singen,
Keinen Kadosch wird man sagen,
Nichts gesagt und nichts gesungen
Wird an meinen Sterbetagen.

Doch vielleicht an solchem Tage,
Wenn das Wetter schön und milde,
Geht spazieren auf Montmartre
Mit Paulinen Frau Mathilde.

Mit dem Kranz von Immortellen
Kommt sie, mir das Grab zu schmücken,
Und sie seufzet: »Pauvre homme!«
Feuchte Wehmut in den Blicken.

Leider wohn ich viel zu hoch,
Und ich habe meiner Süßen
Keinen Stuhl hier anzubieten;
Ach! sie schwankt mit müden Füßen.

Süßes, dickes Kind, du darfst
Nicht zu Fuß nach Hause gehen;
An dem Barrieregitter
Siehst du die Fiaker stehen.

13.

Wiedersehen

Die Geißblattlaube – Ein Sommerabend –
Wir saßen wieder wie eh'mals am Fenster –
Der Mond ging auf, belebend und labend –
Wir aber waren wie zwei Gespenster.

Zwölf Jahre schwanden, seitdem wir beisammen
Zum letzten Male hier gesessen;
Die zärtlichen Gluten, die großen Flammen,
Sie waren erloschen unterdessen.

Einsilbig saß ich. Die Plaudertasche,
Das Weib hingegen schürte beständig
Herum in der alten Liebesasche.
Jedoch kein Fünkchen ward wieder lebendig.

Und sie erzählte: wie sie die bösen
Gedanken bekämpft, eine lange Geschichte,
Wie wackelig schon ihre Tugend gewesen –
Ich machte dazu ein dummes Gesichte.

Als ich nach Hause ritt, da liefen
Die Bäume vorbei in der Mondenhelle,
Wie Geister. Wehmütige Stimmen riefen –
Doch ich und die Toten, wir ritten schnelle.

14.

Frau Sorge

In meines Glückes Sonnenglanz,
Da gaukelte fröhlich der Mückentanz.
Die lieben Freunde liebten mich
Und teilten mit mir brüderlich
Wohl meinen besten Braten
Und meinen letzten Dukaten.

Das Glück ist fort, der Beutel leer,
Und hab auch keine Freunde mehr;
Erloschen ist der Sonnenglanz,
Zerstoben ist der Mückentanz,
Die Freunde, so wie die Mücke,
Verschwinden mit dem Glücke.

An meinem Bett in der Winternacht
Als Wärterin die Sorge wacht.
Sie trägt eine weiße Unterjack',
Ein schwarzes Mützchen, und schnupft Tabak.
Die Dose knarrt so grässlich,
Die Alte nickt so hässlich.

Mir träumt manchmal, gekommen sei
Zurück das Glück und der junge Mai
Und die Freundschaft und der Mückenschwarm –
Da knarrt die Dose – dass Gott erbarm,
Es platzt die Seifenblase –
Die Alte schneuzt die Nase.

15.

An die Engel

Das ist der böse Thanatos,
Er kommt auf einem fahlen Ross;
Ich hör den Hufschlag, hör den Trab,
Der dunkle Reiter holt mich ab –
Er reißt mich fort, Mathilden soll ich lassen,
Oh, den Gedanken kann mein Herz nicht fassen!

Sie war mir Weib und Kind zugleich,
Und geh ich in das Schattenreich,
Wird Witwe sie und Waise sein!
Ich lass in dieser Welt allein
Das Weib, das Kind, das, trauend meinem Mute,
Sorglos und treu an meinem Herzen ruhte.

Ihr Engel in den Himmelshöhn,
Vernehmt mein Schluchzen und mein Flehn:
Beschützt, wenn ich im öden Grab,
Das Weib, das ich geliebet hab;
Seid Schild und Vögte eurem Ebenbilde,
Beschützt, beschirmt mein armes Kind, Mathilde.

Bei allen Tränen, die ihr je
Geweint um unser Menschenweh,
Beim Wort, das nur der Priester kennt
Und niemals ohne Schauder nennt,
Bei eurer eignen Schönheit, Huld und Milde,
Beschwör ich euch, ihr Engel, schützt Mathilde.

16.

Im Oktober 1849

Gelegt hat sich der starke Wind,
Und wieder stille wird's daheime;
Germania, das große Kind,
Erfreut sich wieder seiner Weihnachtsbäume.

Wir treiben jetzt Familienglück –
Was höher lockt, das ist vom Übel –
Die Friedensschwalbe kehrt zurück,
Die einst genistet in des Hauses Giebel.

Gemütlich ruhen Wald und Fluss,
Von sanftem Mondlicht übergossen;
Nur manchmal knallt's – Ist das ein Schuss? –
Es ist vielleicht ein Freund, den man erschossen.

Vielleicht mit Waffen in der Hand
Hat man den Tollkopf angetroffen
(Nicht jeder hat so viel Verstand
Wie Flaccus, der so kühn davongeloffen).

Es knallt. Es ist ein Fest vielleicht,
Ein Feuerwerk zur Goethefeier! –
Die Sonntag, die dem Grab entsteigt,
Begrüßt Raketenlärm – die alte Leier.

Auch Liszt taucht wieder auf, der Franz,
Er lebt, er liegt nicht blutgerötet
Auf einem Schlachtfeld Ungarlands;
Kein Russe noch Kroat' hat ihn getötet.

Es fiel der Freiheit letzte Schanz',
Und Ungarn blutet sich zu Tode –
Doch unversehrt blieb Ritter Franz,
Sein Säbel auch – er liegt in der Kommode.

Er lebt, der Franz, und wird als Greis
Vom Ungarkriege Wunderdinge
Erzählen in der Enkel Kreis –
»So lag ich und so führt ich meine Klinge!«

Wenn ich den Namen Ungarn hör,
Wird mir das deutsche Wams zu enge,
Es braust darunter wie ein Meer,
Mir ist, als grüßten mich Trompetenklänge!

Es klirrt mir wieder im Gemüt
Die Heldensage, längst verklungen,
Das eisern wilde Kämpenlied –
Das Lied vom Untergang der Nibelungen.

Es ist dasselbe Heldenlos,
Es sind dieselben alten Mären,
Die Namen sind verändert bloß,
Doch sind's dieselben »Helden lobebären«.

Es ist dasselbe Schicksal auch –
Wie stolz und frei die Fahnen fliegen,
Es muss der Held, nach altem Brauch,
Den tierisch rohen Mächten unterliegen.

Und diesmal hat der Ochse gar
Mit Bären einen Bund geschlossen –
Du fällst; doch tröste dich, Magyar,
Wir andre haben schlimmre Schmach genossen.

Anständ'ge Bestien sind es doch,
Die ganz honett dich überwunden;
Doch wir geraten in das Joch
Von Wölfen, Schweinen und gemeinen Hunden.

Das heult und bellt und grunzt – ich kann
Ertragen kaum den Duft der Sieger.
Doch still, Poet, das greift dich an –
Du bist so krank, und schweigen wäre klüger.

17.

Böses Geträume

Im Traume war ich wieder jung und munter –
Es war das Landhaus hoch am Bergesrand,

Wettlaufend lief ich dort den Pfad hinunter,
Wettlaufend mit Ottilien Hand in Hand.

Wie das Persönchen fein formiert! Die süßen
Meergrünen Augen zwinkern nixenhaft.
Sie steht so fest auf ihren kleinen Füßen,
Ein Bild von Zierlichkeit, vereint mit Kraft.

Der Ton der Stimme ist so treu und innig,
Man glaubt zu schaun bis in der Seele Grund;
Und alles, was sie spricht, ist klug und sinnig;
Wie eine Rosenknospe ist der Mund.

Es ist nicht Liebesweh, was mich beschleichet,
Ich schwärme nicht, ich bleibe bei Verstand; –
Doch wunderbar ihr Wesen mich erweichet,
Und heimlich bebend küss ich ihre Hand.

Ich glaub, am Ende brach ich eine Lilie,
Die gab ich ihr und sprach ganz laut dabei:
»Heirate mich und sei mein Weib, Ottilie,
Damit ich fromm wie du und glücklich sei.«

Was sie zur Antwort gab, das weiß ich nimmer,
Denn ich erwachte jählings – und ich war
Wieder ein Kranker, der im Krankenzimmer
Trostlos daniederliegt seit manchem Jahr. – –

18.

Sie erlischt

Der Vorhang fällt, das Stück ist aus,
Und Herrn und Damen gehn nach Haus.
Ob ihnen auch das Stück gefallen?
Ich glaub, ich hörte Beifall schallen.
Ein hochverehrtes Publikum
Beklatschte dankbar seinen Dichter.
Jetzt aber ist das Haus so stumm,
Und sind verschwunden Lust und Lichter.

Doch horch! ein schollernd schnöder Klang
Ertönt unfern der öden Bühne; –
Vielleicht, dass eine Saite sprang
An einer alten Violine.
Verdrießlich rascheln im Parterr'
Etwelche Ratten hin und her,
Und alles riecht nach ranz'gem Öle.
Die letzte Lampe ächzt und zischt
Verzweiflungsvoll, und sie erlischt.
Das arme Licht war meine Seele.

19.

Vermächtnis

Nun mein Leben geht zu End',
Mach ich auch mein Testament;
Christlich will ich drin bedenken
Meine Feinde mit Geschenken.

Diese würd'gen, tugendfesten
Widersacher sollen erben
All mein Siechtum und Verderben,
Meine sämtlichen Gebresten.

Ich vermach euch die Koliken,
Die den Bauch wie Zangen zwicken,
Harnbeschwerden, die perfiden
Preußischen Hämorrhoiden.

Meine Krämpfe sollt ihr haben,
Speichelfluss und Gliederzucken,
Knochendarre in dem Rucken,
Lauter schöne Gottesgaben.

Kodizill zu dem Vermächtnis:
In Vergessenheit versenken
Soll der Herr eu'r Angedenken,
Er vertilge eu'r Gedächtnis.

20.

Enfant Perdu

Verlorner Posten in dem Freiheitskriege,
Hielt ich seit dreißig Jahren treulich aus.
Ich kämpfe ohne Hoffnung, dass ich siege,
Ich wusste, nie komm ich gesund nach Haus.

Ich wachte Tag und Nacht – Ich konnt nicht schlafen,
Wie in dem Lagerzelt der Freunde Schar –
(Auch hielt das laute Schnarchen dieser Braven
Mich wach, wenn ich ein bisschen schlummrig war).

In jenen Nächten hat Langweil' ergriffen
Mich oft, auch Furcht – (nur Narren fürchten nichts) –
Sie zu verscheuchen, hab ich dann gepfiffen
Die frechen Reime eines Spottgedichts.

Ja, wachsam stand ich, das Gewehr im Arme,
Und nahte irgendein verdächt'ger Gauch,
So schoss ich gut und jagt ihm eine warme,
Brühwarme Kugel in den schnöden Bauch.

Mitunter freilich mocht es sich ereignen.
Dass solch ein schlechter Gauch gleichfalls sehr gut
Zu schießen wusste – ach, ich kann's nicht leugnen –
Die Wunden klaffen – es verströmt mein Blut.

Ein Posten ist vakant! – Die Wunden klaffen –
Der eine fällt, die andern rücken nach –
Doch fall ich unbesiegt, und meine Waffen
Sind nicht gebrochen – nur mein Herze brach.

Drittes Buch – Hebräische Melodien

O lass nicht ohne Lebensgenuss
Dein Leben verfließen!
Und bist du sicher vor dem Schuss,
So lass sie nur schießen.

Fliegt dir das Glück vorbei einmal,
So fass es am Zipfel.
Auch rat ich dir, baue dein Hüttchen im Tal
Und nicht auf dem Gipfel.

Prinzessin Sabbat

In Arabiens Märchenbuche
Sehen wir verwünschte Prinzen,
Die zuzeiten ihre schöne
Urgestalt zurückgewinnen:

Das behaarte Ungeheuer
Ist ein Königsohn geworden;
Schmuckreich glänzend angekleidet,
Auch verliebt die Flöte blasend.

Doch die Zauberfrist zerrinnt,
Und wir schauen plötzlich wieder
Seine königliche Hoheit
In ein Ungetüm verzottelt.

Einen Prinzen solchen Schicksals
Singt mein Lied. Er ist geheißen
Israel. Ihn hat verwandelt
Hexenspruch in einen Hund.

Hund mit hündischen Gedanken,
Kötert er die ganze Woche
Durch des Lebens Kot und Kehricht,
Gassenbuben zum Gespötte.

Aber jeden Freitagabend,
In der Dämmrungstunde, plötzlich
Weicht der Zauber, und der Hund
Wird aufs neu' ein menschlich Wesen.

Mensch mit menschlichen Gefühlen,
Mit erhobnem Haupt und Herzen,
Festlich, reinlich schier gekleidet,
Tritt er in des Vaters Halle.

»Sei gegrüßt, geliebte Halle
Meines königlichen Vaters!
Zelte Jakobs, eure heil'gen
Eingangspfosten küsst mein Mund!«

Durch das Haus geheimnisvoll
Zieht ein Wispern und ein Weben,
Und der unsichtbare Hausherr
Atmet schaurig in der Stille.

Stille! Nur der Seneschall
(Vulgo Synagogendiener)
Springt geschäftig auf und nieder,
Um die Lampen anzuzünden.

Trostverheißend goldne Lichter,
Wie sie glänzen, wie sie glimmern!
Stolz aufflackern auch die Kerzen
Auf der Brüstung des Almemors.

Vor dem Schreine, der die Thora
Aufbewahret und verhängt ist
Mit der kostbar seidnen Decke,
Die von Edelsteinen funkelt –

Dort an seinem Betpultständer
Steht schon der Gemeindesänger;
Schmuckes Männchen, das sein schwarzes
Mäntelchen kokett geachselt.

Um die weiße Hand zu zeigen,
Haspelt er am Halse, seltsam
An die Schläf' den Zeigefinger,
An die Kehl' den Daumen drückend.

Trällert vor sich hin ganz leise,
Bis er endlich lautaufjubelnd

Seine Stimm' erhebt und singt:
»Lecho Daudi Likras Kalle!

Lecho Daudi Likras Kalle –
Komm, Geliebter, deiner harret
Schon die Braut, die dir entschleiert
Ihr verschämtes Angesicht!«

Dieses hübsche Hochzeitkarmen
Ist gedichtet von dem großen,
Hochberühmten Minnesänger
Don Jehuda ben Halevy.

In dem Liede wird gefeiert
Die Vermählung Israels
Mit der Frau Prinzessin Sabbat,
Die man nennt die stille Fürstin.

Perl' und Blume aller Schönheit
Ist die Fürstin. Schöner war
Nicht die Königin von Saba,
Salomonis Busenfreundin,

Die, ein Blaustrumpf Äthiopiens,
Durch Esprit brillieren wollte,
Und mit ihren klugen Rätseln
Auf die Länge fatigant ward.

Die Prinzessin Sabbat, welche
Ja die personifizierte
Ruhe ist, verabscheut alle
Geisteskämpfe und Debatten.

Gleich fatal ist ihr die trampelnd
Deklamierende Passion,
Jenes Pathos, das mit flatternd
Aufgelöstem Haar einherstürmt.

Sittsam birgt die stille Fürstin
In der Haube ihre Zöpfe;
Blickt so sanft wie die Gazelle,
Blüht so schlank wie eine Addas.

Sie erlaubt dem Liebsten alles,
Ausgenommen Tabakrauchen –
»Liebster! Rauchen ist verboten,
Weil es heute Sabbat ist.

Dafür aber heute Mittag
Soll dir dampfen, zum Ersatz,
Ein Gericht, das wahrhaft göttlich –
Heute sollst du Schalet essen!«

Schalet, schöner Götterfunken,
Tochter aus Elysium!
Also klänge Schillers Hochlied,
Hätt er Schalet je gekostet.

Schalet ist die Himmelspeise,
Die der liebe Herrgott selber
Einst den Moses kochen lehrte
Auf dem Berge Sinai,

Wo der Allerhöchste gleichfalls
All die guten Glaubenslehren
Und die heil'gen Zehn Gebote
Wetterleuchtend offenbarte.

Schalet ist des wahren Gottes
Koscheres Ambrosia,
Wonnebrot des Paradieses,
Und mit solcher Kost verglichen

Ist nur eitel Teufelsdreck
Das Ambrosia der falschen
Heidengötter Griechenlands,
Die verkappte Teufel waren.

Speist der Prinz von solcher Speise,
Glänzt sein Auge wie verkläret,
Und er knöpfet auf die Weste,
Und er spricht mit sel'gem Lächeln:

»Hör ich nicht den Jordan rauschen?
Sind das nicht die Brüselbrunnen

In dem Palmental von Beth-El,
Wo gelagert die Kamele?

Hör ich nicht die Herdenglöckchen?
Sind das nicht die fetten Hämmel,
Die vom Gileathgebirge
Abendlich der Hirt herabtreibt?«

Doch der schöne Tage verflittert;
Wie mit langen Schattenbeinen
Kommt geschritten der Verwünschung
Böse Stund' – Es seufzt der Prinz.

Ist ihm doch, als griffen eiskalt
Hexenfinger in sein Herze.
Schon durchrieseln ihn die Schauer
Hündischer Metamorphose.

Die Prinzessin reicht dem Prinzen
Ihre güldne Nardenbüchse.
Langsam riecht er – Will sich laben
Noch einmal an Wohlgerüchen.

Es kredenzet die Prinzessin
Auch den Abschiedstrunk dem Prinzen –
Hastig trinkt er, und im Becher
Bleiben wen'ge Tropfen nur.

Er besprengt damit den Tisch,
Nimmt alsdann ein kleines Wachslicht,
Und er tunkt es in die Nässe,
Dass es knistert und erlischt.

Jehuda Ben Halevy

1.

»Lechzend klebe mir die Zunge
An dem Gaumen, und es welke
Meine rechte Hand, vergäß ich
Jemals dein, Jerusalem –«

Wort und Weise, unaufhörlich
Schwirren sie mir heut im Kopfe,
Und mir ist, als hört ich Stimmen,
Psalmodierend, Männerstimmen –

Manchmal kommen auch zum Vorschein
Bärte, schattig lange Bärte –
Traumgestalten, wer von euch
Ist Jehuda ben Halevy?

Doch sie huschen rasch vorüber;
Die Gespenster scheuen furchtsam
Der Lebend'gen plumpen Zuspruch –
Aber ihn hab ich erkannt –

Ich erkannt ihn an der bleichen
Und gedankenstolzen Stirne,
An der Augen süßer Starrheit –
Sahn mich an so schmerzlich forschend –

Doch zumeist erkannt ich ihn
An dem rätselhaften Lächeln
Jener schön gereimten Lippen,
Die man nur bei Dichtern findet.

Jahre kommen und verfließen.
Seit Jehuda ben Halevy
Ward geboren, sind verflossen
Siebenhundertfünfzig Jahre –

Hat zuerst das Licht erblickt
Zu Toledo in Kastilien,
Und es hat der goldne Tajo
Ihm sein Wiegenlied gelullet.

Für Entwicklung seines Geistes
Sorgte früh der strenge Vater,
Der den Unterricht begann
Mit dem Gottesbuch, der Thora.

Diese las er mit dem Sohne
In dem Urtext, dessen schöne,

Hieroglyphisch pittoreske,
Altchaldäische Quadratschrift

Herstammt aus dem Kindesalter
Unsrer Welt, und auch deswegen
Jedem kindlichen Gemüte
So vertraut entgegenlacht.

Diesen echten alten Text
Rezitierte auch der Knabe
In der uralt hergebrachten
Singsangweise, Tropp geheißen –

Und er gurgelte gar lieblich
Jene fetten Gutturalen,
Und er schlug dabei den Triller,
Den Schalscheleth, wie ein Vogel.

Auch den Targum Onkelos,
Der geschrieben ist in jenem
Plattjudäischen Idiom,
Das wir Aramäisch nennen

Und zur Sprache der Propheten
Sich verhalten mag etwa
Wie das Schwäbische zum Deutschen –
Dieses Gelbveiglein-Hebräisch

Lernte gleichfalls früh der Knabe,
Und es kam ihm solche Kenntnis
Bald darauf sehr gut zustatten
Bei dem Studium des Talmuds.

Ja, frühzeitig hat der Vater
ihn geleitet zu dem Talmud,
Und da hat er ihm erschlossen
Die Halacha, diese große

Fechterschule, wo die besten
Dialektischen Athleten
Babylons und Pumpeditha
Ihre Kämpferspiele trieben.

Lernen konnte hier der Knabe
Alle Künste der Polemik;
Seine Meisterschaft bezeugte
Späterhin das Buch Cosari.

Doch der Himmel gießt herunter
Zwei verschiedne Sorten Lichtes:
Grelles Tageslicht der Sonne
Und das mildre Mondlicht – Also,

Also leuchtet auch der Talmud
Zwiefach, und man teilt ihn ein
In Halacha und Hagada.
Erstre nannt ich eine Fechtschul' –

Letztre aber, die Hagada,
Will ich einen Garten nennen,
Einen Garten, hochphantastisch
Und vergleichbar jenem andern,

Welcher ebenfalls dem Boden
Babylons entsprossen weiland –
Garten der Semiramis,
Achtes Wunderwerk der Welt.

Königin Semiramis,
Die als Kind erzogen worden
Von den Vögeln, und gar manche
Vögeltümlichkeit bewahrte,

Wollte nicht auf platter Erde
Promenieren wie wir andern
Säugetiere, und sie pflanzte
Einen Garten in der Luft –

Hoch auf kolossalen Säulen
Prangten Palmen und Zypressen,
Goldorangen, Blumenbeete,
Marmorbilder, auch Springbrunnen,

Alles klug und fest verbunden
Durch unzähl'ge Hängebrücken,

Die wie Schlingepflanzen aussahn
Und worauf sich Vögel wiegten –

Große, bunte, ernste Vögel,
Tiefe Denker, die nicht singen,
Während sie umflattert kleines
Zeisigvolk, das lustig trillert –

Alle atmen ein, beseligt,
Einen reinen Balsamduft,
Welcher unvermischt mit schnödem
Erdendunst und Missgeruche.

Die Hagada ist ein Garten
Solcher Luftkindgrillenart,
Und der junge Talmudschüler,
Wenn sein Herze war bestäubet

Und betäubet vom Gezänke
Der Halacha, vom Dispute
Über das fatale Ei,
Das ein Huhn gelegt am Festtag,

Oder über eine Frage
Gleicher Importanz – der Knabe
Alles klug und fest verbunden
Durch unzähl'ge Hängebrücken,
Die wie Schlingepflanzen aussahn
Und worauf sich Vögel wiegten –

Große, bunte, ernste Vögel,
Tiefe Denker, die nicht singen,
Während sie umflattert kleines
Zeisigvolk, das lustig trillert –

Alle atmen ein, beseligt,
Einen reinen Balsamduft,
Welcher unvermischt mit schnödem
Erdendunst und Missgeruche.

Die Hagada ist ein Garten
Solcher Luftkindgrillenart,

Und der junge Talmudschüler,
Wenn sein Herze war bestäubet

Und betäubet vom Gezänke
Der Halacha, vom Dispute
Über das fatale Ei,
Das ein Huhn gelegt am Festtag,

Oder über eine Frage
Gleicher Importanz – der Knabe
Floh alsdann, sich zu erfrischen,
In die blühende Hagada,

Wo die schönen alten Sagen,
Engelmärchen und Legenden,
Stille Märtyrerhistorien,
Festgesänge, Weisheitsprüche,

Auch Hyperbeln, gar possierlich,
Alles aber glaubenskräftig,
Glaubensglühend – Oh, das glänzte,
Quoll und spross so überschwänglich –

Und des Knaben edles Herze
Ward ergriffen von der wilden,
Abenteuerlichen Süße,
Von der wundersamen Schmerzlust

Und den fabelhaften Schauern
Jener seligen Geheimwelt,
Jener großen Offenbarung,
Die wir nennen Poesie.

Auch die Kunst der Poesie,
Heitres Wissen, holdes Können,
Welches wir die Dichtkunst heißen,
Tat sich auf dem Sinn des Knaben.

Und Jehuda ben Halevy
Ward nicht bloß ein Schriftgelehrter,
Sondern auch der Dichtkunst Meister,
Sondern auch ein großer Dichter.

Ja, er ward ein großer Dichter,
Stern und Fackel seiner Zeit,
Seines Volkes Licht und Leuchte,
Eine wunderbare, große

Feuersäule des Gesanges,
Die der Schmerzenskarawane
Israels vorangezogen
In der Wüste des Exils.

Rein und wahrhaft, sonder Makel
War sein Lied, wie seine Seele –
Als der Schöpfer sie erschaffen,
Diese Seele, selbstzufrieden

Küsste er die schöne Seele,
Und des Kusses holder Nachklang
Bebt in jedem Lied des Dichters,
Das geweiht durch diese Gnade.

Wie im Leben, so im Dichten
Ist das höchste Gut die Gnade –
Wer sie hat, der kann nicht sünd'gen,
Nicht in Versen, noch in Prosa.

Solchen Dichter von der Gnade
Gottes nennen wir Genie:
Unverantwortlicher König
Des Gedankenreiches ist er.

Nur dem Gotte steht er Rede,
Nicht dem Volke – In der Kunst,
Wie im Leben, kann das Volk
Töten uns, doch niemals richten. –

2.

»Bei den Wassern Babels saßen
Wir und weinten, unsre Harfen
Lehnten an den Trauerweiden« –
Kennst du noch das alte Lied?

Kennst du noch die alte Weise,
Die im Anfang so elegisch
Greint und sumset, wie ein Kessel,
Welcher auf dem Herde kocht?

Lange schon, jahrtausendlange
Kocht's in mir. Ein dunkles Wehe!
Und die Zeit leckt meine Wunde,
Wie der Hund die Schwären Hiobs.

Dank dir, Hund, für deinen Speichel –
Doch das kann nur kühlend lindern –
Heilen kann mich nur der Tod,
Aber, ach, ich bin unsterblich!

Jahre kommen und vergehen –
In dem Webstuhl läuft geschäftig
Schnurrend hin und her die Spule –
Was er webt, das weiß kein Weber.

Jahre kommen und vergehen,
Menschentränen träufeln, rinnen
Auf die Erde, und die Erde
Saugt sie ein mit stiller Gier –

Tolle Sud! Der Deckel springt –
Heil dem Manne, dessen Hand
Deine junge Brut ergreifet
Und zerschmettert an der Felswand.

Gott sei Dank! die Sud verdampfet
In dem Kessel, der allmählich
Ganz verstummt. Es weicht mein Spleen,
Mein westöstlich dunkler Spleen –

Auch mein Flügelrösslein wiehert
Wieder heiter, scheint den bösen
Nachtalp von sich abzuschütteln,
Und die klugen Augen fragen:

»Reiten wir zurück nach Spanien
Zu dem kleinen Talmudisten,

Der ein großer Dichter worden,
Zu Jehuda ben Halevy?«

Ja, er ward ein großer Dichter,
Absoluter Traumweltsherrscher
Mit der Geisterkönigskrone,
Ein Poet von Gottes Gnade,

Der in heiligen Sirventen,
Madrigalen und Terzinen,
Kanzonetten und Ghaselen
Ausgegossen alle Flammen

Seiner gottgeküssten Seele!
Wahrlich ebenbürtig war
Dieser Troubadour den besten
Lautenschlägern der Provence,

Poitous und der Guienne,
Roussillons und aller andern
Süßen Pomeranzenlande
Der galanten Christenheit.

Der galanten Christenheit
Süße Pomeranzenlande!
Wie sie duften, glänzen, klingen
In dem Zwielicht der Erinnrung!

Schöne Nachtigallenwelt!
Wo man statt des wahren Gottes
Nur den falschen Gott der Liebe
Und der Musen angebeten.

Clerici mit Rosenkränzen
Auf der Glatze sangen Psalmen
In der heitern Sprache d'oc;
Und die Laien, edle Ritter,

Stolz auf hohen Rossen trabend,
Spintisierten Vers und Reime
Zur Verherrlichung der Dame,
Der ihr Herze fröhlich diente.

Ohne Dame keine Minne,
Und es war dem Minnesänger
Unentbehrlich eine Dame,
Wie dem Butterbrot die Butter.

Auch der Held, den wir besingen,
Auch Jehuda ben Halevy
Hatte seine Herzensdame;
Doch sie war besondrer Art.

Sie war keine Laura, deren
Augen, sterbliche Gestirne,
In dem Dome am Karfreitag
Den berühmten Brand gestiftet –

Sie war keine Chatelaine,
Die im Blütenschmuck der Jugend
Bei Turnieren präsidierte
Und den Lorbeerkranz erteilte –

Keine Kussrechtskasuistin
War sie, keine Doktrinärrin,
Die im Spruchkollegium
Eines Minnehofs dozierte –

Jene, die der Rabbi liebte,
War ein traurig armes Liebchen,
Der Zerstörung Jammerbildnis,
Und sie hieß Jerusalem.

Schon in frühen Kindestagen
War sie seine ganze Liebe;
Sein Gemüte machte beben
Schon das Wort Jerusalem.

Purpurflamme auf der Wange,
Stand der Knabe, und er horchte,
Wenn ein Pilger nach Toledo
Kam aus fernem Morgenlande

Und erzählte: wie verödet
Und verunreint jetzt die Stätte,

Wo am Boden noch die Lichtspur
Von dem Fuße der Propheten –

Wo die Luft noch balsamieret
Von dem ew'gen Odem Gottes –
»O des Jammeranblicks!« rief
Einst ein Pilger, dessen Bart

Silberweiß hinabfloss, während
Sich das Barthaar an der Spitze
Wieder schwärzte und es aussah,
Als ob sich der Bart verjünge –

Ein gar wunderlicher Pilger
Mocht es sein, die Augen lugten
Wie aus tausendjähr'gem Trübsinn,
Und er seufzt': »Jerusalem!

Sie, die volkreich heil'ge Stadt
Ist zur Wüstenei geworden,
Wo Waldteufel, Werwolf, Schakal
Ihr verruchtes Wesen treiben –

Schlangen, Nachtgevögel nisten
Im verwitterten Gemäuer;
Aus des Fensters luft'gem Bogen
Schaut der Fuchs mit Wohlbehagen.

Hier und da taucht auf zuweilen
Ein zerlumpter Knecht der Wüste,
Der sein höckriges Kamel
In dem hohen Grase weidet.

Auf der edlen Höhe Zions,
Wo die goldne Feste ragte,
Deren Herrlichkeiten zeugten
Von der Pracht des großen Königs:

Dort, von Unkraut überwuchert,
Liegen nur noch graue Trümmer,
Die uns ansehn schmerzhaft traurig,
Dass man glauben muss, sie weinten.

Und es heißt, sie weinten wirklich
Einmal in dem Jahr, an jenem
Neunten Tag des Monats Ab –
Und mit tränend eignen Augen

Schaute ich die dicken Tropfen
Aus den großen Steinen sickern,
Und ich hörte weheklagen
Die gebrochnen Tempelsäulen.« – –

Solche fromme Pilgersagen
Weckten in der jungen Brust
Des Jehuda ben Halevy
Sehnsucht nach Jerusalem.

Dichtersehnsucht! ahnend, träumend
Und fatal war sie, wie jene,
Die auf seinem Schloss zu Blaye
Einst empfand der edle Vidam,

Messer Geoffroy Rudello,
Als die Ritter, die zurück
Aus dem Morgenlande kehrten,
Laut beim Becherklang beteuert:

Ausbund aller Huld und Züchten,
Perl' und Blume aller Frauen,
Sei die schöne Melisande,
Markgräfin von Tripolis.

Jeder weiß, für diese Dame
Schwärmte jetzt der Troubadour;
Er besang sie, und es wurde
Ihm zu eng im Schlosse Blaye.

Und es trieb ihn fort. Zu Cette
Schiffte er sich ein, erkrankte
Aber auf dem Meer, und sterbend
Kam er an zu Tripolis.

Hier erblickt' er Melisanden
Endlich auch mit Leibesaugen,

Die jedoch des Todes Schatten
In derselben Stunde deckten.

Seinen letzten Liebessang
Singend, starb er zu den Füßen
Seiner Dame Melisande,
Markgräfin von Tripolis.

Wunderbare Ähnlichkeit
In dem Schicksal beider Dichter!
Nur dass jener erst im Alter
Seine große Wallfahrt antrat.

Auch Jehuda ben Halevy
Starb zu Füßen seiner Liebsten,
Und sein sterbend Haupt, es ruhte
Auf den Knien Jerusalems.

3.

Nach der Schlacht bei Arabella
Hat der große Alexander
Land und Leute des Darius,
Hof und Harem, Pferde, Weiber,

Elefanten und Dariken,
Kron' und Zepter, goldnen Plunder,
Eingesteckt in seine weiten
Mazedon'schen Pluderhosen.

In dem Zelt des großen Königs,
Der entflohn, um nicht höchstselbst
Gleichfalls eingesteckt zu werden,
Fand der junge Held ein Kästchen,

Eine kleine güldne Truhe,
Mit Miniaturbildwerken
Und mit inkrustierten Steinen
Und Kameen reich geschmückt –

Dieses Kästchen, selbst ein Kleinod

Unschätzbaren Wertes, diente
Zur Bewahrung von Kleinodien,
Des Monarchen Leibjuwelen.

Letztre schenkte Alexander
An die Tapfern seines Heeres,
Darob lächelnd, dass sich Männer
Kindisch freun an bunten Steinchen.

Eine kostbar schönste Gemme
Schickte er der lieben Mutter;
War der Siegelring des Cyrus,
Wurde jetzt zu einer Brosche.

Seinem alten Weltarschpauker
Aristoteles, dem sandt er
Einen Onyx für sein großes
Naturalienkabinett.

In dem Kästchen waren Perlen,
Eine wunderbare Schnur,
Die der Königin Atossa
Einst geschenkt der falsche Smerdis –

Doch die Perlen waren echt –
Und der heitre Sieger gab sie
Einer schönen Tänzerin
Aus Korinth, mit Namen Thais.

Diese trug sie in den Haaren,
Die bacchantisch aufgelöst,
In der Brandnacht, als sie tanzte
Zu Persepolis und frech

In die Königsburg geschleudert
Ihre Fackel, dass laut prasselnd
Bald die Flammenlohe aufschlug,
Wie ein Feuerwerk zum Feste.

Nach dem Tod der schönen Thais,
Die an einer babylon'schen
Krankheit starb zu Babylon,

Wurden ihre Perlen dort
Auf dem Börsensaal vergantert.
Sie erstand ein Pfaff' aus Memphis,
Der sie nach Ägypten brachte,
Wo sie später auf dem Putztisch

Der Kleopatra erschienen,
Die die schönste Perl' zerstampft
Und mit Wein vermischt verschluckte,
Um Antonius zu foppen.

Mit dem letzten Omayaden
Kam die Perlenschnur nach Spanien,
Und sie schlängelte am Turban
Des Kalifen zu Corduba.

Abderam der Dritte trug sie
Als Brustschleife beim Turnier,
Wo er dreißig goldne Ringe
Und das Herz Zuleimas stach.

Nach dem Fall der Mohrenherrschaft
Gingen zu den Christen über
Auch die Perlen und gerieten
In den Kronschatz von Kastilien.

Die kathol'schen Majestäten
Span'scher Königinnen schmückten
Sich damit bei Hoffestspielen,
Stiergefechten, Prozessionen,

So wie auch Autodafés,
Wo sie, auf Balkonen sitzend,
Sich erquickten am Geruche
Von gebratnen alten Juden.

Späterhin gab Mendizabel,
Satansenkel, diese Perlen
In Versatz, um der Finanzen
Defizit damit zu decken.

An dem Hof der Tuilerien

Kam die Schnur zuletzt zum Vorschein,
Und sie schimmerte am Halse
Der Baronin Salomon.

So erging's den schönen Perlen.
Minder abenteuerlich
Ging's dem Kästchen, dies behielt
Alexander für sich selber.

Er verschloss darin die Lieder
Des ambrosischen Homeros,
Seines Lieblings, und zu Häupten
Seines Bettes in der Nacht

Stand das Kästchen – Schlief der König,
Stiegen draus hervor der Helden
Lichte Bilder, und sie schlichen
Gaukelnd sich in seine Träume.

Andre Zeiten, andre Vögel –
Ich, ich liebte weiland gleichfalls
Die Gesänge von den Taten
Des Peliden, des Odysseus.

Damals war so sonnengoldig
Und so purpurn mir zumute,
Meine Stirn umkränzte Weinlaub,
Und es tönten die Fanfaren –

Still davon – gebrochen liegt
Jetzt mein stolzer Siegeswagen,
Und die Panther, die ihn zogen,
Sind verreckt, so wie die Weiber,

Die mit Pauk' und Zimbelklängen
Mich umtanzten, und ich selbst
Wälze mich am Boden elend,
Krüppelelend – still davon –

Still davon – es ist die Rede
Von dem Kästchen des Darius,
Und ich dacht in meinem Sinne:

Käm ich in Besitz des Kästchens,

Und mich zwänge nicht Finanznot,
Gleich dasselbe zu versilbern,
So verschlösse ich darin
Die Gedichte unsres Rabbi –

Des Jehuda ben Halevy
Festgesänge, Klagelieder,
Die Ghaselen, Reisebilder
Seiner Wallfahrt – alles ließ' ich

Von dem besten Zophar schreiben
Auf der reinsten Pergamenthaut,
Und ich legte diese Handschrift
In das kleine goldne Kästchen.

Dieses stellt' ich auf den Tisch
Neben meinem Bett, und kämen
Dann die Freunde und erstaunten
Ob der Pracht der kleinen Truhe,

Ob den seltnen Basreliefen,
Die so winzig, doch vollendet
Sind zugleich, und ob den großen
Inkrustierten Edelsteinen –

Lächelnd würd ich ihnen sagen:
Das ist nur die rohe Schale,
Die den bessern Schatz verschließet –
Hier in diesem Kästchen liegen

Diamanten, deren Lichter
Abglanz, Widerschein des Himmels,
Herzblutglühende Rubinen,
Fleckenlose Turkoasen,

Auch Smaragde der Verheißung,
Perlen, reiner noch als jene,
Die der Königin Atossa
Einst geschenkt der falschen Smerdis,

Und die späterhin geschmücket

Alle Notabilitäten
Dieser mondumkreisten Erde,
Thais und Kleopatra,

Isispriester, Mohrenfürsten,
Auch Hispaniens Königinnen.
Und zuletzt die hochverehrte
Frau Baronin Salomon –

Diese weltberühmten Perlen,
Sie sind nur der bleiche Schleim
Eines armen Austertiers,
Das im Meergrund blöde kränkelt:

Doch die Perlen hier im Kästchen
Sind entquollen einer schönen
Menschenseele, die noch tiefer,
Abgrundtiefer als das Weltmeer –

Denn es sind die Tränenperlen
Des Jehuda ben Halevy,
Die er ob dem Untergang
Von Jerusalem geweinet –

Perlentränen, die, verbunden
Durch des Reimes goldnen Faden,
Aus der Dichtkunst güldnen Schmiede
Als ein Lied hervorgegangen.

Dieses Perlentränenlied
Ist die vielberühmte Klage,
Die gesungen wird in allen
Weltzerstreuten Zelten Jakobs

An dem neunten Tag des Monats,
Der geheißen Ab, dem Jahrstag
Von Jerusalems Zerstörung
Durch den Titus Vespasianus.

Ja, das ist das Zionslied,
Das Jehuda ben Halevy
Sterbend auf den heil'gen Trümmern

Von Jerusalem gesungen –

Barfuß und im Büßerkittel
Saß er dorten auf dem Bruchstück
Einer umgestürzten Säule; –
Bis zur Brust herunter fiel

Wie ein greiser Wald sein Haupthaar,
Abenteuerlich beschattend
Das bekümmert bleiche Antlitz
Mit den geisterhaften Augen –

Also saß er und er sang,
Wie ein Seher aus der Vorzeit
Anzuschaun – dem Grab entstiegen
Schien Jeremias, der Alte –

Das Gevögel der Ruinen
Zähmte schier der wilde Schmerzlaut
Des Gesanges, und die Geier
Nahten horchend, fast mitleidig –

Doch ein frecher Sarazene
Kam desselben Wegs geritten,
Hoch zu Ross, im Bug sich wiegend
Und die blanke Lanze schwingend –

In die Brust des armen Sängers
Stieß er diesen Todesspeer,
Und er jagte rasch von dannen,
Wie ein Schattenbild beflügelt.

Ruhig floss das Blut des Rabbi,
Ruhig seinen Sang zu Ende
Sang er, und sein sterbeletzter
Seufzer war Jerusalem! – –

Eine alte Sage meldet,
Jener Sarazene sei
Gar kein böser Mensch gewesen,
Sondern ein verkappter Engel,

Der vom Himmel ward gesendet,

Gottes Liebling zu entrücken
Dieser Erde und zu fördern
Ohne Qual ins Reich der Sel'gen.

Droben, heißt es, harrte seiner
Ein Empfang, der schmeichelhaft
Ganz besonders für den Dichter,
Eine himmlische Surprise.

Festlich kam der Chor der Engel
Ihm entgegen mit Musik,
Und als Hymne grüßten ihn
Seine eignen Verse, jenes

Synagogenhochzeitkarmen,
Jene Sabbathymenäen,
Mit den jauchzend wohlbekannten
Melodien – welche Töne!

Englein bliesen auf Oboen,
Englein spielten Violine,
Andre strichen auch die Bratsche
Oder schlugen Pauk' und Zimbel.

Und das sang und klang so lieblich,
Und so lieblich in den weiten
Himmelsräumen widerhallt es:
»Lecho Daudi Likras Kalle.«

4.

Meine Frau ist nicht zufrieden
Mit dem vorigen Kapitel,
Ganz besonders in Bezug
Auf das Kästchen des Darius.

Fast mit Bitterkeit bemerkt sie:
Dass ein Ehemann, der wahrhaft
Religiöse sei, das Kästchen
Gleich zu Gelde machen würde,

Um damit für seine arme
Legitime Ehegattin
Einen Kaschemir zu kaufen,
Dessen sie so sehr bedürfe.

Der Jehuda ben Halevy,
Meinte sie, der sei hinlänglich
Ehrenvoll bewahrt in einem
Schönen Futteral von Pappe

Mit chinesisch eleganten
Arabesken, wie die hübschen
Bonbonnieren von Marquis
Im Passage-Panorama.

»Sonderbar!« – setzt sie hinzu –
»Dass ich niemals nennen hörte
Diesen großen Dichternamen,
Den Jehuda ben Halevy.«

Liebstes Kind, gab ich zur Antwort,
Solche holde Ignoranz,
Sie bekundet die Lakunen
Der französischen Erziehung,

Der Pariser Pensionate,
Wo die Mädchen, diese künft'gen
Mütter eines freien Volkes,
Ihren Unterricht genießen –

Alte Mumien, ausgestopfte
Pharaonen von Ägypten,
Merowinger Schattenkön'ge,
Ungepuderte Perücken,

Auch die Zopfmonarchen Chinas,
Porzellanpagodenkaiser –
Alle lernen sie auswendig,
Kluge Mädchen, aber Himmel –

Fragt man sie nach großen Namen
Aus dem großen Goldzeitalter

Der arabisch-althispanisch
Jüdischen Poetenschule,

Fragt man nach dem Dreigestirn,
Nach Jehuda ben Halevy,
Nach dem Salomon Gabirol
Und dem Moses Iben Esra –

Fragt man nach dergleichen Namen,
Dann mit großen Augen schaun
Uns die Kleinen an – alsdann
Stehn am Berge die Ochsinnen.

Raten möcht ich dir, Geliebte,
Nachzuholen das Versäumte
Und Hebräisch zu erlernen –
Lass Theater und Konzerte,

Widme ein'ge Jahre solchem
Studium, du kannst alsdann
Im Originale lesen
Iben Esra und Gabirol

Und versteht sich den Halevy,
Das Triumvirat der Dichtkunst,
Das dem Saitenspiel Davidis
Einst entlockt die schönsten Laute.

Alcharisi – der, ich wette,
Dir nicht minder unbekannt ist,
Ob er gleich, französ'scher Witzbold,
Den Hariri überwitzelt

Im Gebiete der Makame,
Und ein Voltairianer war
Schon sechshundert Jahr' vor Voltair' –
Jener Alcharisi sagte:

»Durch Gedanken glänzt Gabirol
Und gefällt zumeist dem Denker,
Iben Esra glänzt durch Kunst
Und behagt weit mehr dem Künstler –

Aber beider Eigenschaften
Hat Jehuda ben Halevy,
Und er ist ein großer Dichter
Und ein Liebling aller Menschen.«

Iben Esra war ein Freund
Und, ich glaube, auch ein Vetter
Des Jehuda ben Halevy,
Der in seinem Wanderbuche

Schmerzlich klagt, wie er vergebens
In Granada aufgesucht hat
Seinen Freund, und nur den Bruder
Dorten fand, den Medikus,

Rabbi Meyer, auch ein Dichter
Und der Vater jener Schönen,
Die mit hoffnungsloser Flamme
Iben Esras Herz entzunden –

Um das Mühmchen zu vergessen,
Griff er nach dem Wanderstabe,
Wie so mancher der Kollegen;
Lebte unstet, heimatlos.

Pilgernd nach Jerusalem,
Überfielen ihn Tartaren,
Die an einen Gaul gebunden
Ihn nach ihren Steppen schleppten.

Musste Dienste dort verrichten,
Die nicht würdig eines Rabbi
Und noch wen'ger eines Dichters,
Musste nämlich Kühe melken.

Einstens, als er unterm Bauche
Einer Kuh gekauert saß,
Ihre Euter hastig fingernd,
Dass die Milch floss in den Zuber –

Eine Position, unwürdig
Eines Rabbis, eines Dichters –

Da befiel ihn tiefe Wehmut,
Und er fing zu singen an,

Und er sang so schön und lieblich,
Dass der Khan, der Fürst der Horde,
Der vorbeiging, ward gerühret
Und die Freiheit gab dem Sklaven.

Auch Geschenke gab er ihm,
Einen Fuchspelz, eine lange
Sarazenenmandoline
Und das Zehrgeld für die Heimkehr.

Dichterschicksal! böser Unstern,
Der die Söhne des Apollo
Tödlich nergelt, und sogar
Ihren Vater nicht verschont hat,

Als er, hinter Daphnen laufend,
Statt des weißen Nymphenleibes
Nur den Lorbeerbaum erfasste,
Er, der göttliche Schlemihl!

Ja, der hohe Delphier ist
Ein Schlemihl, und gar der Lorbeer,
Der so stolz die Stirne krönet,
Ist ein Zeichen des Schlemihltums.

Was das Wort Schlemihl bedeutet,
Wissen wir. Hat doch Chamisso
Ihm das Bürgerrecht in Deutschland
Längst verschafft, dem Worte nämlich.

Aber unbekannt geblieben,
Wie des heil'gen Niles Quellen,
Ist sein Ursprung; hab darüber
Nachgegrübelt manche Nacht.

Zu Berlin vor vielen Jahren
Wandt ich mich deshalb an unsern
Freund Chamisso, suchte Auskunft
Beim Dekane der Schlemihle.

Doch er konnt mich nicht befried'gen
Und verwies mich drob an Hitzig,
Der ihm den Familiennamen
Seines schattenlosen Peters

Einst verraten. Alsbald nahm ich
Eine Droschke, und ich rollte
Zu dem Kriminalrat Hitzig,
Welcher eh'mals Itzig hieß –

Als er noch ein Itzig war,
Träumte ihm, er säh geschrieben
An dem Himmel seinen Namen
Und davor den Buchstab' H.

»Was bedeutet dieses H?«
Frug er sich – »etwa Herr Itzig
Oder Heil'ger Itzig? Heil'ger
Ist ein schöner Titel – aber

In Berlin nicht passend« – Endlich
Grübelnsmüd', nannt er sich Hitzig,
Und nur die Getreuen wussten:
In dem Hitzig steckt ein Heil'ger.

»Heil'ger Hitzig!« sprach ich also,
Als ich zu ihm kam, »Sie sollen
Mir die Etymologie
Von dem Wort Schlemihl erklären.«

Viel Umschweife nahm der Heil'ge,
Konnte sich nicht recht erinnern,
Eine Ausflucht nach der andern,
Immer christlich – bis mir endlich,

Endlich alle Knöpfe rissen
An der Hose der Geduld,
Und ich anfing so zu fluchen,
So gottlästerlich zu fluchen,

Dass der fromme Pietist,
Leichenblass und beineschlotternd,

Unverzüglich mir willfahrte
Und mir folgendes erzählte:

»In der Bibel ist zu lesen,
Als zur Zeit der Wüstenwandrung
Israel sich oft erlustigt
Mit den Töchtern Kanaans,

Da geschah es, dass der Pinhas
Sahe, wie der edle Simri
Buhlschaft trieb mit einem Weibsbild
Aus dem Stamm der Kananiter,

Und alsbald ergriff er zornig
Seinen Speer und hat den Simri
Auf der Stelle totgestochen –
Also heißt es in der Bibel.

Aber mündlich überliefert
Hat im Volke sich die Sage,
Dass es nicht der Simri war,
Den des Pinhas Speer getroffen,

Sondern dass der Blinderzürnte,
Statt des Sünders, unversehens
Einen ganz Unschuld'gen traf,
Den Schlemihl ben Zuri Schadday.« –

Dieser nun, Schlemihl I.,
Ist der Ahnherr des Geschlechtes
Derer von Schlemihl. Wir stammen
Von Schlemihl ben Zuri Schadday.

Freilich keine Heldentaten
Meldet man von ihm, wir kennen
Nur den Namen und wir wissen,
Dass er ein Schlemihl gewesen.

Doch geschätzet wird ein Stammbaum
Nicht ob seinen guten Früchten,
Sondern nur ob seinem Alter –
Drei Jahrtausend' zählt der unsre!

Jahre kommen und vergehen –
Drei Jahrtausende verflossen,
Seit gestorben unser Ahnherr,
Herr Schlemihl ben Zuri Schadday.

Längst ist auch der Pinhas tot –
Doch sein Speer hat sich erhalten,
Und wir hören ihn beständig
Über unsre Häupter schwirren.

Und die besten Herzen trifft er –
Wie Jehuda ben Halevy,
Traf er Moses Iben Esra,
Und er traf auch den Gabirol –

Den Gabirol, diesen treuen
Gottgeweihten Minnesänger,
Diese fromme Nachtigall,
Deren Rose Gott gewesen –

Diese Nachtigall, die zärtlich
Ihre Liebeslieder sang
In der Dunkelheit der gotisch
Mittelalterlichen Nacht!

Unerschrocken, unbekümmert
Ob den Fratzen und Gespenstern,
Ob dem Wust von Tod und Wahnsinn,
Die gespukt in jener Nacht –

Sie, die Nachtigall, sie dachte
Nur an ihren göttlich Liebsten
Dem sie ihre Liebe schluchzte,
Den ihr Lobgesang verherrlicht! –

Dreißig Lenze sah Gabirol
Hier auf Erden, aber Fama
Ausposaunte seines Namens
Herrlichkeit durch alle Lande.

Zu Corduba, wo er wohnte,
War ein Mohr sein nächster Nachbar,

Welcher gleichfalls Verse machte
Und des Dichters Ruhm beneidet'.

Hörte er den Dichter singen,
Schwoll dem Mohren gleich die Galle,
Und der Lieder Süße wurde
Bittrer Wermut für den Neidhart.

Er verlockte den Verhassten
Nächtlich in sein Haus, erschlug ihn
Dorten und vergrub den Leichnam
Hinterm Hause in dem Garten.

Aber siehe! aus dem Boden,
Wo die Leiche eingescharrt war,
Wuchs hervor ein Feigenbaum
Von der wunderbarsten Schönheit.

Seine Frucht war seltsam länglich
Und von seltsam würz'ger Süße;
Wer davon genoss, versank
In ein träumerisch Entzücken.

In dem Volke ging darüber
Viel Gerede und Gemunkel,
Das am End' zu den erlauchten
Ohren des Kalifen kam.

Dieser prüfte eigenzüngig
Jenes Feigenphänomen,
Und ernannte eine strenge
Untersuchungskommission.

Man verfuhr summarisch. Sechzig
Bambushiebe auf die Sohlen
Gab man gleich dem Herrn des Baumes,
Welcher eingestand die Untat.

Darauf riss man auch den Baum
Mit den Wurzeln aus dem Boden,
Und zum Vorschein kam die Leiche
Des erschlagenen Gabirol.

Diese ward mit Pomp bestattet
Und betrauert von den Brüdern;
An demselben Tage henkte
Man den Mohren zu Corduba.

(Fragment)

Disputation

In der Aula zu Toledo
Klingen schmetternd die Fanfaren;
Zu dem geistlichen Turnei
Wallt das Volk in bunten Scharen.

Das ist nicht ein weltlich Stechen,
Keine Eisenwaffe blitzet –
Eine Lanze ist das Wort,
Das scholastisch scharf gespitzet.

Nicht galante Paladins
Fechten hier, nicht Damendiener –
Dieses Kampfes Ritter sind
Kapuziner und Rabbiner.

Statt des Helmes tragen sie
Schabbesdeckel und Kapuzen;
Skapulier und Arbekanfeß
Sind der Harnisch, drob sie trutzen.

Welches ist der wahre Gott?
Ist es der Hebräer starrer
Großer Eingott, dessen Kämpe
Rabbi Juda, der Navarrer?

Oder ist es der dreifalt'ge
Liebegott der Christianer,
Dessen Kämpe Frater José,
Gardian der Franziskaner?

Durch die Macht der Argumente,
Durch der Logik Kettenschlüsse

Und Zitate von Autoren,
Die man anerkennen müsse,

Will ein jeder Kämpe seinen
Gegner ad absurdum führen
Und die wahre Göttlichkeit
Seines Gottes demonstrieren.

Festgestellt ist: dass derjen'ge,
Der im Streit ward überwunden,
Seines Gegners Religion
Anzunehmen sei verbunden,

Dass der Jude sich der Taufe
Heil'gem Sakramente füge,
Und im Gegenteil der Christ
Der Beschneidung unterliege.

Jedem von den beiden Kämpen
Beigesellt sind elf Genossen,
Die zu teilen sein Geschick
Sind in Freud und Leid entschlossen.

Glaubenssicher sind die Mönche
Von des Gardians Geleitschaft,
Halten schon Weihwasserkübel
Für die Taufe in Bereitschaft,

Schwingen schon die Sprengelbesen
Und die blanken Räucherfässer –
Ihre Gegner unterdessen
Wetzen die Beschneidungsmesser.

Beide Rotten stehn schlagfertig
Vor den Schranken in dem Saale,
Und das Volk mit Ungeduld
Harret drängend der Signale.

Unterm güldnen Baldachin
Und umrauscht vom Hofgesinde
Sitzt der König und die Kön'gin;
Diese gleichet einem Kinde.

Ein französisch stumpfes Näschen,
Schalkheit kichert in den Mienen,
Doch bezaubernd sind des Mundes
Immer lächelnde Rubinen.

Schöne, flatterhafte Blume –
Dass sich ihrer Gott erbarme –
Von dem heitern Seineufer
Wurde sie verpflanzt, die arme,

Hierher in den steifen Boden
Der hispanischen Grandezza;
Weiland hieß sie Blanch' de Bourbon,
Doña Blanca heißt sie jetzo.

Pedro wird genannt der König
Mit dem Zusatz der Grausame;
Aber heute, milden Sinnes,
Ist er besser als sein Name.

Unterhält sich gut gelaunt
Mit des Hofes Edelleuten;
Auch den Juden und den Mohren
Sagt er viele Artigkeiten.

Diese Ritter ohne Vorhaut
Sind des Königs Lieblingsschranzen,
Sie befehl'gen seine Heere,
Sie verwalten die Finanzen.

Aber plötzlich Paukenschläge,
Und es melden die Trompeten,
Dass begonnen hat der Maulkampf,
Der Disput der zwei Athleten.

Der Gardian der Franziskaner
Bricht hervor mit frommem Grimme;
Polternd roh und widrig greinend
Ist abwechselnd seine Stimme.

In des Vaters und des Sohnes
Und des Heil'gen Geistes Namen

Exorzieret er den Rabbi,
Jakobs maledeiten Samen.

Denn bei solchen Kontroversen
Sind oft Teufelchen verborgen
In dem Juden, die mit Scharfsinn,
Witz und Gründen ihn versorgen.

Nun die Teufel ausgetrieben
Durch die Macht des Exorzismus,
Kommt der Mönch auch zur Dogmatik,
Kugelt ab den Katechismus.

Er erzählt, dass in der Gottheit
Drei Personen sind enthalten,
Die jedoch zu einer einz'gen,
Wenn es passend, sich gestalten –

Ein Mysterium, das nur
Von demjen'gen wird verstanden,
Der entsprungen ist dem Kerker
Der Vernunft und ihren Banden.

Er erzählt: wie Gott der Herr
Ward zu Bethlehem geboren
Von der Jungfrau, welche niemals
Ihre Jungferschaft verloren;

Wie der Herr der Welt gelegen
In der Krippe, und ein Kühlein
Und ein Öchslein bei ihm stunden,
Schier andächtig, zwei Rindviehlein.

Er erzählte: wie der Herr
Vor den Schergen des Herodes
Nach Ägypten floh, und später
Litt die herbe Pein des Todes

Unter Pontio Pilato,
Der das Urteil unterschrieben,
Von den harten Pharisäern,
Von den Juden angetrieben.

Er erzählte: wie der Herr,
Der entstiegen seinem Grabe
Schon am dritten Tag, gen Himmel
Seinen Flug genommen habe;

Wie er aber, wenn es Zeit ist,
Wiederkehren auf die Erde
Und zu Josaphat die Toten
Und Lebend'gen richten werde.

»Zittert, Juden!« rief der Mönch,
»Vor dem Gott, den ihr mit Hieben
Und mit Dornen habt gemartert,
Den ihr in den Tod getrieben.

Seine Mörder, Volk der Rachsucht,
Juden, das seid ihr gewesen –
Immer meuchelt ihr den Heiland,
Welcher kommt, euch zu erlösen.

Judenvolk, du bist ein Aas,
Worin hausen die Dämonen;
Eure Leiber sind Kasernen
Für des Teufels Legionen.

Thomas von Aquino sagt es,
Den man nennt den großen Ochsen
Der Gelehrsamkeit, er ist
Licht und Lust der Orthodoxen.

Judenvolk, ihr seid Hyänen,
Wölfe, Schakals, die in Gräbern
Wühlen, um der Toten Leichnam'
Blutfraßgierig aufzustöbern.

Juden, Juden, ihr seid Säue,
Paviane, Nashorntiere,
Die man nennt Rhinozerosse,
Krokodile und Vampire.

Ihr seid Raben, Eulen, Uhus,
Fledermäuse, Wiedehöpfe,

Leichenhühner, Basilisken,
Galgenvögel, Nachtgeschöpfe.

Ihr seid Vipern und Blindschleichen,
Klapperschlangen, gift'ge Kröten,
Ottern, Nattern – Christus wird
Eu'r verfluchtes Haupt zertreten.

Oder wollt ihr, Maledeiten,
Eure armen Seelen retten?
Aus der Bosheit Synagoge
Flüchtet nach den frommen Stätten,

Nach der Liebe lichtem Dome,
Wo im benedeiten Becken
Euch der Quell der Gnade sprudelt –
Drin sollt ihr die Köpfe stecken –

Wascht dort ab den alten Adam
Und die Laster, die ihn schwärzen;
Des verjährten Grolles Schimmel,
Wascht ihn ab von euren Herzen!

Hört ihr nicht des Heilands Stimme?
Euren neuen Namen rief er –
Lauset euch an Christi Brust
Von der Sünde Ungeziefer!

Unser Gott, der ist die Liebe,
Und er gleichet einem Lamme;
Um zu sühnen unsre Schuld,
Starb er an des Kreuzes Stamme.

Unser Gott, der ist die Liebe,
Jesus Christus ist sein Name;
Seine Duldsamkeit und Demut
Suchen wir stets nachzuahmen.

Deshalb sind wir auch so sanft,
So leutselig, ruhig, milde,
Hadern niemals, nach des Lammes,
Des Versöhners, Musterbilde.

Einst im Himmel werden wir
Ganz verklärt zu frommen Englein,
Und wir wandeln dort gottselig,
In den Händen Lilienstenglein.

Statt der groben Kutten tragen
Wir die reinlichsten Gewänder
Von Muss'lin, Brokat und Seide,
Goldne Troddeln, bunte Bänder.

Keine Glatze mehr! Goldlocken
Flattern dort um unsre Köpfe;
Allerliebste Jungfraun flechten
Uns das Haar in hübsche Zöpfe.

Weinpokale wird es droben
Von viel weiterm Umfang geben,
Als die Becher sind hier unten,
Worin schäumt der Saft der Reben.

Doch im Gegenteil viel enger
Als ein Weibermund hienieden,
Wird das Frauenmündchen sein,
Das dort oben uns beschieden.

Trinkend, küssend, lachend wollen
Wir die Ewigkeit verbringen,
Und verzückt Halleluja,
Kyrie eleison singen.«

Also schloss der Christ. Die Mönchlein
Glaubten schon, Erleuchtung träte
In die Herzen, und sie schleppten
Flink herbei das Taufgeräte.

Doch die wasserscheuen Juden
Schütteln sich und grinsen schnöde.
Rabbi Juda, der Navarrer,
Hub jetzt an die Gegenrede:

»Um für deine Saat zu düngen
Meines Geistes dürren Acker,

Mit Mistkarren voll Schimpfwörter
Hast du mich beschmissen wacker.

So folgt jeder der Methode,
Dran er nun einmal gewöhnet,
Und anstatt dich drob zu schelten,
Sag ich Dank dir, wohlversöhnet.

Die Dreieinigkeitsdoktrin
Kann für unsre Leut' nicht passen,
Die mit Regula-de-tri
Sich von Jugend auf befassen.

Dass in deinem Gotte drei,
Drei Personen sind enthalten,
Ist bescheiden noch, sechstausend
Götter gab es bei den Alten.

Unbekannt ist mir der Gott,
Den ihr Christum pflegt zu nennen;
Seine Jungfer Mutter gleichfalls
Hab ich nicht die Ehr' zu kennen.

Ich bedaure, dass er einst,
Vor etwa zwölfhundert Jahren,
Ein'ge Unannehmlichkeiten
Zu Jerusalem erfahren.

Ob die Juden ihn getötet,
Das ist schwer jetzt zu erkunden,
Da ja das Corpus delicti
Schon am dritten Tag verschwunden.

Dass er ein Verwandter sei
Unsres Gottes, ist nicht minder
Zweifelhaft; soviel wir wissen,
Hat der letztre keine Kinder.

Unser Gott ist nicht gestorben
Als ein armes Lämmerschwänzchen
Für die Menschheit, ist kein süßes
Philantröpfchen, Faselhänschen.

Unser Gott ist nicht die Liebe;
Schnäbeln ist nicht seine Sache,
Denn er ist ein Donnergott
Und er ist ein Gott der Rache.

Seines Zornes Blitze treffen
Unerbittlich jeden Sünder,
Und des Vaters Schulden büßen
Oft die späten Enkelkinder.

Unser Gott, der ist lebendig,
Und in seiner Himmelshalle
Existieret er drauflos
Durch die Ewigkeiten alle.

Unser Gott, und der ist auch
Ein gesunder Gott, kein Mythos
Bleich und dünne wie Oblaten
Oder Schatten am Cocytos.

Unser Gott ist stark. In Händen
Trägt er Sonne, Mond, Gestirne;
Throne brechen, Völker schwinden,
Wenn er runzelt seine Stirne.

Und er ist ein großer Gott.
David singt: Ermessen ließe
Sich die Größe nicht, die Erde
Sei der Schemel seiner Füße.

Unser Gott liebt die Musik,
Saitenspiel und Festgesänge;
Doch wie Ferkelgrunzen sind
Ihm zuwider Glockenklänge.

Leviathan heißt der Fisch,
Welcher haust im Meeresgrunde;
Mit ihm spielet Gott der Herr
Alle Tage eine Stunde –

Ausgenommen an dem neunten
Tag des Monats Ab, wo nämlich

Eingeäschert ward sein Tempel;
An dem Tag ist er zu grämlich.

Des Leviathans Länge ist
Hundert Meilen, hat Floßfedern
Groß wie König Ok von Basan,
Und sein Schwanz ist wie ein Zedern.

Doch sein Fleisch ist delikat,
Delikater als Schildkröten,
Und am Tag der Auferstehung
Wird der Herr zu Tische beten

Alle frommen Auserwählten,
Die Gerechten und die Weisen –
Unsres Herrgotts Lieblingsfisch
Werden sie alsdann verspeisen,

Teils mit weißer Knoblauchbrühe,
Teils auch braun in Wein gesotten,
Mit Gewürzen und Rosinen,
Ungefähr wie Mateloten.

In der weißen Knoblauchbrühe
Schwimmen kleine Schäbchen Rettich –
So bereitet, Frater José,
Mundet dir das Fischlein, wett ich!

Auch die braune ist so lecker,
Nämlich die Rosinensauce,
Sie wird himmlisch wohl behagen
Deinem Bäuchlein, Frater José.

Was Gott kocht, ist gut gekocht!
Mönchlein, nimm jetzt meinen Rat an,
Opfre hin die alte Vorhaut
Und erquick dich am Leviathan.«

Also lockend sprach der Rabbi,
Lockend, ködernd, heimlich schmunzelnd,
Und die Juden schwangen schon
Ihre Messer wonnegrunzelnd,

Um als Sieger zu skalpieren
Die verfallenen Vorhäute,
Wahre spolia opima
In dem wunderlichen Streite.

Doch die Mönche hielten fest
An dem väterlichen Glauben
Und an ihrer Vorhaut, ließen
Sich derselben nicht berauben.

Nach dem Juden sprach aufs neue
Der katholische Bekehrer;
Wieder schimpft er, jedes Wort
Ist ein Nachttopf, und kein leerer.

Darauf repliziert der Rabbi
Mit zurückgehaltnem Eifer;
Wie sein Herz auch überkocht,
Doch verschluckt er seinen Geifer.

Er beruft sich auf die Mischna,
Kommentare und Traktate;
Bringt auch aus dem Tausves-Jontof
Viel beweisende Zitate.

Aber welche Blasphemie
Musst er von dem Mönche hören!
Dieser sprach: der Tausves-Jontof
Möge sich zum Teufel scheren.

»Da hört alles auf, o Gott!«
Kreischt der Rabbi jetzt entsetzlich;
Und es reißt ihm die Geduld,
Rappelköpfig wird er plötzlich.

»Gilt nichts mehr der Tausves-Jontof,
Was soll gelten? Zeter! Zeter!
Räche, Herr, die Missetat,
Strafe, Herr, den Übeltäter!

Denn der Tausves-Jontof, Gott,
Das bist du! Und an dem frechen

Tausves-Jontof-Leugner musst du
Deines Namens Ehre rächen.

Lass den Abgrund ihn verschlingen,
Wie des Korah böse Rotte,
Die sich wider dich empört
Durch Emeute und Komplotte.

Donnre deinen besten Donner!
Strafe, o mein Gott, den Frevel –
Hattest du doch zu Sodoma
Und Gomorrha Pech und Schwefel!

Treffe, Herr, die Kapuziner,
Wie du Pharaon getroffen,
Der uns nachgesetzt, als wir
Wohlbepackt davongeloffen.

Hunderttausend Ritter folgten
Diesem König von Mizrayim,
Stahlbepanzert, blanke Schwerter
In den schrecklichen Jadayim.

Gott! da hast du ausgestreckt
Deine Jad, und samt dem Heere
Ward ertränkt, wie junge Katzen,
Pharao im Roten Meere.

Treffe, Herr, die Kapuziner,
Zeige den infamen Schuften,
Dass die Blitze deines Zorns
Nicht verrauchten und verpufften.

Deines Sieges Ruhm und Preis
Will ich singen dann und sagen,
Und dabei, wie Mirjam tat,
Tanzen und die Pauke schlagen.«

In die Rede grimmig fiel
Jetzt der Mönch dem Zornentflammten:
»Mag dich selbst der Herr verderben,
Dich Verfluchten und Verdammten!

Trotzen kann ich deinen Teufeln,
Deinem schmutz'gen Fliegengotte,
Luzifer und Beelzebube,
Belial und Astarothe.

Trotzen kann ich deinen Geistern,
Deinen dunkeln Höllenpossen,
Denn in mir ist Jesus Christus,
Habe seinen Leib genossen.

Christus ist mein Leibgericht,
Schmeckt viel besser als Leviathan
Mit der weißen Knoblauchsauce,
Die vielleicht gekocht der Satan.

Ach! anstatt zu disputieren,
Lieber möcht ich schmoren, braten
Auf dem wärmsten Scheiterhaufen
Dich und deine Kameraden.«

Also tost in Schimpf und Ernst
Das Turnei für Gott und Glauben,
Doch die Kämpen ganz vergeblich
Kreischen, schelten, wüten, schnauben.

Schon zwölf Stunden währt der Kampf,
Dem kein End' ist abzuschauen;
Müde wird das Publikum,
Und es schwitzen stark die Frauen.

Auch der Hof wird ungeduldig,
Manche Zofe gähnt ein wenig.
Zu der schönen Königin
Wendet fragend sich der König:

»Sagt mir, was ist Eure Meinung?
Wer hat recht von diesen beiden?
Wollt Ihr für den Rabbi Euch
Oder für den Mönch entscheiden?«

Doña Blanca schaut ihn an,
Und wie sinnend ihre Hände

Mit verschränkten Fingern drückt sie
An die Stirn und spricht am Ende:

»Welcher recht hat, weiß ich nicht –
Doch es will mich schier bedünken,
Dass der Rabbi und der Mönch,
Dass sie alle beide stinken.«

Anmerkungen

1. Rhampsenit

»Des Königs Rhampsenitus Reichtum an Geld, sagten die ägyptischen Priester, sei so groß gewesen, dass ihn keiner der nachmaligen Könige überbieten oder ihm nahekommen konnte. Da er nun seine Schätze in Sicherheit aufbewahren wollte, habe er ein steinernes Gemach erbaut, das mit einer seiner Wände an den äußern Flügel seines Hauses stieß. Der Werkmeister davon habe nun, aus bösen Absichten, folgendes angestellt. Einen der Steine habe er so eingerichtet, dass er sich von zwei Männern oder von einem leicht aus der Wand herausnehmen ließ. Und als dieses Gemach ausgeführt war, verwahrte der König seine Schätze darin. Nach Verlauf einiger Zeit berief nun der Baumeister, kurz vor seinem Lebensende, seine Söhne (deren er zwei hatte) und erzählte denselben, wie er für sie gesorgt, dass sie vollauf zu leben hätten, und den Kunstgriff, den er bei Erbauung des königlichen Schatzes angewendet habe; und nach genauer Beschreibung, wie der Stein herauszunehmen sei, gab er ihnen die Maße dazu, mit dem Bedeuten, wenn sie immer auf diese achthätten, würden sie Verwalter von den Schätzen des Königs sein. Darauf endigte er sein Leben; seine Söhne aber schoben das Werk nicht lange auf: sie gingen des Nachts zur Königsburg, fanden wirklich den Stein in dem Gebäude auf, konnten auch leicht damit umgehen und nahmen eine Menge Schätze heraus. Als nun der König wieder einmal das Gemach öffnete, wunderte er sich, die Gefäße von den Schätzen nicht voll zu sehen; wusste aber doch niemandem Schuld zu geben, da die Siegel (an der Türe) unversehrt waren und das Gemach verschlossen. Doch als er bei zwei- und dreimaligem Öffnen die Schätze immer vermindert sah (denn die Diebe hörten nicht auf zu plündern), da machte er's also. Er ließ Schlingen verfertigen und legte sie um die Gefäße her, worin die Schätze waren. Da nun die Diebe kamen, wie zuvor, und einer hineinschlüpfte und an ein Gefäß ging, wurde er sogleich in der Schlinge gefangen. Sowie er aber seine

Not bemerkte, rief er sogleich seinem Bruder, gab ihm die Sache zu erkennen und hieß denselben eiligst hereinschlüpfen und ihm den Kopf abschneiden, damit er nicht, sähe man ihn und fände, wer er sei, denselben ebenfalls ins Verderben brächte. Dem schien das wohlgesprochen, und er befolgte es wirklich, passte dann den Stein wieder in die Fuge und ging nach Hause mit dem Kopf seines Bruders. Wie es nun Tag ward und der König in das Gemach trat, wurde er ganz betroffen durch den Anblick von dem Leibe des Diebs, der ohne Kopf in der Schlinge stak, während das Gemach unbeschädigt war, ohne Eingang und ohne ein Schlupfloch nach außen. In dieser Verlegenheit soll er es nun so gemacht haben. Er hing den Leichnam des Diebes an der Mauer auf und stellte Wächter dazu, mit dem Befehl, falls sie einen weinen oder wehklagen sähen, den sollten sie ergreifen und zu ihm führen. Als nun der Leichnam aufgehängt war, soll es seiner Mutter arg gewesen sein. Sie sprach mit ihrem übriggebliebenen Sohne und gebot ihm, es anzustellen, wie er nur könne, dass er den Leib seines Bruders herunterkriege; und wenn er das unterlassen wollte, drohte sie ihm, zum König zu gehen und anzuzeigen, dass er die Schätze habe. Als sich nun die Mutter so hart ausließ gegen den übriggebliebenen Sohn und alles, was er ihr sagte, vergeblich war, soll er folgenden Kunstgriff angewandt haben. Er schirrte Esel an, legte ihnen Schläuche voll Wein auf und trieb alsdann die Esel vor sich her; und als er an die Wache des aufgehängten Toten kam, zog er drei oder vier aufgebundene Zipfel der Schläuche auf. Als nun der Wein auslief, schlug er sich vor den Kopf mit lautem Geschrei, als wisse er nicht, zu welchem Esel er sich zuerst wenden solle. Die Wächter aber sahen nicht sobald die Menge Wein, die auslief, als sie sämtlich mit Gefäßen in den Weg rannten und den ausfließenden Wein als gute Beute einsammelten; worüber er sich zornig stellte und alle ausschalt. Da ihm aber die Wächter zuredeten, stellte er sich, als werde er allmählich ruhiger und sein Zorn lasse nach; und zuletzt trieb er die Esel aus dem Weg und schirrte sie zurecht. Wie nun ein Wort das andere gab, auch der und jener seinen Spaß mit ihm hatte und ihn zum Lachen brachte, gab er ihnen noch einen Schlauch dazu; und jetzt beschlossen sie, an Ort und Stelle sich zum Trinken zu legen, wollten auch ihn dabei haben und hießen ihn bleiben, um hier bei ihnen mitzutrinken, wozu er sich denn auch verstand und dablieb. Endlich, als sie ihm beim Trinken herzlich schöntaten, gab er ihnen noch einen zweiten Schlauch dazu. Da wurden die Wächter vom tüchtigen Zechen übermäßig betrunken, und vom Schlaf überwältigt, streckten sie sich an derselben Stelle hin, wo sie getrunken hatten. Nun nahm er, da es schon tief in der Nacht war, den Leib des Bruders herunter und schor auch noch allen Wächtern zum Schimpf den rechten Backenbart ab; legte dann den Leichnam auf die Esel und trieb sie nach Haus, nachdem er so, was ihm seine Mutter geboten, vollzogen hatte.

Der König soll es aber, als ihm gemeldet wurde, der Leichnam des Diebes sei entwendet, sehr arg empfunden haben; und da er durchaus ausfindig machen wollte, wer in aller Welt solches angestellt habe, soll er, was mir einmal nicht glaubwürdig ist, folgendes getan haben. Er ließ seine Tochter in der Bude feilsitzen und gab ihr auf, jeden ohne Unterschied anzunehmen; ehe sie aber zusammenkämen, müsse ihr jeder den klügsten und den sündlichsten Streich sagen, den er in seinem Leben ausgeführt, und wenn da einer die Geschichte mit dem Dieb erzähle, den solle sie ergreifen und nicht herauslassen. Dies tat das Mädchen, wie es ihr vom Vater geboten war; der Dieb aber, der verstand, wo das hinauswolle, beschloss, den König noch an Verschlagenheit zu übertreffen, und soll folgendes getan haben. Er schnitt den ganzen Arm vom frischen Leichnam bei der Schulter ab und nahm ihn unterm Mantel mit. So ging er zur Tochter des Königs, und da sie ihn ebenso wie die andern befragte, erzählte er ihr als seinen sündlichsten Streich, dass er seinem Bruder, der im Schatz des Königs in eine Schlinge fiel, den Kopf abgeschnitten, und als den klügsten, dass er die Wächter trunken gemacht und den aufgehängten Leichnam seines Bruders heruntergenommen habe. Als sie das hörte, wollte sie ihn fassen; der Dieb aber streckte ihr im Dunkeln den Arm des Toten hin, worauf sie dann zugriff und ihn hielt, in der Meinung, seinen eigenen Arm festzuhalten; und nun ließ er denselben los und entwischte schnell zur Türe hinaus. Als nun auch dieses dem König hinterbracht wurde, ward er ganz betroffen über die Schlauigkeit und Kühnheit des Menschen. Zuletzt soll er aber in sämtliche Städte eine Verkündigung haben ausgehen lassen, mit Gewährung von Straflosigkeit und mit großen Versprechungen, wenn er sich vor sein Angesicht stellen würde. Dem habe der Dieb vertraut und sich ihm gestellt; und Rhampsenitus habe ihn höchlich bewundert, ja ihm jene Tochter zur Ehefrau gegeben, als dem allergescheitesten Menschen; wiefern er nämlich die Ägypter über alle andere setzte und ihn über die Ägypter.« (Herodots Geschichte, zweites Buch, 121. Kapitel)

2. Schlachtfeld bei Hastings

Sépulture du roi Harold

»Deux moines saxons, Asgod et Ailrik, députés par l'abbé de Waltham, demandèrent et obtinrent de transporter dans leur église les restes de leur bienfaiteur. Ils allèrent à l'amas des corps dépouillés d'armes et de vêtements, les examinèrent avec soin l'un après l'autre, et ne reconnurent point celui qu'ils cherchaient, tant ses blessures l'avaient défiguré. Tristes, et désespérant de réussir seuls dans cette recherche, ils s'adressèrent à une femme que Harold, avant d'être roi, avait entretenue comme maîtresse, et la prièrent de se joindre à eux. Elle s'appelait Édithe, et on la surnommait la Belle au cou de cygne. Elle consentit à suivre les deux moines, et fut plus habile qu'eux à découvrir le cadavre de celui qu'elle avait aimé.« (P. 348 de l'Histoire de la conquète de l'Angleterre par les Normands, par Aug. Thierry)

3. Erinnerung

»Auch der kleine Wilhelm liegt dort (auf dem Kirchhof), und daran bin ich schuld. Wir waren Schulkameraden im Franziskanerkloster (zu Düsseldorf) und spielten auf jener Seite desselben, wo zwischen steinernen Mauern die Düssel fließt, und ich sagte: ›Wilhelm, hol doch das Kätzchen, das eben hineingefallen‹ – und lustig stieg er hinab auf das Brett, das über dem Bach lag, riss das Kätzchen aus dem Wasser, fiel aber selbst hinein, und als man ihn herauszog, war er nass und tot. – Das Kätzchen hat noch lange Zeit gelebt.« (Heinrich Heines Reisebilder, zweiter Teil, Kapitel VI)

4. Jehuda Ben Halevy

»Das Lied, das der Levit Jehuda gesungen, – ist als Prachtdiadem um der Gemeinde Haupt geschlungen, – als Perlenschnur hält es ihren Hals umrungen. – Er, des Sangestempels Säul' und Schaft, – weilend in den Hallen der Wissenschaft, – der Gewaltige, der Liedesspeerschwinger, – der die Riesen des Gesanges hingestreckt, ihr Sieger und Bezwinger. – Seine Lieder nehmen den Weisen den Dichtermut, – fast schwindet vor ihnen Assaphs und Jeduthans Kraft und Glut, – und der Korachiten Gesang – deucht zu lang. – Er drang in der Dichtkunst Speicher und plünderte die Vorräte, – und entführte die herrlichsten Geräte, – er ging hinaus und schloss das Tor, dass keiner nach ihm es betrete. – Und denen, die folgen den Spuren seines Ganges, – zu erlernen die Kunst seines Sanges, – nicht seines Siegeswagens Staub zu erreichen gelang es. – Alle Sänger führen im Munde sein Wort, – und küssen seiner Füße Ort. – Denn in der künstlichen Rede Werke, zeigt sich seiner Sprache Kraft und Stärke. – Mit seinen Gebeten reißt er die Herzen hin, sie überwindend, – in seinen Liebesliedern mild wie der Tau und wie feurige Kohlen zündend, – und in seinen Klagetönen – lässt er strömen die Wolke der Tränen, – in den Briefen und Schriften, die er verfasst, – ist alle Poesie eingefasst.« (Rabbi Salomo Al-Charisi über Rabbi Jehuda Halevy)

Nachwort Heinrich Heines zum »Romanzero«

Ich habe dieses Buch »Romanzero« genannt, weil der Romanzenton vorherrschend in den Gedichten, die hier gesammelt. Mit wenigen Ausnahmen schrieb ich sie während der letzten drei Jahre, unter mancherlei körperlichen Hindernissen und Qualen. Gleichzeitig mit dem »Romanzero« lasse ich in derselben Verlagshandlung ein Büchlein erscheinen, welches »Der Doktor Faust, ein Tanzpoem, nebst kuriosen Berichten über Teufel, Hexen und Dichtkunst« betitelt ist. Ich empfehle solches einem verehrungswürdigen Publiko, das sich gern ohne Kopfanstrengung über dergleichen Dinge belehren lassen möchte; es ist eine leichte Goldarbeit, worüber gewiss mancher Grobschmied den Kopf schütteln wird. Ich hegte ursprünglich die Absicht, dieses Produkt dem »Romanzero« einzuverleiben, was ich aber unterließ, um nicht die Einheit der Stimmung, die in letzterem waltet und gleichsam sein Kolorit bildet, zu stören. Jenes Tanzpoem schrieb ich nämlich im Jahre 1847, zu einer Zeit, wo mein böses Siechtum bereits bedenklich vorgeschritten war, aber doch noch nicht seine grämlichen Schatten über mein Gemüt warf. Ich hatte damals noch etwas Fleisch und Heidentum an mir, und ich war noch nicht zu dem spiritualistischen Skelette abgemagert, das jetzt seiner gänzlichen Auflösung entgegenharrt. Aber existiere ich wirklich noch? Mein Leib ist so sehr in die Krümpe gegangen, dass schier nichts übriggeblieben als die Stimme, und mein Bett mahnt mich an das tönende Grab des Zauberers Merlinus, welches sich im Walde Brozeliand in der Bretagne befindet, unter hohen Eichen, deren Wipfel wie grüne Flammen gen Himmel lodern. Ach, um diese Bäume und ihr frisches Wehen beneide ich dich, Kollege Merlinus, denn kein grünes Blatt rauscht herein in meine Matratzengruft zu Paris, wo ich früh und spät nur Wagengerassel, Gehämmer, Gekeife und Klaviergeklimper vernehme. Ein Grab ohne Ruhe, der Tod ohne die Privilegien der Verstorbenen, die kein Geld auszugeben und keine Briefe oder gar Bücher zu schreiben brauchen – das ist ein trauriger Zustand. Man hat mir längst das Maß genommen zum Sarg, auch zum Nekrolog, aber ich sterbe so langsam, dass solches nachgerade langweilig wird für mich, wie für meine Freunde. Doch Geduld, alles hat sein Ende. Ihr werdet eines Morgens die Bude geschlossen finden, wo euch die Puppenspiele meines Humors so oft ergötzten.

Was soll aber, wenn ich tot bin, aus den armen Hanswürsten werden, die ich seit Jahren bei jenen Darstellungen employiert hatte? Was soll z. B. aus Maßmann werden? Ungern verlas ich ihn, und es erfasst mich schier eine tiefe Wehmut, wenn ich denke an die Verse:

Ich sehe die kurzen Beinchen nicht mehr,

Nicht mehr die platte Nase;
Er schlug wie ein Pudel, frisch, fromm, fröhlich, frei,
Die Purzelbäume im Grase.

Und er versteht Latein. Ich habe freilich in meinen Schriften so oft das Gegenteil behauptet, dass niemand mehr meine Behauptung bezweifelte und der Ärmste ein Stichblatt der allgemeinen Verhöhnung ward. Die Schulbuben frugen ihn, in welcher Sprache der »Don Quixote« geschrieben sei, und wenn mein armer Maßmann antwortete: in spanischer Sprache – erwiderten sie, er irre sich, derselbe sei lateinisch geschrieben, und das käme ihm so spanisch vor. Sogar die eigene Gattin war grausam genug, bei häuslichen Missverständnissen auszurufen, sie wundere sich, dass ihr Mann sie nicht verstehe, da sie doch Deutsch und kein Latein gesprochen habe. Die Maßmännische Großmutter, eine Wäscherin von unbescholtener Sittlichkeit, die einst für Friedrich den Großen gewaschen, hat sich über die Schmach ihres Enkels zu Tode gegrämt; der Onkel, ein wackerer altpreußischer Schuhflicker, bildete sich ein, die ganze Familie sei schimpfiert, und vor Verdruss ergab er sich dem Trunk.

Ich bedaure, dass meine jugendliche Unbesonnenheit solches Unheil angerichtet. Die würdige Waschfrau kann ich leider nicht wieder ins Leben zurückrufen, und den zartfühlenden Oheim, der jetzt zu Berlin in der Gosse liegt, kann ich nicht mehr des Schnapses entwöhnen; aber ihn selbst, meinen armen Hanswurst Maßmann, will ich in der öffentlichen Meinung wieder rehabilitieren, indem ich alles, was ich über seine Lateinlosigkeit, seine lateinische Impotenz, seine magna linguae romanae ignorantia jemals geäußert habe, feierlich widerrufe.

So hätte ich denn mein Gewissen erleichtert. Wenn man auf dem Sterbebette liegt, wird man sehr empfindsam und weichselig und möchte Frieden machen mit Gott und der Welt. Ich gestehe es, ich habe manchen gekratzt, manchen gebissen, und war kein Lamm. Aber glaubt mir, jene gepriesenen Lämmer der Sanftmut würden sich minder frömmig gebärden, besäßen sie die Zähne und die Tatzen des Tigers. Ich kann mich rühmen, dass ich mich solcher angebornen Waffen nur selten bedient habe. Seit ich selbst der Barmherzigkeit Gottes bedürftig, habe ich allen meinen Feinden Amnestie erteilt; manche schöne Gedichte, die gegen sehr hohe und sehr niedrige Personen gerichtet waren, wurden deshalb in vorliegender Sammlung nicht aufgenommen. Gedichte, die nur halbwegs Anzüglichkeiten gegen den lieben Gott selbst enthielten, habe ich mit ängstlichstem Eifer den Flammen überliefert. Es ist besser, dass die Verse brennen als der Versifex. Ja, wie mit der Kreatur, habe ich auch mit dem Schöpfer Frieden gemacht, zum größten Ärgernis meiner aufgeklärten Freunde, die mir Vorwürfe machten über dieses Zurückfallen in den alten Aberglauben, wie sie meine Heimkehr zu Gott zu nennen beliebten. Andere, in ihrer Intoleranz, äußerten sich noch herber. Der gesamte hohe Klerus des Atheismus hat sein Anathema über mich ausgesprochen, und es gibt fanatische Pfaffen des Unglaubens, die mich gerne auf die Folter spannten, damit ich meine Ketzereien bekenne. Zum Glück stehen ihnen keine andern Folterinstrumente zu Gebote als ihre Schriften. Aber ich will auch ohne Tortur alles bekennen. Ja, ich bin zurückgekehrt zu Gott, wie der verlorene Sohn, nachdem ich lange Zeit bei den Hegelianern die Schweine gehütet. War es die Misere, die mich zurücktrieb? Vielleicht ein minder miserabler Grund. Das himmlische Heimweh überfiel mich und trieb mich fort durch Wälder und Schluchten, über die schwindligsten Bergpfade der Dialektik. Auf meinem Wege fand ich den Gott der Pantheisten, aber ich konnte ihn nicht gebrauchen. Dies arme träumerische Wesen ist mit der Welt verwebt und verwachsen, gleichsam in ihr eingekerkert, und gähnt dich an, willenlos und ohnmächtig. Um einen Willen zu haben, muss man eine Person sein, und um ihn zu manifestieren, muss man die Ellbogen frei haben. Wenn man nun einen Gott begehrt, der zu helfen vermag – und das ist doch die Hauptsache –, so muss man auch seine Persönlichkeit, seine Außerweltlichkeit und seine heiligen Attribute, die Allgüte, die Allweisheit, die Allgerechtigkeit usw., annehmen. Die Unsterblichkeit der Seele, unsre Fortdauer nach dem Tode, wird uns alsdann gleichsam mit in den Kauf gegeben, wie der schöne Markknochen, den der Fleischer, wenn er mit seinen Kunden zufrieden ist, ihnen unentgeltlich in den Korb schiebt. Ein solcher schöner Markknochen wird in der französischen Küchensprache la réjouissance genannt, und man kocht damit ganz vorzügliche Kraftbrühen, die für einen armen schmachtenden Kranken sehr stärkend und labend sind. Dass ich eine solche réjouissance nicht ablehnte und sie mir vielmehr mit Behagen zu Gemüte führte, wird jeder fühlende Mensch billigen.

Ich habe vom Gott der Pantheisten geredet, aber ich kann nicht umhin zu bemerken, dass er im Grunde gar kein Gott ist, so wie überhaupt die Pantheisten eigentlich nur verschämte Atheisten sind, die sich weniger vor der Sache als vor dem Schatten, den sie an die Wand wirft, vor dem Namen, fürchten. Auch haben die meisten in Deutschland während der Restaurationszeit mit dem lieben Gotte dieselbe funfzehnjährige Komödie gespielt, welche hier in Frankreich die konstitutionellen Royalisten, die größtenteils im Herzen Republikaner waren, mit dem Königtume spielten. Nach der Juliusrevolution ließ man jenseits wie diesseits des Rheines die Maske fallen. Seitdem, besonders aber nach dem Sturz Ludwig Philipps, des besten Monarchen, der jemals die konstitutionelle Dornenkrone trug, bildete sich hier in Frankreich die Meinung, dass nur zwei Regierungsformen, das absolute Königtum und die Republik, die Kritik der Vernunft oder der Erfahrung aushielten, dass man eins von beiden wählen müsse, dass alles dazwischenliegende Mischwerk unwahr, unhaltbar und verderblich sei. In derselben Weise tauchte in Deutschland die Ansicht auf, dass man wählen müsse zwischen der Religion und der Philosophie, zwischen dem geoffenbarten Dogma des Glaubens und der letzten Konsequenz des Denkens, zwischen dem absoluten Bibelgott und dem Atheismus.

Je entschiedener die Gemüter, desto leichter werden sie das Opfer solcher Dilemmen. Was mich betrifft, so kann ich mich in der Politik keines sonderlichen Fortschritts rühmen; ich verharrte bei denselben demokratischen Prinzipien, denen meine früheste Jugend huldigte und für die ich seitdem immer flammender erglühte. In der Theologie hingegen muss ich mich des Rückschreitens beschuldigen, indem ich, was ich bereits oben gestanden, zu dem alten Aberglauben, zu einem persönlichen Gotte, zurückkehrte. Das lässt sich nun einmal nicht vertuschen, wie es mancher aufgeklärte und wohlmeinende Freund versuchte. Ausdrücklich widersprechen muss ich jedoch dem Gerücht, als hätten mich meine Rückschritte bis zur Schwelle irgendeiner Kirche oder gar in ihren Schoß geführt. Nein, meine religiösen Überzeugungen und Ansichten sind frei geblieben von jeder Kirchlichkeit; kein Glockenklang hat mich verlockt, keine Altarkerze hat mich geblendet. Ich habe mit keiner Symbolik gespielt und meiner Vernunft nicht ganz entsagt. Ich habe nichts abgeschworen, nicht einmal meine alten Heidengötter, von denen ich mich zwar abgewendet, aber scheidend in Liebe und Freundschaft. Es war im Mai 1848, an dem Tag, wo ich zum letzten Male ausging, als ich Abschied nahm von den holden Idolen, die ich angebetet in den Zeiten meines Glücks. Nur mit Mühe schleppte ich mich bis zum Louvre, und ich brach fast zusammen, als ich in den erhabenen Saal trat, wo die hochgebenedeite Göttin der Schönheit, Unsere liebe Frau von Milo, auf ihrem Postamente steht. Zu ihren Füßen lag ich lange, und ich weinte so heftig, dass sich dessen ein Stein erbarmen musste. Auch schaute die Göttin mitleidig auf mich herab, doch zugleich so trostlos, als wollte sie sagen: siehst du denn nicht, dass ich keine Arme habe und also nicht helfen kann?

Ich breche hier ab, denn ich gerate in einen larmoyanten Ton, der vielleicht überhandnehmen kann, wenn ich bedenke, dass ich jetzt auch von dir, teurer Leser, Abschied nehmen soll. Eine gewisse Rührung beschleicht mich bei diesem Gedanken; denn ungern trenne ich mich von dir. Der Autor gewöhnt sich am Ende an sein Publikum, als wäre es ein vernünftiges Wesen. Auch dich scheint es zu betrüben, dass ich dir Valet sagen muss; du bist gerührt, mein teurer Leser, und kostbare Perlen fallen aus deinen Tränensäckchen. Doch beruhige dich, wir werden uns wiedersehen in einer besseren Welt, wo ich dir auch bessere Bücher zu schreiben gedenke. Ich setze voraus, dass sich dort auch meine Gesundheit bessert und dass mich Swedenborg nicht belogen hat. Dieser erzählt nämlich mit großer Zuversicht, dass wir in der andern Welt das alte Treiben, ganz wie wir es in dieser Welt getrieben, ruhig fortsetzen, dass wir dort unsere Individualität unverändert bewahren und dass der Tod in unserer organischen Entwicklung gar keine sonderliche Störung hervorbringe. Swedenborg ist eine grundehrliche Haut, und glaubwürdig sind seine Berichte über die andere Welt, wo er mit eigenen Augen die Personen sah, die auf unserer Erde eine Rolle gespielt. Die meisten, sagt er, blieben unverändert und beschäftigen sich mit denselben Dingen, mit denen sie sich auch vormals beschäftigt; sie blieben stationär, waren veraltet, rokoko, was sich mitunter sehr lächerlich ausnahm. So z. B. unser teurer Doktor Martinus Luther war stehengeblieben bei seiner Lehre von der Gnade, über die er während dreihundert Jahren tagtäglich dieselben verschimmelten Argumente niederschrieb – ganz in derselben Weise wie der verstorbene Baron Eckstein, der während zwanzig Jahren in der »Allgemeinen Zeitung« einen und denselben Artikel drucken ließ, den alten jesuitischen Sauerteig beständig wiederkäuend. Aber, wie gesagt, nicht alle Personen, die hienieden eine Rolle gespielt, fand Swedenborg in solcher fossilen Erstarrung; sie hatten im Guten wie im Bösen ihren Charakter weidlich ausgebildet in der anderen Welt, und da gab es sehr wunderliche Erscheinungen. Helden und Heilige dieser Erde waren dort zu Lumpen und Taugenichtsen herabgesunken, während auch das Gegenteil stattfand. So z. B. stieg dem heiligen Antonius der Hochmut in den Kopf, als er erfuhr, welche ungeheure Verehrung und Anbetung ihm die ganze Christenheit zollt, und er, der hienieden den furchtbarsten Versuchungen widerstanden, ward jetzt ein ganz impertinenter Schlingel und liederlicher Galgenstrick, der sich mit seinem Schweine um die Wette in den Kot wälzt. Die keusche Susanne brachte der Dünkel ihrer Sittlichkeit, die sie unbesiegbar glaubte, gar schmählich zu Falle, und sie, die einst den Greisen so glorreich widerstanden, erlag der Verlockung des jungen Absalon, Sohn Davids. Die Töchter Lots hingegen hatten sich im Verlauf der Zeit sehr vertugendhaftet und gelten in der andern Welt für Muster der Anständigkeit; der Alte verharrte leider bei der Weinflasche.

So närrisch sie auch klingen, so sind doch diese Nachrichten ebenso bedeutsam wie scharfsinnig. Der große skandinavische Seher begriff die Einheit und Unteilbarkeit unserer Existenz, so wie er auch die unveräußerlichen Individualitätsrechte des Menschen ganz richtig erkannte und anerkannte. Die Fortdauer nach dem Tode ist bei ihm kein idealer Mummenschanz, wo wir neue Jacken und einen neuen Menschen anziehen; Mensch und Kostüm bleiben bei ihm unverändert. In der anderen Welt des Swedenborg werden sich auch die armen Grönländer behaglich fühlen, die einst, als die dänischen Missionare sie bekehren wollten, an diese die Frage richteten, ob es im christlichen Himmel auch Seehunde gäbe. Auf die verneinende Antwort erwiderten sie betrübt, der christliche Himmel passe alsdann nicht für Grönländer, die nicht ohne Seehunde existieren könnten.

Wie sträubt sich unsere Seele gegen den Gedanken des Aufhörens unserer Persönlichkeit, der ewigen Vernichtung! Der horror vacui, den man der Natur zuschreibt, ist vielmehr dem menschlichen Gemüte angeboren. Sei getrost, teurer Leser, es gibt eine Fortdauer nach dem Tode, und in der anderen Welt werden wir auch unsere Seehunde wiederfinden.

Und nun, lebe wohl, und wenn ich dir etwas schuldig bin, so schicke mir deine Rechnung. –

Heinrich Heine, geschrieben zu Paris, den 30. September 1851

Lieblingsballaden

Johann Wolfgang von Goethe

(1749-1832)

Der Sänger

[Aus »Wilhelm Meisters Lehrjahre«; entstanden 1783; Erstdruck 1795]

»Was hör ich draußen vor dem Tor,
Was auf der Brücke schallen?
Lass den Gesang vor unserm Ohr
Im Saale widerhallen!«
Der König sprach's, der Page lief;
Der Knabe kam, der König rief:
»Lasst mir herein den Alten!«

»Gegrüßet seid mir, edle Herrn,
Gegrüßt ihr, schöne Damen!
Welch reicher Himmel! Stern bei Stern!
Wer kennet ihre Namen?
Im Saal voll Pracht und Herrlichkeit
Schließt, Augen, euch; hier ist nicht Zeit,
Sich staunend zu ergetzen.«

Der Sänger drückt' die Augen ein
Und schlug in vollen Tönen;
Die Ritter schauten mutig drein
Und in den Schoß die Schönen.
Der König, dem das Lied gefiel,
Ließ, ihn zu ehren für sein Spiel,
Eine goldne Kette holen.

»Die goldne Kette gib mir nicht,
Die Kette gib den Rittern,
Vor deren kühnem Angesicht
Der Feinde Lanzen splittern;
Gib sie dem Kanzler, den du hast,
Und lass ihn noch die goldne Last
Zu andern Lasten tragen.

Ich singe, wie der Vogel singt,

Der in den Zweigen wohnet;
Das Lied, das aus der Kehle dringt,
Ist Lohn, der reichlich lohnet.
Doch darf ich bitten, bitt ich eins:
Lass mir den besten Becher Weins
In purem Golde reichen.«

Er setzt' ihn an, er trank ihn aus:
»O Trank voll süßer Labe!
O wohl dem hochbeglückten Haus,
Wo das ist kleine Gabe!
Ergeht's euch wohl, so denkt an mich,
Und danket Gott so warm, als ich
Für diesen Trunk euch danke.«

Erlkönig

[Aus »Die Fischerin«; entstanden 1780-1782; Erstdruck 1782]

Wer reitet so spät durch Nacht und Wind?
Es ist der Vater mit seinem Kind;
Er hat den Knaben wohl in dem Arm,
Er fasst ihn sicher, er hält ihn warm.

»Mein Sohn, was birgst du so bang dein Gesicht?«
»Siehst, Vater, du den Erlkönig nicht?
Den Erlenkönig mit Kron und Schweif?«
»Mein Sohn, es ist ein Nebelstreif.«

»Du liebes Kind, komm, geh mit mir!
Gar schöne Spiele spiel ich mit dir;
Manch bunte Blumen sind an dem Strand;
Meine Mutter hat manch gülden Gewand.«

»Mein Vater, mein Vater, und hörest du nicht,
Was Erlenkönig mir leise verspricht?«
»Sei ruhig, bleibe ruhig, mein Kind;
In dürren Blättern säuselt der Wind.«

»Willst, feiner Knabe, du mit mir gehn?
Meine Töchter sollen dich warten schön;

Meine Töchter führen den nächtlichen Reihn
Und wiegen und tanzen und singen dich ein.«

»Mein Vater, mein Vater, und siehst du nicht dort
Erlkönigs Töchter am düstern Ort?«
»Mein Sohn, mein Sohn, ich seh es genau:
Es scheinen die alten Weiden so grau.«

»Ich liebe dich, mich reizt deine schöne Gestalt;
Und bist du nicht willig, so brauch ich Gewalt.«
»Mein Vater, mein Vater, jetzt fasst er mich an!
Erlkönig hat mir ein Leids getan!«

Dem Vater grauset's, er reitet geschwind,
Er hält in Armen das ächzende Kind,
Erreicht den Hof mit Mühe und Not;
In seinen Armen das Kind war tot.

Der Fischer

[Enstanden 1778; Erstdruck 1779]

Das Wasser rauscht', das Wasser schwoll,
Ein Fischer saß daran,
Sah nach dem Angel ruhevoll,
Kühl bis ans Herz hinan.
Und wie er sitzt und wie er lauscht,
Teilt sich die Flut empor;
Aus dem bewegten Wasser rauscht
Ein feuchtes Weib hervor.

Sie sang zu ihm, sie sprach zu ihm:
»Was lockst du meine Brut
Mit Menschenwitz und Menschenlist
Hinauf in Todesglut?
Ach wüsstest du, wie's Fischlein ist
So wohlig auf dem Grund,
Du stiegst herunter, wie du bist,
Und würdest erst gesund.

Labt sich die liebe Sonne nicht,

Der Mond sich nicht im Meer?
Kehrt wellenatmend ihr Gesicht
Nicht doppelt schöner her?
Lockt dich der tiefe Himmel nicht,
Das feuchtverklärte Blau?
Lockt dich dein eigen Angesicht
Nicht her in ew'gen Tau?«

Das Wasser rauscht', das Wasser schwoll,
Netzt' ihm den nackten Fuß;
Sein Herz wuchs ihm so sehnsuchtsvoll,
Wie bei der Liebsten Gruß.
Sie sprach zu ihm, sie sang zu ihm;
Da war's um ihn geschehn:
Halb zog sie ihn, halb sank er hin,
Und ward nicht mehr gesehn.

Der König in Thule

[Aus »Faust«; entstanden 1774, Erstdruck 1782]

Es war ein König in Thule
Gar treu bis an das Grab,
Dem sterbend seine Buhle
Einen goldnen Becher gab.

Es ging ihm nichts darüber,
Er leert' ihn jeden Schmaus;
Die Augen gingen ihm über,
Sooft er trank daraus.

Und als er kam zu sterben,
Zählt' er seine Städt im Reich,
Gönnt' alles seinem Erben,
Den Becher nicht zugleich.

Er saß beim Königsmahle,
Die Ritter um ihn her,
Auf hohem Vätersaale,
Dort auf dem Schloss am Meer.

Dort stand der alte Zecher,
Trank letzte Lebensglut,
Und warf den heil'gen Becher
Hinunter in die Flut.

Er sah ihn stürzen, trinken
Und sinken tief ins Meer.
Die Augen täten ihm sinken;
Trank nie einen Tropfen mehr.

Ritter Kurts Brautfahrt

[Entstanden 1802; Erstdruck 1803]

Mit des Bräutigams Behagen
Schwingt sich Ritter Kurt aufs Ross;
Zu der Trauung soll's ihn tragen,
Auf der edlen Liebsten Schloss:
Als am öden Felsenorte
Drohend sich ein Gegner naht;
Ohne Zögern, ohne Worte
Schreiten sie zu rascher Tat.

Lange schwankt des Kampfes Welle,
Bis sich Kurt im Siege freut;
Er entfernt sich von der Stelle,
Überwinder und gebleut.
Aber was er bald gewahret
In des Busches Zitterschein!
Mit dem Säugling still gepaaret
Schleicht ein Liebchen durch den Hain.

Und sie winkt ihm auf das Plätzchen:
»Lieber Herr, nicht so geschwind!
Habt Ihr nichts an Euer Schätzchen,
Habt Ihr nichts für Euer Kind?«
Ihn durchglühet süße Flamme,
Dass er nicht vorbeibegehrt,
Und er findet nun die Amme,
Wie die Jungfrau, liebenswert.

Doch er hört die Diener blasen,
Denket nun der hohen Braut,
Und nun wird auf seinen Straßen
Jahresfest und Markt so laut,
Und er wählet in den Buden
Manches Pfand zu Lieb und Huld;
Aber ach! da kommen Juden
Mit dem Schein vertagter Schuld.

Und nun halten die Gerichte
Den behänden Ritter auf.
O verteufelte Geschichte!
Heldenhafter Lebenslauf!
Soll ich heute mich gedulden?
Die Verlegenheit ist groß.
Widersacher, Weiber, Schulden,
Ach! kein Ritter wird sie los.

Der Schatzgräber

[Entstanden 1797; Erstdruck 1797]

Arm am Beutel, krank am Herzen,
Schleppt ich meine langen Tage.
Armut ist die größte Plage,
Reichtum ist das höchste Gut!
Und zu enden meine Schmerzen,
Ging ich, einen Schatz zu graben.
»Meine Seele sollst du haben!«
Schrieb ich hin mit eignem Blut.

Und so zog ich Kreis' um Kreise,
Stellte wunderbare Flammen,
Kraut und Knochenwerk zusammen:
Die Beschwörung war vollbracht.
Und auf die gelernte Weise
Grub ich nach dem alten Schatze
Auf dem angezeigten Platze:
Schwarz und stürmisch war die Nacht.

Und ich sah ein Licht von weiten,
Und es kam gleich einem Sterne
Hinten aus der fernsten Ferne,
Eben als es zwölfe schlug.
Und da galt kein Vorbereiten.
Heller ward's mit einem Male
Von dem Glanz der vollen Schale,
Die ein schöner Knabe trug.

Holde Augen sah ich blinken
Unter dichtem Blumenkranze;
In des Trankes Himmelsglanze
Trat er in den Kreis herein.
Und er hieß mich freundlich trinken;
Und ich dacht: Es kann der Knabe
Mit der schönen, lichten Gabe
Wahrlich nicht der Böse sein.

»Trinke Mut des reinen Lebens!
Dann verstehst du die Belehrung,
Kommst, mit ängstlicher Beschwörung,
Nicht zurück an diesen Ort.
Grabe hier nicht mehr vergebens.
Tages Arbeit! Abends Gäste!
Saure Wochen! Frohe Feste!
Sei dein künftig Zauberwort.«

Der Zauberlehrling

[Entstanden 1797; Erstdruck 1797]

Hat der alte Hexenmeister
Sich doch einmal wegbegeben!
Und nun sollen seine Geister
Auch nach meinem Willen leben.
Seine Wort' und Werke
Merkt ich und den Brauch,
Und mit Geistesstärke
Tu ich Wunder auch.

Walle! walle
Manche Strecke,
Dass, zum Zwecke,
Wasser fließe
Und mit reichem, vollem Schwalle
Zu dem Bade sich ergieße.

Und nun komm, du alter Besen!
Nimm die schlechten Lumpenhüllen;
Bist schon lange Knecht gewesen;
Nun erfülle meinen Willen!
Auf zwei Beinen stehe,
Oben sei ein Kopf,
Eile nun und gehe
Mit dem Wassertopf!

Walle! walle
Manche Strecke,
Dass, zum Zwecke,
Wasser fließe
Und mit reichem, vollem Schwalle
Zu dem Bade sich ergieße.

Seht, er läuft zum Ufer nieder;
Wahrlich! ist schon an dem Flusse,
Und mit Blitzesschnelle wieder
Ist er hier mit raschem Gusse.
Schon zum zweiten Male!
Wie das Becken schwillt!
Wie sich jede Schale
Voll mit Wasser füllt!

Stehe! stehe!
Denn wir haben
Deiner Gaben
Vollgemessen! –
Ach, ich merk es! Wehe! wehe!
Hab ich doch das Wort vergessen!

Ach, das Wort, worauf am Ende

Er das wird, was er gewesen.
Ach, er läuft und bringt behände!
Wärst du doch der alte Besen!
Immer neue Güsse
Bringt er schnell herein,
Ach! und hundert Flüsse
Stürzen auf mich ein.

Nein, nicht länger
Kann ich's lassen;
Will ihn fassen.
Das ist Tücke!
Ach! nun wird mir immer bänger!
Welche Miene! welche Blicke!

O du Ausgeburt der Hölle!
Soll das ganze Haus ersaufen?
Seh ich über jede Schwelle
Doch schon Wasserströme laufen.
Ein verruchter Besen,
Der nicht hören will!
Stock, der du gewesen,
Steh doch wieder still!

Willst's am Ende
Gar nicht lassen?
Will dich fassen,
Will dich halten
Und das alte Holz behände
Mit dem scharfen Beile spalten.

Seht, da kommt er schleppend wieder!
Wie ich mich nur auf dich werfe,
Gleich, o Kobold, liegst du nieder;
Krachend trifft die glatte Schärfe.
Wahrlich! brav getroffen!
Seht, er ist entzwei!
Und nun kann ich hoffen,
Und ich atme frei!

Wehe! wehe!
Beide Teile
Stehn in Eile
Schon als Knechte
Völlig fertig in die Höhe!
Helft mir, ach! ihr hohen Mächte!

Und sie laufen! Nass und nässer
Wird's im Saal und auf den Stufen.
Welch entsetzliches Gewässer!
Herr und Meister! hör mich rufen! –
Ach, da kommt der Meister!
Herr, die Not ist groß!
Die ich rief, die Geister,
Werd ich nun nicht los.

»In die Ecke,
Besen! Besen!
Seid's gewesen.
Denn als Geister
Ruft euch nur, zu seinem Zwecke,
Erst hervor der alte Meister.«

Die Braut von Korinth

[Entstanden 1797; Erstdruck 1797]

Nach Korinthus von Athen gezogen
Kam ein Jüngling, dort noch unbekannt.
Einen Bürger hofft' er sich gewogen;
Beide Väter waren gastverwandt,
Hatten frühe schon
Töchterchen und Sohn
Braut und Bräutigam voraus genannt.

Aber wird er auch willkommen scheinen,
Wenn er teuer nicht die Gunst erkauft?
Er ist noch ein Heide mit den Seinen,
Und sie sind schon Christen und getauft.
Keimt ein Glaube neu,

Wird oft Lieb und Treu
Wie ein böses Unkraut ausgerauft.

Und schon lag das ganze Haus im Stillen,
Vater, Töchter; nur die Mutter wacht;
Sie empfängt den Gast mit bestem Willen,
Gleich ins Prunkgemach wird er gebracht.
Wein und Essen prangt,
Eh er es verlangt:
So versorgend wünscht sie gute Nacht.

Aber bei dem wohlbestellten Essen
Wird die Lust der Speise nicht erregt;
Müdigkeit lässt Speis und Trank vergessen,
Dass er angekleidet sich aufs Bette legt;
Und er schlummert fast,
Als ein seltner Gast
Sich zur offnen Tür hereinbewegt.

Denn er sieht, bei seiner Lampe Schimmer
Tritt, mit weißem Schleier und Gewand,
Sittsam still ein Mädchen in das Zimmer,
Um die Stirn ein schwarz und goldnes Band.
Wie sie ihn erblickt,
Hebt sie, die erschrickt,
Mit Erstaunen eine weiße Hand.

»Bin ich«, rief sie aus, »so fremd im Hause,
Dass ich von dem Gaste nichts vernahm?
Ach, so hält man mich in meiner Klause!
Und nun überfällt mich hier die Scham.
Ruhe nur so fort
Auf dem Lager dort,
Und ich gehe schnell, so wie ich kam.«

»Bleibe, schönes Mädchen!« ruft der Knabe,
Rafft von seinem Lager sich geschwind:
»Hier ist Ceres', hier ist Bacchus' Gabe;
Und du bringst den Amor, liebes Kind!
Bist vor Schrecken blass!

Liebe, komm und lass,
Lass uns sehn, wie froh die Götter sind.«

»Ferne bleib, o Jüngling! bleibe stehen;
Ich gehöre nicht den Freuden an.
Schon der letzte Schritt ist, ach! geschehen
Durch der guten Mutter kranken Wahn,
Die genesend schwur:
Jugend und Natur
Sei dem Himmel künftig untertan.

Und der alten Götter bunt Gewimmel
Hat sogleich das stille Haus geleert.
Unsichtbar wird *einer* nur im Himmel
Und ein Heiland wird am Kreuz verehrt;
Opfer fallen hier,
Weder Lamm noch Stier,
Aber Menschenopfer unerhört.«

Und er fragt und wäget alle Worte,
Deren keines seinem Geist entgeht:
Ist es möglich, dass am stillen Orte
Die geliebte Braut hier vor mir steht?
»Sei die Meine nur!
Unsrer Väter Schwur
Hat vom Himmel Segen uns erfleht.«

»Mich erhältst du nicht, du gute Seele!
Meiner zweiten Schwester gönnt man dich.
Wenn ich mich in stiller Klause quäle,
Ach! in ihren Armen denk an mich,
Die an dich nur denkt,
Die sich liebend kränkt;
In die Erde bald verbirgt sie sich.«

»Nein! bei dieser Flamme sei's geschworen,
Gütig zeigt sie Hymen uns voraus;
Bist der Freude nicht und mir verloren,
Kommst mit mir in meines Vaters Haus.
Liebchen, bleibe hier!

Feire gleich mit mir
Unerwartet unsern Hochzeitschmaus.«

Und schon wechseln sie der Treue Zeichen;
Golden reicht sie ihm die Kette dar,
Und er will ihr eine Schale reichen,
Silbern, künstlich, wie nicht eine war.
»Die ist nicht für mich;
Doch, ich bitte dich,
Eine Locke gib von deinem Haar.«

Eben schlug die dumpfe Geisterstunde,
Und nun schien es ihr erst wohl zu sein.
Gierig schlürfte sie mit blassem Munde
Nun den dunkel blutgefärbten Wein;
Doch vom Weizenbrot,
Das er freundlich bot,
Nahm sie nicht den kleinsten Bissen ein.

Und dem Jüngling reichte sie die Schale,
Der, wie sie, nun hastig lüstern trank.
Liebe fordert er beim stillen Mahle,
Ach, sein armes Herz war liebekrank.
Doch sie widersteht,
Wie er immer fleht,
Bis er weinend auf das Bette sank.

Und sie kommt und wirft sich zu ihm nieder:
»Ach, wie ungern seh ich dich gequält!
Aber, ach! berührst du meine Glieder,
Fühlst du schaudernd, was ich dir verhehlt.
Wie der Schnee so weiß,
Aber kalt wie Eis
Ist das Liebchen, das du dir erwählt.«

Heftig fasst er sie mit starken Armen,
Von der Liebe Jugendkraft durchmannt:
»Hoffe doch, bei mir noch zu erwarmen,
Wärst du selbst mir aus dem Grab gesandt!
Wechselhauch und Kuss!

Liebesüberfluss!
Brennst du nicht und fühlest mich entbrannt?«

Liebe schließet fester sie zusammen,
Tränen mischen sich in ihre Lust;
Gierig saugt sie seines Mundes Flammen,
Eins ist nur im andern sich bewusst.
Seine Liebeswut
Wärmt ihr starres Blut,
Doch es schlägt kein Herz in ihrer Brust.

Unterdessen schleichet auf dem Gange
Häuslich spät die Mutter noch vorbei,
Horchet an der Tür und horchet lange,
Welch ein sonderbarer Ton es sei:
Klag- und Wonnelaut
Bräutigams und Braut
Und des Liebestammelns Raserei.

Unbeweglich bleibt sie an der Türe,
Weil sie erst sich überzeugen muss,
Und sie hört die höchsten Liebesschwüre,
Lieb- und Schmeichelworte, mit Verdruss:
»Still! der Hahn erwacht!«
»Aber morgen Nacht
Bist du wieder da?« – und Kuss auf Kuss.

Länger hält die Mutter nicht das Zürnen,
Öffnet das bekannte Schloss geschwind:
»Gibt es hier im Hause solche Dirnen,
Die dem Fremden gleich zu Willen sind?«
So zur Tür hinein.
Bei der Lampe Schein
Sieht sie – Gott! sie sieht ihr eigen Kind.

Und der Jüngling will im ersten Schrecken
Mit des Mädchens eignem Schleierflor,
Mit dem Teppich die Geliebte decken;
Doch sie windet gleich sich selbst hervor.
Wie mit Geists Gewalt

Hebet die Gestalt
Lang und langsam sich im Bett empor.

»Mutter! Mutter!« spricht sie hohle Worte:
»So missgönnt Ihr mir die schöne Nacht!
Ihr vertreibt mich von dem warmen Orte.
Bin ich zur Verzweiflung nur erwacht?
Ist's Euch nicht genug,
Dass ins Leichentuch,
Dass Ihr früh mich in das Grab gebracht?

Aber aus der schwerbedeckten Enge
Treibet mich ein eigenes Gericht.
Eurer Priester summende Gesänge
Und ihr Segen haben kein Gewicht;
Salz und Wasser kühlt
Nicht, wo Jugend fühlt;
Ach! die Erde kühlt die Liebe nicht.

Dieser Jüngling war mir erst versprochen,
Als noch Venus' heitrer Tempel stand.
Mutter, habt Ihr doch das Wort gebrochen,
Weil ein fremd, ein falsch Gelübd' Euch band!
Doch kein Gott erhört,
Wenn die Mutter schwört,
Zu versagen ihrer Tochter Hand.

Aus dem Grabe werd ich ausgetrieben,
Noch zu suchen das vermisste Gut,
Noch den schon verlornen Mann zu lieben
Und zu saugen seines Herzens Blut.
Ist's um den geschehn,
Muss nach andern gehn,
Und das junge Volk erliegt der Wut.

Schöner Jüngling! kannst nicht länger leben;
Du versiechest nun an diesem Ort.
Meine Kette hab ich dir gegeben;
Deine Locke nehm ich mit mir fort.
Sieh sie an genau!

Morgen bist du grau,
Und nur braun erscheinst du wieder dort.

Höre, Mutter, nun die letzte Bitte:
Einen Scheiterhaufen schichte du;
Öffne meine bange kleine Hütte,
Bring in Flammen Liebende zur Ruh!
Wenn der Funke sprüht,
Wenn die Asche glüht,
Eilen wir den alten Göttern zu.«

Der Gott und die Bajadere

Indische Legende

[Entstanden 1797; Erstdruck 1797]

Mahadöh, der Herr der Erde,
Kommt herab zum sechsten Mal,
Dass er unsersgleichen werde,
Mitzufühlen Freud und Qual.
Er bequemt sich, hier zu wohnen,
Lässt sich alles selbst geschehn.
Soll er strafen oder schonen,
Muss er Menschen menschlich sehn.
Und hat er die Stadt sich als Wandrer betrachtet,
Die Großen belauert, auf Kleine geachtet,
Verlässt er sie abends, um weiterzugehn.

Als er nun hinausgegangen,
Wo die letzten Häuser sind,
Sieht er, mit gemalten Wangen,
Ein verlornes schönes Kind.
»Grüß dich, Jungfrau!« – »Dank der Ehre!
Wart, ich komme gleich hinaus.«
»Und wer bist du?« – »Bajadere,
Und dies ist der Liebe Haus.«
Sie rührt sich, die Zimbeln zum Tanze zu schlagen;
Sie weiß sich so lieblich im Kreise zu tragen,
Sie neigt sich und biegt sich und reicht ihm den Strauß.

Schmeichelnd zieht sie ihn zur Schwelle,
Lebhaft ihn ins Haus hinein.
»Schöner Fremdling, lampenhelle
Soll sogleich die Hütte sein.
Bist du müd, ich will dich laben,
Lindern deiner Füße Schmerz.
Was du willst, das sollst du haben,
Ruhe, Freuden oder Scherz.«
Sie lindert geschäftig geheuchelte Leiden.
Der Göttliche lächelt; er siehet mit Freuden
Durch tiefes Verderben ein menschliches Herz.

Und er fordert Sklavendienste;
Immer heitrer wird sie nur,
Und des Mädchens frühe Künste
Werden nach und nach Natur.
Und so stellet auf die Blüte
Bald und bald die Frucht sich ein;
Ist Gehorsam im Gemüte,
Wird nicht fern die Liebe sein.
Aber sie schärfer und schärfer zu prüfen,
Wählet der Kenner der Höhen und Tiefen
Lust und Entsetzen und grimmige Pein.

Und er küsst die bunten Wangen,
Und sie fühlt der Liebe Qual,
Und das Mädchen steht gefangen,
Und sie weint zum ersten Mal;
Sinkt zu seinen Füßen nieder,
Nicht um Wollust noch Gewinst,
Ach! und die gelenken Glieder,
Sie versagen allen Dienst.
Und so zu des Lagers vergnüglicher Feier
Bereiten den dunklen, behaglichen Schleier
Die nächtlichen Stunden, das schöne Gespinst.

Spät entschlummert unter Scherzen,
Früh erwacht nach kurzer Rast,

Findet sie an ihrem Herzen
Tot den vielgeliebten Gast.
Schreiend stürzt sie auf ihn nieder;
Aber nicht erweckt sie ihn,
Und man trägt die starren Glieder
Bald zur Flammengrube hin.
Sie höret die Priester, die Totengesänge,
Sie raset und rennet und teilet die Menge.
»Wer bist du? was drängt zu der Grube dich hin?«

Bei der Bahre stürzt sie nieder,
Ihr Geschrei durchdringt die Luft:
»Meinen Gatten will ich wieder!
Und ich such ihn in der Gruft.
Soll zu Asche mir zerfallen
Dieser Glieder Götterpracht?
Mein! er war es, mein vor allen!
Ach, nur *eine* süße Nacht«
Es singen die Priester: »Wir tragen die Alten,
Nach langem Ermatten und spätem Erkalten,
Wir tragen die Jugend, noch eh sie's gedacht.

Höre deiner Priester Lehre:
Dieser war dein Gatte nicht.
Lebst du doch als Bajadere,
Und so hast du keine Pflicht.
Nur dem Körper folgt der Schatten
In das stille Totenreich;
Nur die Gattin folgt dem Gatten:
Das ist Pflicht und Ruhm zugleich.
Ertöne, Drommete, zu heiliger Klage!
O nehmet, ihr Götter! die Zierde der Tage,
O nehmet den Jüngling in Flammen zu euch!«

So der Chor, der ohn Erbarmen
Mehret ihres Herzens Not;
Und mit ausgestreckten Armen
Springt sie in den heißen Tod.

Doch der Götterjüngling hebet
Aus der Flamme sich empor,
Und in seinen Armen schwebet
Die Geliebte mit hervor.
Es freut sich die Gottheit der reuigen Sünder;
Unsterbliche heben verlorene Kinder
Mit feurigen Armen zum Himmel empor.

Der Totentanz

[Entstanden 1813; Erstdruck 1815]

Der Türmer, der schaut zumitten der Nacht
Hinab auf die Gräber in Lage;
Der Mond, der hat alles ins Helle gebracht;
Der Kirchhof, er liegt wie am Tage.
Da regt sich ein Grab und ein anderes dann:
Sie kommen hervor, ein Weib da, ein Mann,
In weißen und schleppenden Hemden.

Das reckt nun, es will sich ergetzen sogleich,
Die Knöchel zur Runde, zum Kranze,
So arm und so jung und so alt und so reich;
Doch hindern die Schleppen am Tanze.
Und weil hier die Scham nun nicht weiter gebeut,
Sie schütteln sich alle, da liegen zerstreut
Die Hemdelein über den Hügeln.

Nun hebt sich der Schenkel, nun wackelt das Bein,
Gebärden da gibt es vertrackte;
Dann klippert's und klappert's mitunter hinein,
Als schlüg man die Hölzlein zum Takte.
Das kommt nun dem Türmer so lächerlich vor;
Da raunt ihm der Schalk, der Versucher, ins Ohr:
»Geh! hole dir einen der Laken.«

Getan wie gedacht! und er flüchtet sich schnell
Nun hinter geheiligte Türen.
Der Mond und noch immer er scheinet so hell
Zum Tanz, den sie schauderlich führen.

Doch endlich verlieret sich dieser und der,
Schleicht eins nach dem andern gekleidet einher,
Und husch! ist es unter dem Rasen.

Nur einer, der trippelt und stolpert zuletzt
Und tappet und grapst an den Grüften;
Doch hat kein Geselle so schwer ihn verletzt;
Er wittert das Tuch in den Lüften.
Er rüttelt die Turmtür, sie schlägt ihn zurück,
Geziert und gesegnet, dem Türmer zum Glück,
Sie blinkt von metallenen Kreuzen.

Das Hemd muss er haben, da rastet er nicht,
Da gilt auch kein langes Besinnen,
Den gotischen Zierrat ergreift nun der Wicht
Und klettert von Zinne zu Zinnen.
Nun ist's um den armen, den Türmer getan!
Es ruckt sich von Schnörkel zu Schnörkel hinan,
Langbeinigen Spinnen vergleichbar.

Der Türmer erbleichet, der Türmer erbebt,
Gern gäb er ihn wieder, den Laken.
Da häkelt – jetzt hat er am längsten gelebt –
Den Zipfel ein eiserner Zacken.
Schon trübet der Mond sich verschwindenden Scheins,
Die Glocke, sie donnert ein mächtiges Eins,
Und unten zerschellt das Gerippe.

Friedrich Schiller

(1759-1805)

Das verschleierte Bild zu Sais

[Erstdruck 1795]

Ein Jüngling, den des Wissens heißer Durst
Nach Sais in Ägypten trieb, der Priester
Geheime Weisheit zu erlernen, hatte
Schon manchen Grad mit schnellem Geist durcheilt,
Stets riss ihn seine Forschbegierde weiter,
Und kaum besänftigte der Hierophant
Den ungeduldig Strebenden. »Was hab ich,
Wenn ich nicht alles habe?« sprach der Jüngling.
»Gibt's etwa hier ein Weniger und Mehr?
Ist deine Wahrheit wie der Sinne Glück
Nur eine Summe, die man größer, kleiner
Besitzen kann und immer doch besitzt?
Ist sie nicht eine einzge, ungeteilte?
Nimm einen Ton aus einer Harmonie,
Nimm eine Farbe aus dem Regenbogen,
Und alles, was dir bleibt, ist nichts, solang
Das schöne All der Töne fehlt und Farben.«

Indem sie einst so sprachen, standen sie
In einer einsamen Rotunde still,
Wo ein verschleiert Bild von Riesengröße
Dem Jüngling in die Augen fiel. Verwundert
Blickt er den Führer an und spricht: »Was ist's,
Das hinter diesem Schleier sich verbirgt?«
»Die Wahrheit«, ist die Antwort. – »Wie?« ruft jener,
»Nach Wahrheit streb ich ja allein, und diese
Gerade ist es, die man mir verhüllt?«

»Das mache mit der Gottheit aus«, versetzt
Der Hierophant. »Kein Sterblicher, sagt sie,
Rückt diesen Schleier, bis ich selbst ihn hebe.

Und wer mit ungeweihter, schuldger Hand
Den heiligen, verbotnen früher hebt,
Der, spricht die Gottheit –« –
»Nun?« – »Der *sieht* die Wahrheit.«

»Ein seltsamer Orakelspruch! Du selbst,
Du hättest also niemals ihn gehoben?«
»Ich? Wahrlich nicht! Und war auch nie dazu
Versucht.« – »Das fass ich nicht. Wenn von der Wahrheit
Nur diese dünne Scheidewand mich trennte –«
»Und ein Gesetz«, fällt ihm sein Führer ein.
»Gewichtiger, mein Sohn, als du es meinst,
Ist dieser dünne Flor – für deine Hand
Zwar leicht, doch zentnerschwer für dein Gewissen.«

Der Jüngling ging gedankenvoll nach Hause.
Ihm raubt des Wissens brennende Begier
Den Schlaf, er wälzt sich glühend auf dem Lager
Und rafft sich auf um Mitternacht. Zum Tempel
Führt unfreiwillig ihn der scheue Tritt.
Leicht ward es ihm, die Mauer zu ersteigen,
Und mitten in das Innre der Rotunde
Trägt ein beherzter Sprung den Wagenden.

Hier steht er nun, und grauenvoll umfängt
Den Einsamen die lebenslose Stille,
Die nur der Tritte hohler Widerhall
In den geheimen Grüften unterbricht.
Von oben durch der Kuppel Öffnung wirft
Der Mond den bleichen, silberblauen Schein,
Und furchtbar wie ein gegenwärtger Gott
Erglänzt durch des Gewölbes Finsternisse
In ihrem langen Schleier die Gestalt.

Er tritt hinan mit ungewissem Schritt,
Schon will die freche Hand das Heilige berühren,
Da zuckt es heiß und kühl durch sein Gebein
Und stößt ihn weg mit unsichtbarem Arme.
Unglücklicher, was willst du tun? So ruft

In seinem Innern eine treue Stimme.
Versuchen den Allheiligen willst du?
Kein Sterblicher, sprach des Orakels Mund,
Rückt diesen Schleier, bis ich selbst ihn hebe.
Doch setzte nicht derselbe Mund hinzu:
Wer diesen Schleier hebt, soll Wahrheit schauen?
»Sei hinter ihm, was will! Ich heb ihn auf.«
(Er ruft's mit lauter Stimm.) »Ich will sie schauen.« Schauen!
Gellt ihm ein langes Echo spottend nach.

Er spricht's und hat den Schleier aufgedeckt.
Nun, fragt ihr, und was zeigte sich ihm hier?
Ich weiß es nicht. Besinnungslos und bleich,
So fanden ihn am andern Tag die Priester
Am Fußgestell der Isis ausgestreckt.
Was er allda gesehen und erfahren,
Hat seine Zunge nie bekannt. Auf ewig
War seines Lebens Heiterkeit dahin,
Ihn riss ein tiefer Gram zum frühen Grabe.
»Weh dem«, dies war sein warnungsvolles Wort,
Wenn ungestüme Frager in ihn drangen,
»Weh dem, der zu der Wahrheit geht durch Schuld,
Sie wird ihm nimmermehr erfreulich sein.«

Pegasus im Joche

[Enstanden 1795]

Auf einen Pferdemarkt – vielleicht zu Haymarket,
Wo andre Dinge noch in Ware sich verwandeln,
Bracht einst ein hungriger Poet
Der Musen Ross, es zu verhandeln.

Hell wieherte der Hippogryph
Und bäumte sich in prächtiger Parade;
Erstaunt blieb jeder stehn und rief:
»Das edle, königliche Tier! Nur schade,
Dass seinen schlanken Wuchs ein hässlich Flügelpaar
Entstellt! Den schönsten Postzug würd es zieren.

Die Rasse, sagen sie, sei rar,
Doch wer wird durch die Luft kutschieren?

Und keiner will sein Geld verlieren.«
Ein Pächter endlich fasste Mut.
»Die Flügel zwar«, spricht er, »die schaffen keinen Nutzen,
Doch die kann man ja binden oder stutzen,
Dann ist das Pferd zum Ziehen immer gut.
Ein zwanzig Pfund, die will ich wohl dran wagen.«
Der Täuscher, hochvergnügt, die Ware loszuschlagen,
Schlägt hurtig ein. »Ein Mann, ein Wort!«
Und Hans trabt frisch mit seiner Beute fort.

Das edle Tier wird eingespannt.
Doch fühlt es kaum die ungewohnte Bürde,
So rennt es fort mit wilder Flugbegierde
Und wirft, von edelm Grimm entbrannt,
Den Karren um an eines Abgrunds Rand.
»Schon gut«, denkt Hans. »Allein darf ich dem tollen Tiere
Kein Fuhrwerk mehr vertraun. Erfahrung macht schon klug.
Doch morgen fahr ich Passagiere,
Da stell ich es als Vorspann in den Zug.
Die muntre Krabbe soll zwei Pferde mir ersparen,
Der Koller gibt sich mit den Jahren.«

Der Anfang ging ganz gut. Das leichtbeschwingte Pferd
Belebt der Klepper Schritt, und pfeilschnell fliegt der Wagen.
Doch was geschieht? Den Blick den Wolken zugekehrt,
Und ungewohnt, den Grund mit festem Huf zu schlagen,
Verlässt es bald der Räder sichre Spur,
Und treu der stärkeren Natur,
Durchrennt es Sumpf und Moor, geackert Feld und Hecken;
Der gleiche Taumel fasst das ganze Postgespann,
Kein Rufen hilft, kein Zügel hält es an,
Bis endlich, zu der Wandrer Schrecken,
Der Wagen, wohlgerüttelt und zerschellt,
Auf eines Berges steilem Gipfel hält.

»Das geht nicht zu mit rechten Dingen«,

Spricht Hans mit sehr bedenklichem Gesicht.
»So wird es nimmermehr gelingen;
Lass sehn, ob wir den Tollwurm nicht
Durch magre Kost und Arbeit zwingen.«
Die Probe wird gemacht. Bald ist das schöne Tier,
Eh noch drei Tage hingeschwunden,
Zum Schatten abgezehrt. »Ich hab's, ich hab's gefunden!«
Ruft Hans. »Jetzt frisch, und spannt es mir
Gleich vor den Pflug mit meinem stärksten Stier.«

Gesagt, getan. In lächerlichem Zuge
Erblickt man Ochs und Flügelpferd am Pfluge.
Unwillig steigt der Greif und strengt die letzte Macht
Der Sehnen an, den alten Flug zu nehmen.
Umsonst, der Nachbar schreitet mit Bedacht,
Und Phöbus' stolzes Ross muss sich dem Stier bequemen,
Bis nun, vom langen Widerstand verzehrt,
Die Kraft aus allen Gliedern schwindet,
Von Gram gebeugt das edle Götterpferd
Zu Boden stürzt und sich im Staube windet.

»Verwünschtes Tier!« bricht endlich Hansens Grimm
Laut scheltend aus, indem die Hiebe flogen.
»So bist du denn zum Ackern selbst zu schlimm?
Mich hat ein Schelm mit dir betrogen.«

Indem er noch in seines Zornes Wut
Die Peitsche schwingt, kommt flink und wohlgemut
Ein lustiger Gesell die Straße hergezogen.
Die Zither klingt in seiner leichten Hand,
Und durch den blonden Schmuck der Haare
Schlingt zierlich sich ein goldnes Band.
»Wohin, Freund, mit dem wunderlichen Paare?«
Ruft er den Baur von weitem an.
»Der Vogel und der Ochs an *einem* Seile,
Ich bitte dich, welch ein Gespann!
Willst du auf eine kleine Weile
Dein Pferd zur Probe mir vertraun,

Gib acht, du sollst dein Wunder schaun!«

Der Hippogryph wird ausgespannt,
Und lächelnd schwingt sich ihm der Jüngling auf den Rücken.
Kaum fühlt das Tier des Meisters sichre Hand,
So knirscht es in des Zügels Band
Und steigt, und Blitze sprühn aus den beseelten Blicken,
Nicht mehr das vorge Wesen, königlich,
Ein Geist, ein Gott, erhebt es sich,
Entrollt mit einemmal in Sturmes Wehen
Der Schwingen Pracht, schießt brausend himmelan,
Und eh der Blick ihm folgen kann,
Entschwebt es zu den blauen Höhen.

Die Teilung der Erde

[Enstanden 1795]

»Nehmt hin die Welt!« rief Zeus von seinen Höhen
Den Menschen zu. »Nehmt, sie soll euer sein!
Euch schenk ich sie zum Erb und ewgen Lehen,
Doch teilt euch brüderlich darein.«

Da eilt, was Hände hat, sich einzurichten,
Es regte sich geschäftig jung und alt.
Der Ackermann griff nach des Feldes Früchten,
Der Junker pirschte durch den Wald.

Der Kaufmann nimmt, was seine Speicher fassen,
Der Abt wählt sich den edeln Firnewein,
Der König sperrt die Brücken und die Straßen
Und sprach: »Der Zehente ist mein.«

Ganz spät, nachdem die Teilung längst geschehen,
Naht der Poet, er kam aus weiter Fern;
Ach! da war überall nichts mehr zu sehen,
Und alles hatte seinen Herrn!

»Weh mir! so soll ich denn allein von allen
Vergessen sein, ich, dein getreuster Sohn?«
So ließ er laut der Klage Ruf erschallen

Und warf sich hin vor Jovis Thron.

»Wenn du im Land der Träume dich verweilet«,
Versetzt der Gott, »so hadre nicht mit mir.
Wo warst du denn, als man die Welt geteilet?«-
»Ich war«, sprach der Poet, »bei dir.

Mein Auge hing an deinem Angesichte,
An deines Himmels Harmonie mein Ohr-
Verzeih dem Geiste, der, von deinem Lichte
Berauscht, das Irdische verlor!«

»Was tun?« spricht Zeus. »Die Welt ist weggegeben,
Der Herbst, die Jagd, der Markt ist nicht mehr mein.
Willst du in meinem Himmel mit mir leben:
So oft du kommst, er soll dir offen sein.«

Der Gang nach dem Eisenhammer

[Erstdruck 1797]

Ein frommer Knecht war Fridolin
Und in der Furcht des Herrn
Ergeben der Gebieterin,
Der Gräfin von Savern.
Sie war so sanft, sie war so gut,
Doch auch der Launen Übermut
Hätt er geeifert zu erfüllen,
Mit Freudigkeit, um Gottes willen.

Früh von des Tages erstem Schein,
Bis spät die Vesper schlug,
Lebt' er nur ihrem Dienst allein,
Tat nimmer sich genug.
Und sprach die Dame: »Mach dir's leicht!«
Da wurd ihm gleich das Auge feucht,
Und meinte seiner Pflicht zu fehlen,
Durft er sich nicht im Dienste quälen.

Drum vor dem ganzen Dienertross
Die Gräfin ihn erhob,

Aus ihrem schönen Munde floss
Sein unerschöpftes Lob.
Sie hielt ihn nicht als ihren Knecht,
Es gab sein Herz ihm Kindesrecht,
Ihr klares Auge mit Vergnügen
Hing an den wohlgestalten Zügen.

Darob entbrennt in Roberts Brust,
Des Jägers, giftger Groll,
Dem längst von böser Schadenlust
Die schwarze Seele schwoll.
Und trat zum Grafen, rasch zur Tat
Und offen des Verführers Rat,
Als einst vom Jagen heim sie kamen,
Streut' ihm ins Herz des Argwohns Samen.

»Wie seid Ihr glücklich, edler Graf«,
Hub er voll Arglist an,
»Euch raubet nicht den goldnen Schlaf
Des Zweifels giftger Zahn.
Denn Ihr besitzt ein edles Weib,
Es gürtet Scham den keuschen Leib,
Die fromme Treue zu berücken,
Wird nimmer dem Versucher glücken.«

Da rollt der Graf die finstern Brau'n:
»Was redst du mir, Gesell?
Werd ich auf Weibestugend baun,
Beweglich wie die Well?
Leicht locket sie des Schmeichlers Mund,
Mein Glaube steht auf festerm Grund,
Vom Weib des Grafen von Saverne
Bleibt, hoff ich, der Versucher ferne.«

Der andre spricht: »So denkt Ihr recht.
Nur Euren Spott verdient
Der Tor, der, ein geborner Knecht,
Ein solches sich erkühnt
Und zu der Frau, die ihm gebeut,

Erhebt der Wünsche Lüsternheit.« –
»Was?« fällt ihm jener ein und bebet,
»Redst du von einem, der da lebet?«

»Ja doch, was aller Mund erfüllt,
Das bärg sich meinem Herrn?
Doch, weil Ihrs denn mit Fleiß verhüllt,
So unterdrück ichs gern.« –
»Du bist des Todes, Bube, sprich!«
Ruft jener streng und fürchterlich.
»Wer hebt das Aug zu Kunigonden?«
»Nun ja, ich spreche von dem Blonden.

Er ist nicht hässlich von Gestalt«,
Fährt er mit Arglist fort,
Indem's den Grafen heiß und kalt
Durchrieselt bei dem Wort.
»Ist's möglich, Herr? Ihr saht es nie,
Wie er nur Augen hat für sie?
Bei Tafel Eurer selbst nicht achtet,
An ihren Stuhl gefesselt schmachtet?

Seht da die Verse, die er schrieb
Und seine Glut gesteht –«
»Gesteht!« – »Und sie um Gegenlieb,
Der freche Bube! fleht.
Die gnädge Gräfin, sanft und weich,
Aus Mitleid wohl verbarg sie's Euch,
Mich reuet jetzt, dass mir's entfahren,
Denn, Herr, was habt Ihr zu befahren?«

Da ritt in seines Zornes Wut
Der Graf ins nahe Holz,
Wo ihm in hoher Öfen Glut
Die Eisenstufe schmolz.
Hier nährten früh und spat den Brand
Die Knechte mit geschäftger Hand,
Der Funke sprüht, die Bälge blasen,
Als gält es, Felsen zu verglasen.

Des Wassers und des Feuers Kraft
Verbündet sieht man hier,
Das Mühlrad, von der Flut gerafft,
Umwälzt sich für und für.
Die Werke klappern Nacht und Tag,
Im Takte pocht der Hämmer Schlag,
Und bildsam von den mächtgen Streichen
Muss selbst das Eisen sich erweichen.

Und zweien Knechten winket er,
Bedeutet sie und sagt:
»Den ersten, den ich sende her,
Und der euch also fragt:
›Habt ihr befolgt des Herren Wort?‹
Den werft mir in die Hölle dort,
Dass er zu Asche gleich vergehe
Und ihn mein Aug nicht weiter sehe«.

Des freut sich das entmenschte Paar
Mit roher Henkerslust,
Denn fühllos wie das Eisen war
Das Herz in ihrer Brust.
Und frischer mit der Bälge Hauch
Erhitzen sie des Ofens Bauch
Und schicken sich mit Mordverlangen,
Das Todesopfer zu empfangen.

Drauf Robert zum Gesellen spricht
Mit falschem Heuchelschein:
»Frisch auf, Gesell, und säume nicht,
Der Herr begehret dein.«
Der Herr, der spricht zu Fridolin:
»Musst gleich zum Eisenhammer hin,
Und frage mir die Knechte dorten,
Ob sie getan nach meinen Worten.«

Und jener spricht: »Es soll geschehn«,
Und macht sich flugs bereit.
Doch sinnend bleibt er plötzlich stehn:

»Ob *sie* mir nichts gebeut?«
Und vor die Gräfin stellt er sich:
»Hinaus zum Hammer schickt man mich,
So sag, was kann ich dir verrichten?
Denn dir gehören meine Pflichten.«

Darauf die Dame von Savern
Versetzt mit sanftem Ton:
»Die heilge Messe hört ich gern,
Doch liegt mir krank der Sohn.
So gehe denn, mein Kind, und sprich
In Andacht ein Gebet für mich,
Und denkst du reuig deiner Sünden,
So lass auch mich die Gnade finden.«

Und froh der vielwillkommnen Pflicht
Macht er im Flug sich auf,
Hat noch des Dorfes Ende nicht
Erreicht im schnellen Lauf,
Da tönt ihm von dem Glockenstrang
Hellschlagend des Geläutes Klang,
Das alle Sünder, hochbegnadet,
Zum Sakramente festlich ladet.

»Dem lieben Gotte weich nicht aus,
Findst du ihn auf dem Weg!« –
Er sprichts und tritt ins Gotteshaus,
Kein Laut ist hier noch reg.
Denn um die Ernte wars, und heiß
Im Felde glüht' der Schnitter Fleiß,
Kein Chorgehilfe war erschienen,
Die Messe kundig zu bedienen.

Entschlossen ist er alsobald
Und macht den Sakristan.
»Das«, spricht er, »ist kein Aufenthalt,
Was fördert himmelan.«
Die Stola und das Zingulum
Hängt er dem Priester dienend um,

Bereitet hurtig die Gefäße,
Geheiliget zum Dienst der Messe.

Und als er dies mit Fleiß getan,
Tritt er als Ministrant
Dem Priester zum Altar voran,
Das Messbuch in der Hand,
Und knieet rechts und knieet links
Und ist gewärtig jedes Winks,
Und als des *Sanktus* Worte kamen,
Da schellt er dreimal bei dem Namen.

Drauf als der Priester fromm sich neigt
Und, zum Altar gewandt,
Den Gott, den gegenwärtgen, zeigt
In hocherhabner Hand,
Da kündet es der Sakristan
Mit hellem Glöcklein klingend an,
Und alles kniet und schlägt die Brüste,
Sich fromm bekreuzend vor dem Christe.

So übt er jedes pünktlich aus
Mit schnell gewandtem Sinn,
Was Brauch ist in dem Gotteshaus,
Er hat es alles inn,
Und wird nicht müde bis zum Schluss,
Bis beim Vobiscum Dominus
Der Priester zur Gemeind' sich wendet,
Die heilge Handlung segnend endet.

Da stellt er jedes wiederum
In Ordnung säuberlich,
Erst reinigt er das Heiligtum,
Und dann entfernt er sich
Und eilt in des Gewissens Ruh
Den Eisenhütten heiter zu,
Spricht unterwegs, die Zahl zu füllen,
Zwölf Paternoster noch im stillen.

Und als er rauchen sieht den Schlot

Und sieht die Knechte stehn,
Da ruft er: »Was der Graf gebot,
Ihr Knechte, ist's geschehn?«
Und grinzend zerren sie den Mund
Und deuten in des Ofens Schlund:
»Der ist besorgt und aufgehoben,
Der Graf wird seine Diener loben.«

Die Antwort bringt er seinem Herrn
In schnellem Lauf zurück.
Als der ihn kommen sieht von fern,
Kaum traut er seinem Blick.
»Unglücklicher! wo kommst du her?«
»Vom Eisenhammer.« – »Nimmermehr!
So hast du dich im Lauf verspätet?«
»Herr, nur so lang, bis ich gebetet.

Denn als von Eurem Angesicht
Ich heute ging, verzeiht,
Da fragt ich erst, nach meiner Pflicht,
Bei der, die mir gebeut.
Die Messe, Herr, befahl sie mir
Zu hören, gern gehorcht ich ihr
Und sprach der Rosenkränze viere
Für Euer Heil und für das ihre.«

In tiefes Staunen sinket hier
Der Graf, entsetzet sich:
»Und welche Antwort wurde dir
Am Eisenhammer? Sprich!«
»Herr, dunkel war der Rede Sinn,
Zum Ofen wies man lachend hin:
›Der ist besorgt und aufgehoben,
Der Graf wird seine Diener loben.‹«

»Und Robert?« fällt der Graf ihm ein,
Es überläuft ihn kalt,
»Sollt er dir nicht begegnet sein?
Ich sandt ihn doch zum Wald.«

»Herr, nicht im Wald, nicht in der Flur
Fand ich von Robert eine Spur.« –
»Nun«, ruft der Graf und steht vernichtet,
»Gott selbst im Himmel hat gerichtet!«

Und gütig, wie er nie gepflegt,
Nimmt er des Dieners Hand,
Bringt ihn der Gattin, tiefbewegt,
Die nichts davon verstand.
»Dies Kind, kein Engel ist so rein,
Lasst's Eurer Huld empfohlen sein,
Wie schlimm wir auch beraten waren,
Mit dem ist Gott und seine Scharen.«

Der Handschuh

[Erstdruck 1797]

Vor seinem Löwengarten,
Das Kampfspiel zu erwarten,
Saß König Franz,
Und um ihn die Großen der Krone,
Und rings auf hohem Balkone
Die Damen in schönem Kranz.

Und wie er winkt mit dem Finger,
Auf tut sich der weite Zwinger,
Und hinein mit bedächtigem Schritt
Ein Löwe tritt,
Und sieht sich stumm
Rings um,
Mit langem Gähnen,
Und schüttelt die Mähnen,
Und streckt die Glieder,
Und legt sich nieder.

Und der König winkt wieder,
Da öffnet sich behänd
Ein zweites Tor,
Daraus rennt

Mit wildem Sprunge
Ein Tiger hervor.
Wie der den Löwen erschaut,
Brüllt er laut,
Schlägt mit dem Schweif
Einen furchtbaren Reif,
Und recket die Zunge,
Und im Kreise scheu
Umgeht er den Leu
Grimmig schnurrend;
Drauf streckt er sich murrend
Zur Seite nieder.
Und der König winkt wieder,
Da speit das doppelt geöffnete Haus
Zwei Leoparden auf einmal aus,
Die stürzen mit mutiger Kampfbegier
Auf das Tigertier,
Das packt sie mit seinen grimmigen Tatzen,
Und der Leu mit Gebrüll
Richtet sich auf, da wird's still,
Und herum im Kreis,
Von Mordsucht heiß,
Lagern die gräulichen Katzen.

Da fällt von des Altans Rand
Ein Handschuh von schöner Hand
Zwischen den Tiger und den Leun
Mitten hinein.

Und zu Ritter Delorges spottenderweis
Wendet sich Fräulein Kunigund:
»Herr Ritter, ist Eure Lieb so heiß,
Wie Ihr mir's schwört zu jeder Stund,
Ei, so hebt mir den Handschuh auf.«

Und der Ritter in schnellem Lauf
Steigt hinab in den furchtbarn Zwinger
Mit festem Schritte,

Und aus der Ungeheuer Mitte
Nimmt er den Handschuh mit keckem Finger.

Und mit Erstaunen und mit Grauen
Sehens die Ritter und Edelfrauen,
Und gelassen bringt er den Handschuh zurück.
Da schallt ihm sein Lob aus jedem Munde,
Aber mit zärtlichem Liebesblick –
Er verheißt ihm sein nahes Glück –
Empfängt ihn Fräulein Kunigunde.
Und er wirft ihr den Handschuh ins Gesicht:
»Den Dank, Dame, begehr ich nicht«,
Und verlässt sie zur selben Stunde.

Der Ring des Polykrates

[Erstdruck 1797]

Er stand auf seines Daches Zinnen,
Er schaute mit vergnügten Sinnen
Auf das beherrschte Samos hin.
»Dies alles ist mir untertänig«,
Begann er zu Ägyptens König,
»Gestehe, dass ich glücklich bin.«

»Du hast der Götter Gunst erfahren!
Die vormals deinesgleichen waren,
Sie zwingt jetzt deines Szepters Macht.
Doch einer lebt noch, sie zu rächen,
Dich kann mein Mund nicht glücklich sprechen,
Solang des Feindes Auge wacht.«

Und eh der König noch geendet,
Da stellt sich, von Milet gesendet,
Ein Bote dem Tyrannen dar:
»Lass, Herr! des Opfers Düfte steigen
Und mit des Lorbeers muntern Zweigen
Bekränze dir dein festlich Haar.

Getroffen sank dein Feind vom Speere,

Mich sendet mit der frohen Märe
Dein treuer Feldherr Polydor –«
Und nimmt aus einem schwarzen Becken,
Noch blutig, zu der beiden Schrecken,
Ein wohlbekanntes Haupt hervor.

Der König tritt zurück mit Grauen:
»Doch warn ich dich, dem Glück zu trauen«,
Versetzt er mit besorgtem Blick.
»Bedenk, auf ungetreuen Wellen,
Wie leicht kann sie der Sturm zerschellen,
Schwimmt deiner Flotte zweifelnd Glück.«

Und eh er noch das Wort gesprochen,
Hat ihn der Jubel unterbrochen,
Der von der Reede jauchzend schallt.
Mit fremden Schätzen reich beladen,
Kehrt zu den heimischen Gestaden
Der Schiffe mastenreicher Wald.

Der königliche Gast erstaunet:
»Dein Glück ist heute gut gelaunet,
Doch fürchte seinen Unbestand.
Der Kreter waffenkundge Scharen
Bedräuen dich mit Kriegsgefahren,
Schon nahe sind sie diesem Strand.«

Und eh ihm noch das Wort entfallen,
Da sieht man's von den Schiffen wallen,
Und tausend Stimmen rufen: »Sieg!
Von Feindesnot sind wir befreiet,
Die Kreter hat der Sturm zerstreuet,
Vorbei, geendet ist der Krieg.«

Das hört der Gastfreund mit Entsetzen:
»Fürwahr, ich muss dich glücklich schätzen,
Doch«, spricht er, »zittr ich für dein Heil.
Mir grauet vor der Götter Neide,
Des Lebens ungemischte Freude
Ward keinem Irdischen zuteil.

Auch mir ist alles wohlgeraten,
Bei allen meinen Herrschertaten
Begleitet mich des Himmels Huld,
Doch hatt ich einen teuren Erben,
Den nahm mir Gott, ich sah ihn sterben,
Dem Glück bezahlt' ich meine Schuld.

Drum, willst du dich vor Leid bewahren,
So flehe zu den Unsichtbaren,
Dass sie zum Glück den Schmerz verleihn.
Noch keinen sah ich fröhlich enden,
Auf den mit immer vollen Händen
Die Götter ihre Gaben streun.

Und wenn's die Götter nicht gewähren,
So acht auf eines Freundes Lehren
Und rufe selbst das Unglück her,
Und was von allen deinen Schätzen
Dein Herz am höchsten mag ergötzen,
Das nimm und wirf's in dieses Meer.«

Und jener spricht, von Furcht beweget:
»Von allem, was die Insel heget,
Ist dieser Ring mein höchstes Gut.
Ihn will ich den Erinnyen weihen,
Ob sie mein Glück mir dann verzeihen.«
Und wirft das Kleinod in die Flut.

Und bei des nächsten Morgens Lichte,
Da tritt mit fröhlichem Gesichte
Ein Fischer vor den Fürsten hin:
»Herr, diesen Fisch hab ich gefangen,
Wie keiner noch ins Netz gegangen,
Dir zum Geschenke bring ich ihn.«

Und als der Koch den Fisch zerteilet,
Kommt er bestürzt herbeigeeilet
Und ruft mit hocherstauntem Blick:
»Sieh, Herr, den Ring, den du getragen,
Ihn fand ich in des Fisches Magen,

O, ohne Grenzen ist dein Glück!«

Hier wendet sich der Gast mit Grausen:
»So kann ich hier nicht ferner hausen,
Mein Freund kannst du nicht weiter sein.
Die Götter wollen dein Verderben,
Fort eil ich, nicht mit dir zu sterben.«
Und sprach's und schiffte schnell sich ein.

Der Taucher

[Erstdruck 1797]

»Wer wagt es, Rittersmann oder Knapp,
Zu tauchen in diesen Schlund?
Einen goldnen Becher werf ich hinab,
Verschlungen schon hat ihn der schwarze Mund.
Wer mir den Becher kann wieder zeigen,
Er mag ihn behalten, er ist sein eigen.«

Der König spricht es und wirft von der Höh
Der Klippe, die schroff und steil
Hinaushängt in die unendliche See,
Den Becher in der Charybde Geheul.
»Wer ist der Beherzte, ich frage wieder,
Zu tauchen in diese Tiefe nieder?«

Und die Ritter, die Knappen um ihn her
Vernehmens und schweigen still,
Sehen hinab in das wilde Meer,
Und keiner den Becher gewinnen will.
Und der König zum dritten Mal wieder fraget:
»Ist keiner, der sich hinunterwaget?«

Doch alles noch stumm bleibt wie zuvor,
Und ein Edelknecht, sanft und keck,
Tritt aus der Knappen zagendem Chor,
Und den Gürtel wirft er, den Mantel weg,
Und alle die Männer umher und Frauen
Auf den herrlichen Jüngling verwundert schauen.

Und wie er tritt an des Felsens Hang
Und blickt in den Schlund hinab,
Die Wasser, die sie hinunterschlang,
Die Charybde jetzt brüllend wiedergab,
Und wie mit des fernen Donners Getose
Entstürzen sie schäumend dem finstern Schoße.

Und es wallet und siedet und brauset und zischt,
Wie wenn Wasser mit Feuer sich mengt,
Bis zum Himmel spritzet der dampfende Gischt,
Und Flut auf Flut sich ohn Ende drängt,
Und will sich nimmer erschöpfen und leeren,
Als wollte das Meer noch ein Meer gebären.

Doch endlich, da legt sich die wilde Gewalt,
Und schwarz aus dem weißen Schaum
Klafft hinunter ein gähnender Spalt,
Grundlos, als ging's in den Höllenraum,
Und reißend sieht man die brandenden Wogen
Hinab in den strudelnden Trichter gezogen.

Jetzt schnell, eh die Brandung wiederkehrt,
Der Jüngling sich Gott befiehlt,
Und – ein Schrei des Entsetzens wird rings gehört,
Und schon hat ihn der Wirbel hinweggespült,
Und geheimnisvoll über dem kühnen Schwimmer
Schließt sich der Rachen, er zeigt sich nimmer.

Und stille wird's über dem Wasserschlund,
In der Tiefe nur brauset es hohl,
Und bebend hört man von Mund zu Mund:
»Hochherziger Jüngling, fahre wohl!«
Und hohler und hohler hört man's heulen,
Und es harrt noch mit bangem, mit schrecklichem Weilen.

Und wärfst du die Krone selber hinein
Und sprächst: Wer mir bringet die Kron,
Er soll sie tragen und König sein,
Mich gelüstete nicht nach dem teuren Lohn.
Was die heulende Tiefe da unten verhehle,

Das erzählt keine lebende glückliche Seele.

Wohl manches Fahrzeug, vom Strudel gefasst,
Schoss jäh in die Tiefe hinab,
Doch zerschmettert nur rangen sich Kiel und Mast
Hervor aus dem alles verschlingenden Grab. –
Und heller und heller wie Sturmes Sausen
Hört man's näher und immer näher brausen.

Und es wallet und siedet und brauset und zischt,
Wie wenn Wasser mit Feuer sich mengt,
Bis zum Himmel spritzet der dampfende Gischt,
Und Well auf Well sich ohn Ende drängt,
Und wie mit des fernen Donners Getose
Entstürzt es brüllend dem finstern Schoße.

Und sieh! aus dem finster flutenden Schoß
Da hebet sich's schwanenweiß,
Und ein Arm und ein glänzender Nacken wird bloß,
Und es rudert mit Kraft und mit emsigem Fleiß,
Und er ist's, und hoch in seiner Linken
Schwingt er den Becher mit freudigem Winken.

Und atmete lang und atmete tief
Und begrüßte das himmlische Licht.
Mit Frohlocken es einer dem andern rief:
»Er lebt! Er ist da! Es behielt ihn nicht.
Aus dem Grab, aus der strudelnden Wasserhöhle
Hat der Brave gerettet die lebende Seele.«

Und er kommt, es umringt ihn die jubelnde Schar,
Zu des Königs Füßen er sinkt,
Den Becher reicht er ihm kniend dar,
Und der König der lieblichen Tochter winkt,
Die füllt ihn mit funkelndem Wein bis zum Rande,
Und der Jüngling sich also zum König wandte:

»Lang lebe der König! Es freue sich,
Wer da atmet im rosigen Licht!
Da unten aber ist's fürchterlich,
Und der Mensch versuche die Götter nicht

Und begehre nimmer und nimmer zu schauen,
Was sie gnädig bedecken mit Nacht und Grauen.

Es riss mich hinunter blitzesschnell,
Da stürzt' mir aus felsigem Schacht
Wildflutend entgegen ein reißender Quell,
Mich packte des Doppelstroms wütende Macht,
Und wie einen Kreisel mit schwindelndem Drehen
Trieb mich's um, ich konnte nicht widerstehen.

Da zeigte mir Gott, zu dem ich rief
In der höchsten schrecklichen Not,
Aus der Tiefe ragend ein Felsenriff,
Das erfasst' ich behänd und entrann dem Tod,
Und da hing auch der Becher an spitzen Korallen,
Sonst wär er ins Bodenlose gefallen.

Denn unter mir lag's noch, bergetief,
In purpurner Finsternis da,
Und ob's hier dem Ohre gleich ewig schlief,
Das Auge mit Schaudern hinuntersah,
Wie's von Salamandern und Molchen und Drachen
Sich regt' in dem furchtbaren Höllenrachen.

Schwarz wimmelten da, in grausem Gemisch,
Zu scheußlichen Klumpen geballt,
Der stachlige Roche, der Klippenfisch,
Des Hammers gräuliche Ungestalt,
Und dräuend wies mir die grimmigen Zähne
Der entsetzliche Hai, des Meeres Hyäne.

Und da hing ich und war's mir mit Grausen bewusst,
Von der menschlichen Hilfe so weit,
Unter Larven die einzige fühlende Brust,
Allein in der grässlichen Einsamkeit,
Tief unter dem Schall der menschlichen Rede
Bei den Ungeheuern der traurigen Öde.

Und schaudernd dacht ich's, da kroch's heran,
Regte hundert Gelenke zugleich,
Will schnappen nach mir; in des Schreckens Wahn

Lass ich los der Koralle umklammerten Zweig,
Gleich fasst mich der Strudel mit rasendem Toben,
Doch es war mir zum Heil, er riss mich nach oben.«

Der König darob sich verwundert schier
Und spricht: »Der Becher ist dein,
Und diesen Ring noch bestimm ich dir,
Geschmückt mit dem köstlichsten Edelgestein,
Versuchst du's noch einmal und bringst mir Kunde,
Was du sahst auf des Meeres tiefunterstem Grunde.«

Das hörte die Tochter mit weichem Gefühl,
Und mit schmeichelndem Munde sie fleht:
»Lasst, Vater, genug sein das grausame Spiel,
Er hat Euch bestanden, was keiner besteht,
Und könnt Ihr des Herzens Gelüsten nicht zähmen,
So mögen die Ritter den Knappen beschämen.«

Drauf der König greift nach dem Becher schnell,
In den Strudel ihn schleudert hinein:
»Und schaffst du den Becher mir wieder zur Stell,
So sollst du der trefflichste Ritter mir sein
Und sollst sie als Ehgemahl heut noch umarmen,
Die jetzt für dich bittet mit zartem Erbarmen.«

Da ergreift's ihm die Seele mit Himmelsgewalt,
Und es blitzt aus den Augen ihm kühn,
Und er siehet erröten die schöne Gestalt
Und sieht sie erbleichen und sinken hin,
Da treibt's ihn, den köstlichen Preis zu erwerben,
Und stürzt hinunter auf Leben und Sterben.

Wohl hört man die Brandung, wohl kehrt sie zurück,
Sie verkündigt der donnernde Schall,
Da bückt sich's hinunter mit liebendem Blick,
Es kommen, es kommen die Wasser all,
Sie rauschen herauf, sie rauschen nieder,
Den Jüngling bringt keines wieder.

Die Kraniche des Ibykus

[Erstdruck 1797]

Zum Kampf der Wagen und Gesänge,
Der auf Korinthus' Landesenge
Der Griechen Stämme froh vereint,
Zog Ibykus, der Götterfreund.
Ihm schenkte des Gesanges Gabe,
Der Lieder süßen Mund Apoll,
So wandert' er, an leichtem Stabe,
Aus Rhegium, des Gottes voll.

Schon winkt auf hohem Bergesrücken
Akrokorinth des Wandrers Blicken,
Und in Poseidons Fichtenhain
Tritt er mit frommem Schauder ein.
Nichts regt sich um ihn her, nur Schwärme
Von Kranichen begleiten ihn,
Die fernhin nach des Südens Wärme
In graulichtem Geschwader ziehn.

»Seid mir gegrüßt, befreundte Scharen!
Die mir zur See Begleiter waren,
Zum guten Zeichen nehm ich euch,
Mein Los, es ist dem euren gleich.
Von fernher kommen wir gezogen
Und flehen um ein wirtlich Dach.
Sei uns der Gastliche gewogen,
Der von dem Fremdling wehrt die Schmach!«

Und munter fördert er die Schritte
Und sieht sich in des Waldes Mitte,
Da sperren, auf gedrangem Steg,
Zwei Mörder plötzlich seinen Weg.
Zum Kampfe muss er sich bereiten,
Doch bald ermattet sinkt die Hand,
Sie hat der Leier zarte Saiten,
Doch nie des Bogens Kraft gespannt.

Er ruft die Menschen an, die Götter,

Sein Flehen dringt zu keinem Retter,
Wie weit er auch die Stimme schickt,
Nichts Lebendes wird hier erblickt.
»So muss ich hier verlassen sterben,
Auf fremdem Boden, unbeweint,
Durch böser Buben Hand verderben,
Wo auch kein Rächer mir erscheint!«

Und schwer getroffen sinkt er nieder,
Da rauscht der Kraniche Gefieder,
Er hört, schon kann er nicht mehr sehn,
Die nahen Stimmen furchtbar krähn.
»Von euch, ihr Kraniche dort oben!
Wenn keine andre Stimme spricht,
Sei meines Mordes Klag erhoben!«
Er ruft es, und sein Auge bricht.

Der nackte Leichnam wird gefunden,
Und bald, obgleich entstellt von Wunden,
Erkennt der Gastfreund in Korinth
Die Züge, die ihm teuer sind.
»Und muss ich so dich wiederfinden,
Und hoffte mit der Fichte Kranz
Des Sängers Schläfe zu umwinden,
Bestrahlt von seines Ruhmes Glanz!«

Und jammernd hören's alle Gäste,
Versammelt bei Poseidons Feste,
Ganz Griechenland ergreift der Schmerz,
Verloren hat ihn jedes Herz.
Und stürmend drängt sich zum Prytanen
Das Volk, es fordert seine Wut,
Zu rächen des Erschlagnen Manen,
Zu sühnen mit des Mörders Blut.

Doch wo die Spur, die aus der Menge,
Der Völker flutendem Gedränge,
Gelocket von der Spiele Pracht,
Den schwarzen Täter kenntlich macht?

Sind's Räuber, die ihn feig erschlagen?
Tat's neidisch ein verborgner Feind?
Nur Helios vermag's zu sagen,
Der alles Irdische bescheint.

Er geht vielleicht mit frechem Schritte
Jetzt eben durch der Griechen Mitte,
Und während ihn die Rache sucht,
Genießt er seines Frevels Frucht.
Auf ihres eignen Tempels Schwelle
Trotzt er vielleicht den Göttern, mengt
Sich dreist in jene Menschenwelle,
Die dort sich zum Theater drängt.

Denn Bank an Bank gedränget sitzen,
Es brechen fast der Bühne Stützen,
Herbeigeströmt von fern und nah,
Der Griechen Völker wartend da,
Dumpfbrausend wie des Meeres Wogen;
Von Menschen wimmelnd, wächst der Bau
In weiter stets geschweiftem Bogen
Hinauf bis in des Himmels Blau.

Wer zählt die Völker, nennt die Namen,
Die gastlich hier zusammenkamen?
Von Theseus' Stadt, von Aulis Strand,
Von Phokis, vom Spartanerland,
Von Asiens entlegner Küste,
Von allen Inseln kamen sie
Und horchen von dem Schaugerüste
Des *Chores* grauser Melodie,

Der streng und ernst, nach alter Sitte,
Mit langsam abgemessnem Schritte,
Hervortritt aus dem Hintergrund,
Umwandelnd des Theaters Rund.
So schreiten keine irdschen Weiber,
Die zeugete kein sterblich Haus!
Es steigt das Riesenmaß der Leiber

Hoch über menschliches hinaus.

Ein schwarzer Mantel schlägt die Lenden,
Sie schwingen in entfleischten Händen
Der Fackel düsterrote Glut,
In ihren Wangen fließt kein Blut.
Und wo die Haare lieblich flattern,
Um Menschenstirnen freundlich wehn,
Da sieht man Schlangen hier und Nattern
Die giftgeschwollnen Bäuche blähn.

Und schauerlich gedreht im Kreise
Beginnen sie des Hymnus Weise,
Der durch das Herz zerreißend dringt,
Die Bande um den Sünder schlingt.
Besinnungraubend, herzbetörend
Schallt der Erinnyen Gesang,
Er schallt, des Hörers Mark verzehrend,
Und duldet nicht der Leier Klang:

»Wohl dem, der frei von Schuld und Fehle
Bewahrt die kindlich reine Seele!
Ihm dürfen wir nicht rächend nahn,
Er wandelt frei des Lebens Bahn.
Doch wehe, wehe, wer verstohlen
Des Mordes schwere Tat vollbracht,
Wir heften uns an seine Sohlen,
Das furchtbare Geschlecht der Nacht!

Und glaubt er fliehend zu entspringen,
Geflügelt sind wir da, die Schlingen
Ihm werfend um den flüchtgen Fuß,
Dass er zu Boden fallen muss.
So jagen wir ihn, ohn Ermatten,
Versöhnen kann uns keine Reu,
Ihn fort und fort bis zu den Schatten,
Und geben ihn auch dort nicht frei.«

So singend, tanzen sie den Reigen,
Und Stille wie des Todes Schweigen

Liegt überm ganzen Hause schwer,
Als ob die Gottheit nahe wär.
Und feierlich, nach alter Sitte
Umwandelnd des Theaters Rund
Mit langsam abgemessnem Schritte,
Verschwinden sie im Hintergrund.

Und zwischen Trug und Wahrheit schwebet
Noch zweifelnd jede Brust und bebet
Und huldiget der furchtbarn Macht,
Die richtend im Verborgnen wacht,
Die unerforschlich, unergründet
Des Schicksals dunkeln Knäuel flicht,
Dem tiefen Herzen sich verkündet,
Doch fliehet vor dem Sonnenlicht.

Da hört man auf den höchsten Stufen
Auf einmal eine Stimme rufen:
»Sieh da! Sieh da, Timotheus,
Die Kraniche des Ibykus!« –
Und finster plötzlich wird der Himmel,
Und über dem Theater hin
Sieht man in schwärzlichtem Gewimmel
Ein Kranichheer vorüberziehn.

»Des Ibykus!« – Der teure Name
Rührt jede Brust mit neuem Grame,
Und, wie im Meere Well auf Well,
So läuft's von Mund zu Munde schnell:
»Des Ibykus, den wir beweinen,
Den eine Mörderhand erschlug!
Was ist's mit dem? Was kann er meinen?
Was ist's mit diesem Kranichzug?« –

Und lauter immer wird die Frage,
Und ahnend fliegt's mit Blitzesschlage
Durch alle Herzen. »Gebet acht!
Das ist der Eumeniden Macht!
Der fromme Dichter wird gerochen,

Der Mörder bietet selbst sich dar!
Ergreift ihn, der das Wort gesprochen,
Und ihn, an den's gerichtet war.«

Doch dem war kaum das Wort entfahren,
Möcht er's im Busen gern bewahren;
Umsonst, der schreckenbleiche Mund
Macht schnell die Schuldbewussten kund.
Man reißt und schleppt sie vor den Richter,
Die Szene wird zum Tribunal,
Und es gestehn die Bösewichter,
Getroffen von der Rache Strahl.

Ritter Toggenburg

[Erstdruck 1797]

»Ritter, treue Schwesterliebe
Widmet Euch dies Herz,
Fordert keine andre Liebe,
Denn es macht mir Schmerz.
Ruhig mag ich Euch erscheinen,
Ruhig gehen sehn.
Eurer Augen stilles Weinen
Kann ich nicht verstehn.«

Und er hört's mit stummem Harme,
Reißt sich blutend los,
Presst sie heftig in die Arme,
Schwingt sich auf sein Ross,
Schickt zu seinen Mannen allen
In dem Lande Schweiz,
Nach dem Heilgen Grab sie wallen,
Auf der Brust das Kreuz.

Große Taten dort geschehen
Durch der Helden Arm,
Ihres Helmes Büsche wehen
In der Feinde Schwarm,
Und des Toggenburgers Name

Schreckt den Muselmann,
Doch das Herz von seinem Grame
Nicht genesen kann.

Und ein Jahr hat er's getragen,
Trägt's nicht länger mehr,
Ruhe kann er nicht erjagen
Und verlässt das Heer,
Sieht ein Schiff an Joppes Strande,
Das die Segel bläht,
Schiffet heim zum teuren Lande,
Wo ihr Atem weht.

Und an ihres Schlosses Pforte
Klopft der Pilger an,
Ach! und mit dem Donnerworte
Wird sie aufgetan:
»Die Ihr suchet, trägt den Schleier,
Ist des Himmels Braut,
Gestern war des Tages Feier,
Der sie Gott getraut.«

Da verlässet er auf immer
Seiner Väter Schloss,
Seine Waffen sieht er nimmer,
Noch sein treues Ross,
Von der Toggenburg hernieder
Steigt er unbekannt,
Denn es deckt die edeln Glieder
Härenes Gewand.

Und erbaut sich eine Hütte
Jener Gegend nah,
Wo das Kloster aus der Mitte
Düstrer Linden sah;
Harrend von des Morgens Lichte
Bis zu Abends Schein,
Stille Hoffnung im Gesichte,
Saß er da allein.

Blickte nach dem Kloster drüben,
Blickte stundenlang
Nach dem Fenster seiner Lieben,
Bis das Fenster klang,
Bis die Liebliche sich zeigte,
Bis das teure Bild
Sich ins Tal herunterneigte
Ruhig, engelmild.

Und dann legt' er froh sich nieder,
Schlief getröstet ein,
Still sich freuend, wenn es wieder
Morgen würde sein.
Und so saß er viele Tage,
Saß viel Jahre lang,
Harrend ohne Schmerz und Klage,
Bis das Fenster klang.

Bis die Liebliche sich zeigte,
Bis das teure Bild
Sich ins Tal herunterneigte,
Ruhig, engelmild.
Und so saß er, eine Leiche,
Eines Morgens da,
Nach dem Fenster noch das bleiche,
Stille Antlitz sah.

Der Kampf mit dem Drachen

[Erstdruck 1798]

Was rennt das Volk, was wälzt sich dort
Die langen Gassen brausend fort?
Stürzt Rhodus unter Feuers Flammen?
Es rottet sich im Sturm zusammen,
Und einen Ritter, hoch zu Ross,
Gewahr ich aus dem Menschentross,
Und hinter ihm, welch Abenteuer!
Bringt man geschleppt ein Ungeheuer,

Ein Drache scheint es von Gestalt,
Mit weitem Krokodilesrachen,
Und alles blickt verwundert bald
Den Ritter an und bald den Drachen.

Und tausend Stimmen werden laut:
»Das ist der Lindwurm, kommt und schaut!
Der Hirt und Herden uns verschlungen,
Das ist der Held, der ihn bezwungen!
Viel andre zogen vor ihm aus,
Zu wagen den gewaltgen Strauß,
Doch keinen sah man wiederkehren,
Den kühnen Ritter soll man ehren!«
Und nach dem Kloster geht der Zug,
Wo Sankt Johanns des Täufers Orden,
Die Ritter des Spitals, im Flug
Zu Rate sind versammelt worden.

Und vor den edeln Meister tritt
Der Jüngling mit bescheidnem Schritt,
Nachdrängt das Volk, mit wildem Rufen,
Erfüllend des Geländers Stufen.
Und jener nimmt das Wort und spricht:
»Ich hab erfüllt die Ritterpflicht,
Der Drache, der das Land verödet,
Er liegt von meiner Hand getötet,
Frei ist dem Wanderer der Weg,
Der Hirte treibe ins Gefilde,
Froh walle auf dem Felsensteg
Der Pilger zu dem Gnadenbilde.«

Doch strenge blickt der Fürst ihn an
Und spricht: »Du hast als Held getan,
Der Mut ist's, der den Ritter ehret,
Du hast den kühnen Geist bewähret.
Doch sprich! Was ist die erste Pflicht
Des Ritters, der für Christum ficht,
Sich schmücket mit des Kreuzes Zeichen?«

Und alle ringsherum erbleichen.
Doch er, mit edelm Anstand, spricht,
Indem er sich errötend neiget:
»Gehorsam ist die erste Pflicht,
Die ihn des Schmuckes würdig zeiget.«

»Und diese Pflicht, mein Sohn«, versetzt
Der Meister, »hast du frech verletzt,
Den Kampf, den das Gesetz versaget,
Hast du mit frevlem Mut gewaget!« –
»Herr, richte, wenn du alles weißt«,
Spricht jener mit gesetztem Geist,
»Denn des Gesetzes Sinn und Willen
Vermeint ich treulich zu erfüllen,
Nicht unbedachtsam zog ich hin,
Das Ungeheuer zu bekriegen,
Durch List und kluggewandten Sinn
Versucht ich's, in dem Kampf zu siegen.

Fünf unsers Ordens waren schon,
Die Zierden der Religion,
Des kühnen Mutes Opfer worden,
Da wehrtest du den Kampf dem Orden.
Doch an dem Herzen nagte mir
Der Unmut und die Streitbegier,
Ja selbst im Traum der stillen Nächte
Fand ich mich keuchend im Gefechte,
Und wenn der Morgen dämmernd kam
Und Kunde gab von neuen Plagen,
Da fasste mich ein wilder Gram,
Und ich beschloss, es frisch zu wagen.

Und zu mir selber sprach ich dann:
Was schmückt den Jüngling, ehrt den Mann,
Was leisteten die tapfern Helden,
Von denen uns die Lieder melden?
Die zu der Götter Glanz und Ruhm
Erhub das blinde Heidentum?

Sie reinigten von Ungeheuern
Die Welt in kühnen Abenteuern,
Begegneten im Kampf dem Leun
Und rangen mit dem Minotauren,
Die armen Opfer zu befrein,
Und ließen sich das Blut nicht dauren.

Ist nur der Sarazen es wert,
Dass ihn bekämpft des Christen Schwert?
Bekriegt er nur die falschen Götter?
Gesandt ist er der Welt zum Retter,
Von jeder Not und jedem Harm
Befreien muss sein starker Arm,
Doch seinen Mut muss Weisheit leiten,
Und List muss mit der Stärke streiten.
So sprach ich oft und zog allein,
Des Raubtiers Fährte zu erkunden,
Da flößte mir der Geist es ein,
Froh rief ich aus: Ich hab's gefunden!

Und trat zu dir und sprach dies Wort:
›Mich zieht es nach der Heimat fort.‹
Du, Herr, willfahrtest meinen Bitten,
Und glücklich war das Meer durchschnitten.
Kaum stieg ich aus am heimschen Strand,
Gleich ließ ich durch des Künstlers Hand,
Getreu den wohlbemerkten Zügen,
Ein Drachenbild zusammenfügen.
Auf kurzen Füßen wird die Last
Des langen Leibes aufgetürmet,
Ein schuppigt Panzerhemd umfasst
Den Rücken, den es furchtbar schirmet.

Lang strecket sich der Hals hervor,
Und grässlich wie ein Höllentor,
Als schnappt' es gierig nach der Beute,
Eröffnet sich des Rachens Weite,
Und aus dem schwarzen Schlunde dräun

Der Zähne stachelige Reihn,
Die Zunge gleicht des Schwertes Spitze,
Die kleinen Augen sprühen Blitze,
In einer Schlange endigt sich
Des Rückens ungeheure Länge,
Rollt um sich selber fürchterlich,
Dass es um Mann und Ross sich schlänge.

Und alles bild ich nach genau
Und kleid es in ein scheußlich Grau,
Halb Wurm erschien's, halb Molch und Drache,
Gezeuget in der giftgen Lache.
Und als das Bild vollendet war,
Erwähl ich mir ein Doggenpaar,
Gewaltig, schnell, von flinken Läufen,
Gewohnt, den wilden Ur zu greifen.
Die hetz ich auf den Lindwurm an,
Erhitze sie zu wildem Grimme,
Zu fassen ihn mit scharfem Zahn,
Und lenke sie mit meiner Stimme.

Und wo des Bauches weiches Vlies
Den scharfen Bissen Blöße ließ,
Da reiz ich sie, den Wurm zu packen,
Die spitzen Zähne einzuhacken.
Ich selbst, bewaffnet mit Geschoss,
Besteige mein arabisch Ross,
Von adeliger Zucht entstammet,
Und als ich seinen Zorn entflammet,
Rasch auf den Drachen spreng ich's los
Und stachl es mit den scharfen Sporen
Und werfe zielend mein Geschoss,
Als wollt ich die Gestalt durchbohren.

Ob auch das Ross sich grauend bäumt
Und knirscht und in den Zügel schäumt,
Und meine Doggen ängstlich stöhnen,
Nicht rast ich, bis sie sich gewöhnen.

So üb ich's aus mit Emsigkeit,
Bis dreimal sich der Mond erneut,
Und als sie jedes recht begriffen,
Führ ich sie her auf schnellen Schiffen.
Der dritte Morgen ist es nun,
Dass mir's gelungen, hier zu landen,
Den Gliedern gönnt ich kaum zu ruhn,
Bis ich das große Werk bestanden.

Denn heiß erregte mir das Herz
Des Landes frisch erneuter Schmerz,
Zerrissen fand man jüngst die Hirten,
Die nach dem Sumpfe sich verirrten,
Und ich beschließe rasch die Tat,
Nur von dem Herzen nehm ich Rat.
Flugs unterricht ich meine Knappen,
Besteige den versuchten Rappen,
Und von dem edeln Doggenpaar
Begleitet, auf geheimen Wegen,
Wo meiner Tat kein Zeuge war,
Reit ich dem Feinde frisch entgegen.

Das Kirchlein kennst du, Herr, das hoch
Auf eines Felsenberges Joch,
Der weit die Insel überschauet,
Des Meisters kühner Geist erbauet.
Verächtlich scheint es, arm und klein,
Doch ein Mirakel schließt es ein,
Die Mutter mit dem Jesusknaben,
Den die drei Könige begaben.
Auf dreimal dreißig Stufen steigt
Der Pilgrim nach der steilen Höhe,
Doch hat er schwindelnd sie erreicht,
Erquickt ihn seines Heilands Nähe.

Tief in den Fels, auf dem es hängt,
Ist eine Grotte eingesprengt,
Vom Tau des nahen Moors befeuchtet,

Wohin des Himmels Strahl nicht leuchtet,
Hier hausete der Wurm und lag,
Den Raub erspähend, Nacht und Tag.
So hielt er wie der Höllendrache
Am Fuß des Gotteshauses Wache,
Und kam der Pilgrim hergewallt
Und lenkte in die Unglücksstraße,
Hervorbrach aus dem Hinterhalt
Der Feind und trug ihn fort zum Fraße.

Den Felsen stieg ich jetzt hinan,
Eh ich den schweren Strauß begann,
Hin kniet ich vor dem Christuskinde
Und reinigte mein Herz von Sünde,
Drauf gürt ich mir im Heiligtum
Den blanken Schmuck der Waffen um,
Bewehre mit dem Spieß die Rechte,
Und nieder steig ich zum Gefechte.
Zurücke bleibt der Knappen Tross,
Ich gebe scheidend die Befehle
Und schwinge mich behänd aufs Ross,
Und Gott empfehl ich meine Seele.

Kaum seh ich mich im ebnen Plan,
Flugs schlagen meine Doggen an,
Und bang beginnt das Ross zu keuchen
Und bäumet sich und will nicht weichen,
Denn nahe liegt, zum Knäul geballt,
Des Feindes scheußliche Gestalt
Und sonnet sich auf warmem Grunde.
Auf jagen ihn die flinken Hunde,
Doch wenden sie sich pfeilgeschwind,
Als es den Rachen gähnend teilet
Und von sich haucht den giftgen Wind
Und winselnd wie der Schakal heulet.

Doch schnell erfrisch ich ihren Mut,
Sie fassen ihren Feind mit Wut,

Indem ich nach des Tieres Lende
Aus starker Faust den Speer versende,
Doch machtlos wie ein dünner Stab
Prallt er vom Schuppenpanzer ab,
Und eh ich meinen Wurf erneuet,
Da bäumet sich mein Ross und scheuet
An seinem Basiliskenblick
Und seines Atems giftgen Wehen,
Und mit Entsetzen springt's zurück,
Und jetzo war's um mich geschehen –

Da schwing ich mich behänd vom Ross,
Schnell ist des Schwertes Schneide bloß,
Doch alle Streiche sind verloren,
Den Felsenharnisch zu durchbohren,
Und wütend mit des Schweifes Kraft
Hat es zur Erde mich gerafft,
Schon seh ich seinen Rachen gähnen,
Es haut nach mir mit grimmen Zähnen,
Als meine Hunde wutentbrannt
An seinen Bauch mit grimmgen Bissen
Sich warfen, dass es heulend stand,
Von ungeheurem Schmerz zerrissen.

Und eh es ihren Bissen sich
Entwindet, rasch erheb ich mich,
Erspähe mir des Feindes Blöße
Und stoße tief ihm ins Gekröse
Nachbohrend bis ans Heft den Stahl,
Schwarzquellend springt des Blutes Strahl,
Hin sinkt es und begräbt im Falle
Mich mit des Leibes Riesenballe,
Dass schnell die Sinne mir vergehn.
Und als ich neugestärkt erwache,
Seh ich die Knappen um mich stehn,
Und tot im Blute liegt der Drache.« –

Des Beifalls lang gehemmte Lust

Befreit jetzt aller Hörer Brust,
Sowie der Ritter dies gesprochen,
Und zehnfach am Gewölb gebrochen
Wälzt der vermischten Stimmen Schall
Sich brausend fort im Widerhall,
Laut fordern selbst des Ordens Söhne,
Dass man die Heldenstirne kröne,
Und dankbar im Triumphgepräng
Will ihn das Volk dem Volke zeigen,
Da faltet seine Stirne streng
Der Meister und gebietet Schweigen.

Und spricht: »Den Drachen, der dies Land
Verheert, schlugst du mit tapfrer Hand,
Ein Gott bist du dem Volke worden,
Ein Feind kommst du zurück dem Orden,
Und einen schlimmern Wurm gebar
Dein Herz, als dieser Drache war.
Die Schlange, die das Herz vergiftet,
Die Zwietracht und Verderben stiftet,
Das ist der widerspenstge Geist,
Der gegen Zucht sich frech empöret,
Der Ordnung heilig Band zerreißt,
Denn der ist's, der die Welt zerstöret.

Mut zeiget auch der Mameluck,
Gehorsam ist des Christen Schmuck;
Denn wo der Herr in seiner Größe
Gewandelt hat in Knechtes Blöße,
Da stifteten, auf heilgem Grund,
Die Väter dieses Ordens Bund,
Der Pflichten schwerste zu erfüllen:
Zu bändigen den eignen Willen!
Dich hat der eitle Ruhm bewegt,
Drum wende dich aus meinen Blicken,
Denn wer des Herren Joch nicht trägt,
Darf sich mit seinem Kreuz nicht schmücken.«

Da bricht die Menge tobend aus,

Gewaltger Sturm bewegt das Haus,
Um Gnade flehen alle Brüder,
Doch schweigend blickt der Jüngling nieder,
Still legt er von sich das Gewand
Und küsst des Meisters strenge Hand
Und geht. Der folgt ihm mit dem Blicke,
Dann ruft er liebend ihn zurücke
Und spricht: »Umarme mich, mein Sohn!
Dir ist der härtre Kampf gelungen.
Nimm dieses Kreuz: es ist der Lohn
Der Demut, die sich selbst bezwungen.«

Die Bürgschaft

[Erstdruck 1798]

Zu Dionys, dem Tyrannen, schlich
Damon, den Dolch im Gewande;
Ihn schlugen die Häscher in Bande.
»Was wolltest du mit dem Dolche, sprich!«
Entgegnet ihm finster der Wüterich.
»Die Stadt vom Tyrannen befreien!«
»Das sollst du am Kreuze bereuen.«

»Ich bin«, spricht jener, »zu sterben bereit
Und bitte nicht um mein Leben,
Doch willst du Gnade mir geben,
Ich flehe dich um drei Tage Zeit,
Bis ich die Schwester dem Gatten gefreit,
Ich lasse den Freund dir als Bürgen,
Ihn magst du, entrinn ich, erwürgen.«

Da lächelt der König mit arger List
Und spricht nach kurzem Bedenken:
»Drei Tage will ich dir schenken.
Doch wisse! Wenn sie verstrichen, die Frist,
Eh du zurück mir gegeben bist,
So muss er statt deiner erblassen,
Doch dir ist die Strafe erlassen.«

Und er kommt zum Freunde: »Der König gebeut,
Dass ich am Kreuz mit dem Leben
Bezahle das frevelnde Streben,
Doch will er mir gönnen drei Tage Zeit,
Bis ich die Schwester dem Gatten gefreit,
So bleib du dem König zum Pfande,
Bis ich komme, zu lösen die Bande.«

Und schweigend umarmt ihn der treue Freund
Und liefert sich aus dem Tyrannen,
Der andere ziehet von dannen.
Und ehe das dritte Morgenrot scheint,
Hat er schnell mit dem Gatten die Schwester vereint,
Eilt heim mit sorgender Seele,
Damit er die Frist nicht verfehle.

Da gießt unendlicher Regen herab,
Von den Bergen stürzen die Quellen,
Und die Bäche, die Ströme schwellen.
Und er kommt ans Ufer mit wanderndem Stab,
Da reißet die Brücke der Strudel hinab,
Und donnernd sprengen die Wogen
Des Gewölbes krachenden Bogen.

Und trostlos irrt er an Ufers Rand,
Wie weit er auch spähet und blicket
Und die Stimme, die rufende, schicket,
Da stößet kein Nachen vom sichern Strand,
Der ihn setze an das gewünschte Land,
Kein Schiffer lenket die Fähre,
Und der wilde Strom wird zum Meere.

Da sinkt er ans Ufer und weint und fleht,
Die Hände zum Zeus erhoben:
»O hemme des Stromes Toben!
Es eilen die Stunden, im Mittag steht
Die Sonne, und wenn sie niedergeht
Und ich kann die Stadt nicht erreichen,
So muss der Freund mir erbleichen.«

Doch wachsend erneut sich des Stromes Wut,
Und Welle auf Welle zerrinnet,
Und Stunde an Stunde entrinnet.
Da treibt ihn die Angst, da fasst er sich Mut
Und wirft sich hinein in die brausende Flut
Und teilt mit gewaltigen Armen
Den Strom, und ein Gott hat Erbarmen.

Und gewinnt das Ufer und eilet fort
Und danket dem rettenden Gotte,
Da stürzet die raubende Rotte
Hervor aus des Waldes nächtlichem Ort,
Den Pfad ihm sperrend, und schnaubet Mord
Und hemmet des Wanderers Eile
Mit drohend geschwungener Keule.

»Was wollt ihr?« ruft er, für Schrecken bleich,
»Ich habe nichts als mein Leben,
Das muss ich dem Könige geben!«
Und entreißt die Keule dem nächsten gleich:
»Um des Freundes willen erbarmet euch!«
Und drei mit gewaltigen Streichen
Erlegt er, die andern entweichen.

Und die Sonne versendet glühenden Brand,
Und von der unendlichen Mühe
Ermattet sinken die Kniee.
»O hast du mich gnädig aus Räubershand,
Aus dem Strom mich gerettet ans heilige Land,
Und soll hier verschmachtend verderben,
Und der Freund mir, der liebende, sterben!«

Und horch! da sprudelt es silberhell,
Ganz nahe, wie rieselndes Rauschen,
Und stille hält er, zu lauschen,
Und sieh, aus dem Felsen, geschwätzig, schnell,
Springt murmelnd hervor ein lebendiger Quell,
Und freudig bückt er sich nieder
Und erfrischet die brennenden Glieder.

Und die Sonne blickt durch der Zweige Grün
Und malt auf den glänzenden Matten
Der Bäume gigantische Schatten;
Und zwei Wanderer sieht er die Straße ziehn,
Will eilenden Laufes vorüberfliehn,
Da hört er die Worte sie sagen:
»Jetzt wird er ans Kreuz geschlagen.«

Und die Angst beflügelt den eilenden Fuß,
Ihn jagen der Sorge Qualen,
Da schimmern in Abendrots Strahlen
Von ferne die Zinnen von Syrakus,
Und entgegen kommt ihm Philostratus,
Des Hauses redlicher Hüter,
Der erkennet entsetzt den Gebieter:

»Zurück! du rettest den Freund nicht mehr,
So rette das eigene Leben!
Den Tod erleidet er eben.
Von Stunde zu Stunde gewartet' er
Mit hoffender Seele der Wiederkehr,
Ihm konnte den mutigen Glauben
Der Hohn des Tyrannen nicht rauben.«

»Und ist es zu spät, und kann ich ihm nicht
Ein Retter willkommen erscheinen,
So soll mich der Tod ihm vereinen.
Des rühme der blutge Tyrann sich nicht,
Dass der Freund dem Freunde gebrochen die Pflicht,
Er schlachte der Opfer zweie
Und glaube an Liebe und Treue.«

Und die Sonne geht unter, da steht er am Tor
Und sieht das Kreuz schon erhöhet,
Das die Menge gaffend umstehet,
An dem Seile schon zieht man den Freund empor,
Da zertrennt er gewaltig den dichten Chor:
»Mich, Henker!« ruft er, »erwürget!
Da bin ich, für den er gebürget!«

Und Erstaunen ergreifet das Volk umher,
In den Armen liegen sich beide
Und weinen für Schmerzen und Freude.
Da sieht man kein Auge tränenleer,
Und zum Könige bringt man die Wundermär,
Der fühlt ein menschliches Rühren,
Lässt schnell vor den Thron sie führen.

Und blicket sie lange verwundert an.
Drauf spricht er: »Es ist euch gelungen,
Ihr habt das Herz mir bezwungen,
Und die Treue, sie ist doch kein leerer Wahn,
So nehmet auch mich zum Genossen an,
Ich sei, gewährt mir die Bitte,
In eurem Bunde der Dritte.«

Das Lied von der Glocke

[Erstdruck 1799]

Vivos voco
Mortuos plango
Fulgura frango

Fest gemauert in der Erden
Steht die Form, aus Lehm gebrannt.
Heute muss die Glocke werden,
Frisch, Gesellen, seid zur Hand.
Von der Stirne heiß
Rinnen muss der Schweiß,
Soll das Werk den Meister loben,
Doch der Segen kommt von oben.

Zum Werke, das wir ernst bereiten,
Geziemt sich wohl ein ernstes Wort;
Wenn gute Reden sie begleiten,
Dann fließt die Arbeit munter fort.
So lasst uns jetzt mit Fleiß betrachten,
Was durch die schwache Kraft entspringt,
Den schlechten Mann muss man verachten,
Der nie bedacht, was er vollbringt.

Das ist's ja, was den Menschen zieret,
Und dazu ward ihm der Verstand,
Dass er im innern Herzen spüret,
Was er erschafft mit seiner Hand.

Nehmet Holz vom Fichtenstamme,
Doch recht trocken lasst es sein,
Dass die eingepresste Flamme
Schlage zu dem Schwalch hinein.
Kocht des Kupfers Brei,
Schnell das Zinn herbei,
Dass die zähe Glockenspeise
Fließe nach der rechten Weise.

Was in des Dammes tiefer Grube
Die Hand mit Feuers Hilfe baut,
Hoch auf des Turmes Glockenstube
Da wird es von uns zeugen laut.
Noch dauern wird's in späten Tagen
Und rühren vieler Menschen Ohr
Und wird mit dem Betrübten klagen
Und stimmen zu der Andacht Chor.
Was unten tief dem Erdensohne
Das wechselnde Verhängnis bringt,
Das schlägt an die metallne Krone,
Die es erbaulich weiterklingt.

Weiße Blasen seh ich springen,
Wohl! die Massen sind im Fluss.
Lasst's mit Aschensalz durchdringen,
Das befördert schnell den Guss.
Auch von Schaume rein
Muss die Mischung sein,
Dass vom reinlichen Metalle
Rein und voll die Stimme schalle.

Denn mit der Freude Feierklange
Begrüßt sie das geliebte Kind
Auf seines Lebens erstem Gange,

Den es in Schlafes Arm beginnt;
Ihm ruhen noch im Zeitenschoße
Die schwarzen und die heitern Lose,
Der Mutterliebe zarte Sorgen
Bewachen seinen goldnen Morgen. –
Die Jahre fliehen pfeilgeschwind.
Vom Mädchen reißt sich stolz der Knabe,
Er stürmt ins Leben wild hinaus,
Durchmisst die Welt am Wanderstabe.
Fremd kehrt er heim ins Vaterhaus,
Und herrlich, in der Jugend Prangen,
Wie ein Gebild aus Himmelshöhn,
Mit züchtigen, verschämten Wangen
Sieht er die Jungfrau vor sich stehn.
Da fasst ein namenloses Sehnen
Des Jünglings Herz, er irrt allein,
Aus seinen Augen brechen Tränen,
Er flieht der Brüder wilden Reihn.
Errötend folgt er ihren Spuren
Und ist von ihrem Gruß beglückt,
Das Schönste sucht er auf den Fluren,
Womit er seine Liebe schmückt.
O! zarte Sehnsucht, süßes Hoffen,
Der ersten Liebe goldne Zeit,
Das Auge sieht den Himmel offen,
Es schwelgt das Herz in Seligkeit.
O! dass sie ewig grünen bliebe,
Die schöne Zeit der jungen Liebe!

Wie sich schon die Pfeifen bräunen!
Dieses Stäbchen tauch ich ein,
Sehn wir's überglast erscheinen,
Wird's zum Gusse zeitig sein.
Jetzt, Gesellen, frisch!
Prüft mir das Gemisch,
Ob das Spröde mit dem Weichen
Sich vereint zum guten Zeichen.

Denn wo das Strenge mit dem Zarten,
Wo Starkes sich und Mildes paarten,
Da gibt es einen guten Klang.
Drum prüfe, wer sich ewig bindet,
Ob sich das Herz zum Herzen findet!
Der Wahn ist kurz, die Reu ist lang.
Lieblich in der Bräute Locken
Spielt der jungfräuliche Kranz,
Wenn die hellen Kirchenglocken
Laden zu des Festes Glanz.
Ach! des Lebens schönste Feier
Endigt auch den Lebensmai,
Mit dem Gürtel, mit dem Schleier
Reißt der schöne Wahn entzwei.
Die Leidenschaft flieht!
Die Liebe muss bleiben,
Die Blume verblüht,
Die Frucht muss treiben.
Der Mann muss hinaus
Ins feindliche Leben,
Muss wirken und streben
Und pflanzen und schaffen,
Erlisten, erraffen,
Muss wetten und wagen,
Das Glück zu erjagen.
Da strömet herbei die unendliche Gabe,
Es füllt sich der Speicher mit köstlicher Habe,
Die Räume wachsen, es dehnt sich das Haus.
Und drinnen waltet
Die züchtige Hausfrau,
Die Mutter der Kinder,
Und herrschet weise
Im häuslichen Kreise,
Und lehret die Mädchen
Und wehret den Knaben,
Und reget ohn Ende

Die fleißigen Hände,
Und mehrt den Gewinn
Mit ordnendem Sinn.
Und füllet mit Schätzen die duftenden Laden,
Und dreht um die schnurrende Spindel den Faden,
Und sammelt im reinlich geglätteten Schrein
Die schimmernde Wolle, den schneeigten Lein,
Und füget zum Guten den Glanz und den Schimmer,
Und ruhet nimmer.

Und der Vater mit frohem Blick
Von des Hauses weitschauendem Giebel
Überzählet sein blühend Glück,
Siehet der Pfosten ragende Bäume
Und der Scheunen gefüllte Räume
Und die Speicher, vom Segen gebogen,
Und des Kornes bewegte Wogen,
Rühmt sich mit stolzem Mund:
Fest, wie der Erde Grund,
Gegen des Unglücks Macht
Steht mir des Hauses Pracht!
Doch mit des Geschickes Mächten
Ist kein ewger Bund zu flechten,
Und das Unglück schreitet schnell.

Wohl! Nun kann der Guss beginnen,
Schön gezacket ist der Bruch.
Doch, bevor wir's lassen rinnen,
Betet einen frommen Spruch!
Stoßt den Zapfen aus!
Gott bewahr das Haus.
Rauchend in des Henkels Bogen
Schießt's mit feuerbraunen Wogen.

Wohltätig ist des Feuers Macht,
Wenn sie der Mensch bezähmt, bewacht,
Und was er bildet, was er schafft,
Das dankt er dieser Himmelskraft,

Doch furchtbar wird die Himmelskraft,
Wenn sie der Fessel sich entrafft,
Einhertritt auf der eignen Spur
Die freie Tochter der Natur.
Wehe, wenn sie losgelassen
Wachsend ohne Widerstand
Durch die volkbelebten Gassen
Wälzt den ungeheuren Brand!
Denn die Elemente hassen
Das Gebild der Menschenhand.
Aus der Wolke
Quillt der Segen,
Strömt der Regen,
Aus der Wolke, ohne Wahl,
Zuckt der Strahl!
Hört ihrs wimmern hoch vom Turm?
Das ist Sturm!
Rot wie Blut
Ist der Himmel,
Das ist nicht des Tages Glut!
Welch Getümmel
Straßen auf!
Dampf wallt auf!
Flackernd steigt die Feuersäule,
Durch der Straße lange Zeile
Wächst es fort mit Windeseile,
Kochend wie aus Ofens Rachen
Glühn die Lüfte, Balken krachen,
Pfosten stürzen, Fenster klirren,
Kinder jammern, Mütter irren,
Tiere wimmern
Unter Trümmern,
Alles rennet, rettet, flüchtet,
Taghell ist die Nacht gelichtet,
Durch der Hände lange Kette
Um die Wette

Fliegt der Eimer, hoch im Bogen
Spritzen Quellen, Wasserwogen.
Heulend kommt der Sturm geflogen,
Der die Flamme brausend sucht.
Prasselnd in die dürre Frucht
Fällt sie, in des Speichers Räume,
In der Sparren dürre Bäume,
Und als wollte sie im Wehen
Mit sich fort der Erde Wucht
Reißen, in gewaltger Flucht,
Wächst sie in des Himmels Höhen
Riesengroß!
Hoffnungslos
Weicht der Mensch der Götterstärke,
Müßig sieht er seine Werke
Und bewundernd untergehen.

Leergebrannt
Ist die Stätte,
Wilder Stürme raues Bette,
In den öden Fensterhöhlen
Wohnt das Grauen,
Und des Himmels Wolken schauen
Hoch hinein.

Einen Blick
Nach dem Grabe
Seiner Habe
Sendet noch der Mensch zurück –
Greift fröhlich dann zum Wanderstabe,
Was Feuers Wut ihm auch geraubt,
Ein süßer Trost ist ihm geblieben,
Er zählt die Häupter seiner Lieben,
Und sieh! ihm fehlt kein teures Haupt.

In die Erd ist's aufgenommen,
Glücklich ist die Form gefüllt,
Wird's auch schön zutage kommen,

Dass es Fleiß und Kunst vergilt?
Wenn der Guss misslang?
Wenn die Form zersprang?
Ach! vielleicht, indem wir hoffen,
Hat uns Unheil schon getroffen.

Dem dunkeln Schoß der heilgen Erde
Vertrauen wir der Hände Tat,
Vertraut der Sämann seine Saat
Und hofft, dass sie entkeimen werde
Zum Segen, nach des Himmels Rat.
Noch köstlicheren Samen bergen
Wir trauernd in der Erde Schoß
Und hoffen, dass er aus den Särgen
Erblühen soll zu schönerm Los.

Von dem Dome,
Schwer und bang,
Tönt die Glocke
Grabgesang.
Ernst begleiten ihre Trauerschläge
Einen Wandrer auf dem letzten Wege.

Ach! die Gattin ist's, die teure,
Ach! es ist die treue Mutter,
Die der schwarze Fürst der Schatten
Wegführt aus dem Arm des Gatten,
Aus der zarten Kinder Schar,
Die sie blühend ihm gebar,
Die sie an der treuen Brust
Wachsen sah mit Mutterlust –
Ach! des Hauses zarte Bande
Sind gelöst auf immerdar,
Denn sie wohnt im Schattenlande,
Die des Hauses Mutter war,
Denn es fehlt ihr treues Walten,
Ihre Sorge wacht nicht mehr,
An verwaister Stätte schalten

Wird die Fremde, liebeleer.

Bis die Glocke sich verkühlet,
Lasst die strenge Arbeit ruhn,
Wie im Laub der Vogel spielet,
Mag sich jeder gütlich tun.
Winkt der Sterne Licht,
Ledig aller Pflicht
Hört der Bursch die Vesper schlagen,
Meister muss sich immer plagen.

Munter fördert seine Schritte
Fern im wilden Forst der Wandrer
Nach der lieben Heimathütte.
Blökend ziehen
Heim die Schafe,
Und der Rinder
Breitgestirnte, glatte Scharen
Kommen brüllend,
Die gewohnten Ställe füllend.
Schwer herein
Schwankt der Wagen,
Kornbeladen,
Bunt von Farben
Auf den Garben
Liegt der Kranz,
Und das junge Volk der Schnitter
Fliegt zum Tanz.
Markt und Straße werden stiller,
Um des Lichts gesellge Flamme
Sammeln sich die Hausbewohner,
Und das Stadttor schließt sich knarrend.
Schwarz bedecket
Sich die Erde,
Doch den sichern Bürger schrecket
Nicht die Nacht,
Die den Bösen grässlich wecket,
Denn das Auge des Gesetzes wacht.

Heilge Ordnung, segenreiche
Himmelstochter, die das Gleiche
Frei und leicht und freudig bindet,
Die der Städte Bau gegründet,
Die herein von den Gefilden
Rief den ungesellgen Wilden,
Eintrat in der Menschen Hütten,
Sie gewöhnt zu sanften Sitten
Und das teuerste der Bande
Wob, den Trieb zum Vaterlande!

Tausend fleißge Hände regen,
Helfen sich in munterm Bund,
Und in feurigem Bewegen
Werden alle Kräfte kund.
Meister rührt sich und Geselle
In der Freiheit heilgem Schutz.
Jeder freut sich seiner Stelle,
Bietet dem Verächter Trutz.
Arbeit ist des Bürgers Zierde,
Segen ist der Mühe Preis,
Ehrt den König seine Würde,
Ehret *uns* der Hände Fleiß.

Holder Friede,
Süße Eintracht,
Weilet, weilet
Freundlich über dieser Stadt!
Möge nie der Tag erscheinen,
Wo des rauen Krieges Horden
Dieses stille Tal durchtoben,
Wo der Himmel,
Den des Abends sanfte Röte
Lieblich malt,
Von der Dörfer, von der Städte
Wildem Brande schrecklich strahlt!

Nun zerbrecht mir das Gebäude,

Seine Absicht hat's erfüllt,
Dass sich Herz und Auge weide
An dem wohlgelungnen Bild.
Schwingt den Hammer, schwingt,
Bis der Mantel springt,
Wenn die Glock soll auferstehen,
Muss die Form in Stücken gehen.

Der Meister kann die Form zerbrechen
Mit weiser Hand, zur rechten Zeit,
Doch wehe, wenn in Flammenbächen
Das glühnde Erz sich selbst befreit!
Blindwütend mit des Donners Krachen
Zersprengt es das geborstne Haus,
Und wie aus offnem Höllenrachen
Speit es Verderben zündend aus;
Wo rohe Kräfte sinnlos walten,
Da kann sich kein Gebild gestalten,
Wenn sich die Völker selbst befrein,
Da kann die Wohlfahrt nicht gedeihn.

Weh, wenn sich in dem Schoß der Städte
Der Feuerzunder still gehäuft,
Das Volk, zerreißend seine Kette,
Zur Eigenhilfe schrecklich greift!
Da zerret an der Glocke Strängen
Der Aufruhr, dass sie heulend schallt
Und, nur geweiht zu Friedensklängen,
Die Losung anstimmt zur Gewalt.

Freiheit und Gleichheit! hört man schallen,
Der ruhge Bürger greift zur Wehr,
Die Straßen füllen sich, die Hallen,
Und Würgerbanden ziehn umher,
Da werden Weiber zu Hyänen
Und treiben mit Entsetzen Scherz,
Noch zuckend, mit des Panthers Zähnen,
Zerreißen sie des Feindes Herz.

Nichts Heiliges ist mehr, es lösen
Sich alle Bande frommer Scheu,
Der Gute räumt den Platz dem Bösen,
Und alle Laster walten frei.
Gefährlich ist's, den Leu zu wecken,
Verderblich ist des Tigers Zahn,
Jedoch der schrecklichste der Schrecken,
Das ist der Mensch in seinem Wahn.
Weh denen, die dem Ewigblinden
Des Lichtes Himmelsfackel leihn!
Sie strahlt ihm nicht, sie kann nur zünden
Und äschert Städt und Länder ein.

Freude hat mir Gott gegeben!
Sehet! wie ein goldner Stern
Aus der Hülse, blank und eben,
Schält sich der metallne Kern.
Von dem Helm zum Kranz
Spielts wie Sonnenglanz,
Auch des Wappens nette Schilder
Loben den erfahrnen Bilder.

Herein! herein!
Gesellen alle, schließt den Reihen,
Dass wir die Glocke taufend weihen,
Concordia soll ihr Name sein,
Zur Eintracht, zu herzinnigem Vereine
Versammle sie die liebende Gemeine.

Und dies sei fortan ihr Beruf,
Wozu der Meister sie erschuf!
Hoch überm niedern Erdenleben
Soll sie in blauem Himmelszelt
Die Nachbarin des Donners schweben
Und grenzen an die Sternenwelt,
Soll eine Stimme sein von oben,
Wie der Gestirne helle Schar,
Die ihren Schöpfer wandelnd loben

Und führen das bekränzte Jahr.
Nur ewigen und ernsten Dingen
Sei ihr metallner Mund geweiht,
Und stündlich mit den schnellen Schwingen
Berühr im Fluge sie die Zeit,
Dem Schicksal leihe sie die Zunge,
Selbst herzlos, ohne Mitgefühl,
Begleite sie mit ihrem Schwunge
Des Lebens wechselvolles Spiel.
Und wie der Klang im Ohr vergehet,
Der mächtig tönend ihr entschallt,
So lehre sie, dass nichts bestehet,
Das alles Irdische verhallt.

Jetzo mit der Kraft des Stranges
Wiegt die Glock mir aus der Gruft,
Dass sie in das Reich des Klanges
Steige, in die Himmelsluft.
Ziehet, ziehet, hebt!
Sie bewegt sich, schwebt,
Freude dieser Stadt bedeute,
Friede sei ihr erst Geläute.

Die Rache der Musen

Eine Anekdote von Helikon

[Erstdruck 1782]

Weinend kamen einst die Neune
Zu dem Liedergott.
»Hör, Papachen«, rief die Kleine,
»Wie man uns bedroht!

Junge Dintenlecker schwärmen
Um den Helikon,
Raufen sich, hantieren, lärmen
Bis zu deinem Thron.

Galoppieren auf dem Springer,

Reiten ihn zur Tränk,
Nennen sich gar hohe Sänger,
Barden einge, denk!

Wollen uns – wie garstig! – nöten,
Ei! die Grobian!
Was ich, ohne Schamerröten,
Nicht erzählen kann;

Einer brüllt heraus vor allen,
Schreit: *Ich führ das Heer!*
Schlägt mit beiden Fäust und Ballen
Um sich wie ein Bär.

Pfeift wohl gar – wie ungeschliffen! –
Andre Schläfer wach.
Zweimal hat er schon gepfiffen,
Doch kommt keiner nach.

Droht, er komm noch öfter wieder;
Da sei Zeus dafür!
Vater, liebst du Sang und Lieder,
Weis ihm doch die Tür!«

Vater Phöbus hört mit Lachen
Ihren Klagbericht:
»Wollens kurz mit ihnen machen,
Kinder, zittert nicht!

Eine muss ins höllsche Feuer,
Geh, Melpomene!
Leihe Kleider, Noten, Leier
Einer *Furie.*

Sie begegn' in dem Gewande,
Als wär sie verirrt,
Einem dieser Jaunerbande,
Wenn es dunkel wird.

Mögen dann in finstern Küssen
An dem artgen Kind
Ihre wilden Lüste büßen,

Wie sie würdig sind.«

Red' und Tat! – Die Höllengöttin
War schon aufgeschmückt;
Man erzählt, die Herren hätten
Kaum den Raub erblickt,

Wären, wie die Geir auf Tauben,
Losgestürzt auf sie –
Etwas will ich daran glauben,
Alles glaub ich nie.

Waren hübsche Jungens drunter,
Wie gerieten sie,
Dieses, Brüder, nimmt mich wunder,
In die Kompanie?

Die Göttin abortiert hernach:
Kam raus ein neuer – Almanach.

Die Kindsmörderin

[Erstdruck 1782]

Horch – die Glocken weinen dumpf zusammen,
Und der Zeiger hat vollbracht den Lauf.
Nun, so sei's denn! – Nun, in Gottes Namen!
Grabgefährten, brecht zum Richtplatz auf!
Nimm, o Welt, die letzten Abschiedsküsse,
Diese Tränen nimm, o Welt, noch hin!
Deine Gifte – o sie schmeckten süße!
Wir sind quitt, du Herzvergifterin.

Fahret wohl, ihr Freuden dieser Sonne,
Gegen schwarzen Moder umgetauscht!
Fahre wohl, du Rosenzeit voll Wonne,
Die so oft das Mädchen lustberauscht!
Fahret wohl, ihr goldgewebten Träume,
Paradieseskinder-Phantasien!
Weh! sie starben schon im Morgenkeime,
Ewig nimmer an das Licht zu blühn.

Schön geschmückt mit rosenroten Schleifen
Deckte mich der Unschuld Schwanenkleid,
In der blonden Locken loses Schweifen
Waren junge Rosen eingestreut: –
Wehe! – die Geopferte der Hölle
Schmückt noch itzt das weißlichte Gewand,
Aber ach! – der Rosenschleifen Stelle
Nahm ein schwarzes Totenband.

Weinet um mich, die ihr nie gefallen,
Denen noch der Unschuld Lilien blühn,
Denen zu dem weichen Busenwallen
Heldenstärke die Natur verliehn!
Wehe! – menschlich hat dies Herz empfunden! –
Und Empfindung soll mein Richtschwert sein! –
Weh! vom Arm des falschen Manns umwunden,
Schlief Louisens Tugend ein.

Ach vielleicht umflattert eine andre,
Mein vergessen, dieses Schlangenherz,
Überfließt, wenn ich zum Grabe wandre,
An dem Putztisch in verliebten Scherz?
Spielt vielleicht mit seines Mädchens Locke?
Schlingt den Kuss, den sie entgegenbringt?
Wenn, verspritzt auf diesem Todesblocke,
Hoch mein Blut vom Rumpfe springt.

Joseph! Joseph! auf entfernte Meilen
Folge dir Louisens Totenchor,
Und des Glockenturmes dumpfes Heulen
Schlage schröcklichmahnend an dein Ohr –
Wenn von eines Mädchens weichem Munde
Dir der Liebe sanft Gelispel quillt,
Bohr es plötzlich eine Höllenwunde
In der Wollust Rosenbild!

Ha Verräter! nicht Louisens Schmerzen?
Nicht des Weibes Schande, harter Mann?
Nicht das Knäblein unter meinem Herzen?

Nicht was Löw und Tiger milden kann?
Seine Segel fliegen stolz vom Lande,
Meine Augen zittern dunkel nach,
Um die Mädchen an der *Seine* Strande
Winselt er sein falsches Ach! – –

Und das Kindlein – in der Mutter Schoße
Lag es da in süßer, goldner Ruh,
In dem Reiz der jungen Morgenrose
Lachte mir der holde Kleine zu,
Tödlichlieblich sprang aus allen Zügen
Des geliebten Schelmen Konterfei;
Den beklommnen Mutterbusen wiegen
Liebe und – Verräterei.

»Weib, wo ist mein Vater?« lallte
Seiner Unschuld stumme Donnersprach,
»Weib, wo ist dein Gatte?« hallte
Jeder Winkel meines Herzens nach –
Weh, umsonst wirst, Waise, du ihn suchen,
Der vielleicht schon andre Kinder herzt,
Wirst der Stunde unsrer Wollust fluchen,
Wenn dich einst der Name Bastard schwärzt.

Deine Mutter – o im Busen Hölle! –
Einsam sitzt sie in dem All der Welt,
Dürstet ewig an der Freudenquelle,
Die dein Anblick fürchterlich vergällt.
Ach, in jedem Laut von dir erwachet
Toter Wonne Qualerinnerung,
Jeder deiner holden Blicke fachet
Die unsterbliche Verzweifelung.

Hölle, Hölle, wo ich dich vermisse,
Hölle, wo mein Auge dich erblickt,
Eumenidenruten deine Küsse,
Die von *seinen* Lippen mich entzückt!
Seine Eide donnern aus dem Grabe wieder,
Ewig, ewig würgt sein Meineid fort,

Ewig – hier umstrickte mich die Hyder –
Und vollendet war der Mord –

Joseph! Joseph! auf entfernte Meilen
Jage dir der grimme Schatten nach,
Mög mit kalten Armen dich ereilen,
Donnre dich aus Wonneträumen wach,
Im Geflimmer sanfter Sterne zucke
Dir des Kindes krasser Sterbeblick,
Es begegne dir im blutgen Schmucke,
Geißle dich vom Paradies zurück.

Seht, da lag es – lag im warmen Blute,
Das noch kurz im Mutterherzen sprang,
Hingemetzelt mit Erinnysmute,
Wie ein Veilchen unter Sensenklang; – –
Schröcklich pocht schon des Gerichtes Bote,
Schröcklicher mein Herz!
Freudig eilt' ich, in dem kalten Tode
Auszulöschen meinen Flammenschmerz.

Joseph! Gott im Himmel kann verzeihen,
Dir verzeiht die Sünderin.
Meinen Groll will ich der Erde weihen,
Schlage, Flamme, durch den Holzstoß hin –
Glücklich! Glücklich! Seine Briefe lodern,
Seine Eide frisst ein siegend Feur,
Seine Küsse! – wie sie hochan flodern! –
Was auf Erden war mir einst so teur?

Trauet nicht den Rosen eurer Jugend,
Trauet, Schwestern, Männerschwüren nie!
Schönheit war die Falle meiner Tugend,
Auf der Richtstatt hier verfluch ich sie! –
Zähren? Zähren in des Würgers Blicken?
Schnell die Binde um mein Angesicht!
Henker, kannst du keine Lilie knicken?
Bleicher Henker, zittre nicht! – – –

Die Götter Griechenlands

[Enstanden 1793-1800; Erstdruck 1800]

Da ihr noch die schöne Welt regieret,
An der Freude leichtem Gängelband
Selige Geschlechter noch geführet,
Schöne Wesen aus dem Fabelland!
Ach, da euer Wonnedienst noch glänzte,
Wie ganz anders, anders war es da!
Da man deine Tempel noch bekränzte,
Venus Amathusia!

Da der Dichtung zauberische Hülle
Sich noch lieblich um die Wahrheit wand –
Durch die Schöpfung floss da Lebensfülle,
Und was nie empfinden wird, empfand.
An der Liebe Busen sie zu drücken,
Gab man höhern Adel der Natur,
Alles wies den eingeweihten Blicken,
Alles eines Gottes Spur.

Wo jetzt nur, wie unsre Weisen sagen,
Seelenlos ein Feuerball sich dreht,
Lenkte damals seinen goldnen Wagen
Helios in stiller Majestät.
Diese Höhen füllten Oreaden,
Eine Dryas lebt' in jenem Baum,
Aus den Urnen lieblicher Najaden
Sprang der Ströme Silberschaum.

Jener Lorbeer wand sich einst um Hilfe,
Tantals Tochter schweigt in diesem Stein,
Syrinx' Klage tönt' aus jenem Schilfe,
Philomelas Schmerz aus diesem Hain.
Jener Bach empfing Demeters Zähre,
Die sie um Persephonen geweint,
Und von diesem Hügel rief Cythere,
Ach umsonst! dem schönen Freund.

Zu Deukalions Geschlechte stiegen

Damals noch die Himmlischen herab,
Pyrrhas schöne Töchter zu besiegen,
Nahm der Leto Sohn den Hirtenstab.
Zwischen Menschen, Göttern und Heroen
Knüpfte Amor einen schönen Bund,
Sterbliche mit Göttern und Heroen
Huldigten in Amathunt.

Finstrer Ernst und trauriges Entsagen
War aus eurem heitern Dienst verbannt,
Glücklich sollten alle Herzen schlagen,
Denn euch war der Glückliche verwandt.
Damals war nichts heilig als das Schöne,
Keiner Freude schämte sich der Gott,
Wo die keusch errötende Kamöne,
Wo die Grazie gebot.

Eure Tempel lachten gleich Palästen,
Euch verherrlichte das Heldenspiel
An des Isthmus kronenreichen Festen,
Und die Wagen donnerten zum Ziel.
Schön geschlungne seelenvolle Tänze
Kreisten um den prangenden Altar,
Eure Schläfen schmückten Siegeskränze,
Kronen euer duftend Haar.

Das Evoë muntrer Thyrsusschwinger
Und der Panther prächtiges Gespann
Meldeten den großen Freudebringer,
Faun und Satyr taumeln ihm voran,
Um ihn springen rasende Mänaden,
Ihre Tänze loben seinen Wein,
Und des Wirtes braune Wangen laden
Lustig zu dem Becher ein.

Damals trat kein grässliches Gerippe
Vor das Bett des Sterbenden. Ein Kuss
Nahm das letzte Leben von der Lippe,
Seine Fackel senkt' ein Genius.

Selbst des Orkus strenge Richterwaage
Hielt der Enkel einer Sterblichen,
Und des Thrakers seelenvolle Klage
Rührte die Erinnyen.

Seine Freuden traf der frohe Schatten
In Elysiens Hainen wieder an,
Treue Liebe fand den treuen Gatten
Und der Wagenlenker seine Bahn,
Linus' Spiel tönt die gewohnten Lieder,
In Alcestens Arme sinkt Admet,
Seinen Freund erkennt Orestes wieder,
Seine Pfeile Philoktet.

Höhre Preise stärkten da den Ringer
Auf der Tugend arbeitvoller Bahn,
Großer Taten herrliche Vollbringer
Klimmten zu den Seligen hinan.
Vor dem Wiederforderer der Toten
Neigte sich der Götter stille Schar;
Durch die Fluten leuchtet dem Piloten
Vom Olymp das Zwillingspaar.

Schöne Welt, wo bist du? Kehre wieder,
Holdes Blütenalter der Natur!
Ach, nur in dem Feenland der Lieder
Lebt noch deine fabelhafte Spur.
Ausgestorben trauert das Gefilde,
Keine Gottheit zeigt sich meinem Blick,
Ach, von jenem lebenswarmen Bilde
Blieb der Schatten nur zurück.

Alle jene Blüten sind gefallen
Von des Nordes schauerlichem Wehn,
Einen zu bereichern unter allen,
Musste diese Götterwelt vergehn.
Traurig such ich an dem Sternenbogen,
Dich, Selene, find ich dort nicht mehr,
Durch die Wälder ruf ich, durch die Wogen,

Ach, sie widerhallen leer!

Unbewusst der Freuden, die sie schenket,
Nie entzückt von ihrer Herrlichkeit,
Nie gewahr des Geistes, der sie lenket,
Selger nie durch meine Seligkeit,
Fühllos selbst für ihres Künstlers Ehre,
Gleich dem toten Schlag der Pendeluhr,
Dient sie knechtisch dem Gesetz der Schwere,
Die entgötterte Natur.

Morgen wieder neu sich zu entbinden,
Wühlt sie heute sich ihr eignes Grab,
Und an ewig gleicher Spindel winden
Sich von selbst die Monde auf und ab.
Müßig kehrten zu dem Dichterlande
Heim die Götter, unnütz einer Welt,
Die, entwachsen ihrem Gängelbande,
Sich durch eignes Schweben hält.

Ja, sie kehrten heim, und alles Schöne,
Alles Hohe nahmen sie mit fort,
Alle Farben, alle Lebenstöne,
Und uns blieb nur das entseelte Wort.
Aus der Zeitflut weggerissen, schweben
Sie gerettet auf des Pindus Höhn,
Was unsterblich im Gesang soll leben,
Muss im Leben untergehn.

Hero und Leander

[Erstdruck 1801]

Seht ihr dort die altergrauen
Schlösser sich entgegen schauen,
Leuchtend in der Sonne Gold,
Wo der Hellespont die Wellen
Brausend durch der Dardanellen
Hohe Felsenpforte rollt?
Hört ihr jene Brandung stürmen,

Die sich an den Felsen bricht?
Asien riss sie von Europen,
Doch die Liebe schreckt sie nicht.

Heros und Leanders Herzen
Rührte mit dem Pfeil der Schmerzen
Amors heilge Göttermacht.
Hero, schön wie Hebe blühend,
Er, durch die Gebirge ziehend
Rüstig, im Geräusch der Jagd.
Doch der Väter feindlich Zürnen
Trennte das verbundne Paar,
Und die süße Frucht der Liebe
Hing am Abgrund der Gefahr.

Dort auf Sestos' Felsenturme,
Den mit ewgem Wogensturme
Schäumend schlägt der Hellespont,
Saß die Jungfrau, einsam grauend,
Nach Abydos' Küste schauend,
Wo der Heißgeliebte wohnt.
Ach, zu dem entfernten Strande
Baut sich keiner Brücke Steg,
Und kein Fahrzeug stößt vom Ufer,
Doch die Liebe fand den Weg.

Aus des Labyrinthes Pfaden
Leitet sie mit sicherm Faden,
Auch den Blöden macht sie klug,
Beugt ins Joch die wilden Tiere,
Spannt die feuersprühnden Stiere
An den diamantnen Pflug.
Selbst der Styx, der neunfach fließet,
Schließt die wagende nicht aus,
Mächtig raubt sie das Geliebte
Aus des Pluto finsterm Haus.

Auch durch des Gewässers Fluten
Mit der Sehnsucht feurgen Gluten

Stachelt sie Leanders Mut.
Wenn des Tages heller Schimmer
Bleichet, stürzt der kühne Schwimmer
In des Pontus finstre Flut,
Teilt mit starkem Arm die Woge,
Strebend nach dem teuren Strand,
Wo auf hohem Söller leuchtend
Winkt der Fackel heller Brand.

Und in weichen Liebesarmen
Darf der Glückliche erwarmen
Von der schwer bestandnen Fahrt,
Und den Götterlohn empfangen,
Den in seligem Umfangen
Ihm die Liebe aufgespart,
Bis den Säumenden Aurora
Aus der Wonne Träumen weckt,
Und ins kalte Bett des Meeres
Aus dem Schoß der Liebe schreckt.

Und so flohen dreißig Sonnen
Schnell, im Raub verstohlner Wonnen,
Dem beglückten Paar dahin,
Wie der Brautnacht süße Freuden,
Die die Götter selbst beneiden,
Ewig jung und ewig grün.
Der hat nie das Glück gekostet,
Der die Frucht des Himmels nicht
Raubend an des Höllenflusses
Schauervollem Rande bricht.

Hesper und Aurora zogen
Wechselnd auf am Himmelsbogen,
Doch die Glücklichen, sie sahn
Nicht den Schmuck der Blätter fallen,
Nicht aus Nords beeisten Hallen
Den ergrimmten Winter nahn.
Freudig sahen sie des Tages

Immer kürzern, kürzern Kreis,
Für das längre Glück der Nächte
Dankten sie betört dem Zeus.

Und es gleichte schon die Waage
An dem Himmel Nächt und Tage,
Und die holde Jungfrau stand
Harrend auf dem Felsenschlosse,
Sah hinab die Sonnenrosse
Fliehen an des Himmels Rand.
Und das Meer lag still und eben,
Einem reinen Spiegel gleich,
Keines Windes leises Weben
Regte das kristallne Reich.

Lustige Delphinenscharen
Scherzten in dem silberklaren
Reinen Element umher,
Und in schwärzlicht grauen Zügen
Aus dem Meergrund aufgestiegen
Kam der Tethys buntes Heer.
Sie, die einzigen, bezeugten
Den verstohlnen Liebesbund,
Aber ihnen schloss auf ewig
Hekate den stummen Mund.

Und sie freute sich des schönen
Meeres, und mit Schmeicheltönen
Sprach sie zu dem Element:
»Schöner Gott! du solltest trügen?
Nein, den Frevler straf ich Lügen,
Der dich falsch und treulos nennt.
Falsch ist das Geschlecht der Menschen,
Grausam ist des Vaters Herz,
Aber du bist mild und gütig,
Und dich rührt der Liebe Schmerz.

In den öden Felsenmauern
Müsst ich freudlos einsam trauern

Und verblühn in ewgem Harm,
Doch du trägst auf deinem Rücken
Ohne Nachen, ohne Brücken,
Mir den Freund in meinen Arm.
Grauenvoll ist deine Tiefe,
Furchtbar deiner Wogen Flut,
Aber dich erfleht die Liebe,
Dich bezwingt der Heldenmut.

Denn auch dich, den Gott der Wogen,
Rührte Eros' mächtger Bogen,
Als des goldnen Widders Flug
Helle, mit dem Bruder fliehend,
Schön in Jugendfülle blühend,
Über deine Tiefe trug.
Schnell von ihrem Reiz besieget
Griffst du aus dem finstern Schlund,
Zogst sie von des Widders Rücken
Nieder in den Meeresgrund.

Eine Göttin mit dem Gotte,
In der tiefen Wassergrotte
Lebt sie jetzt unsterblich fort,
Hilfreich der verfolgten Liebe
Zähmt sie deine wilden Triebe,
Führt den Schiffer in den Port.
Schöne Helle! Holde Göttin!
Selige, dich fleh ich an:
Bring auch heute den Geliebten
Mir auf der gewohnten Bahn.«

Und schon dunkelten die Fluten,
Und sie ließ der Fackel Gluten
Von dem hohen Söller wehn.
Leitend in den öden Reichen
Sollte das vertraute Zeichen
Der geliebte Wandrer sehn.
Und es saust und dröhnt von ferne,

Finster kräuselt sich das Meer,
Und es löscht das Licht der Sterne,
Und es naht gewitterschwer.

Auf des Pontus weite Fläche
Legt sich Nacht, und Wetterbäche
Stürzen aus der Wolken Schoß,
Blitze zucken in den Lüften,
Und aus ihren Felsengrüften
Werden alle Stürme los,
Wühlen ungeheure Schlünde
In den weiten Wasserschlund,
Gähnend wie ein Höllenrachen
Öffnet sich des Meeres Grund.

»Wehe! Weh mir!« ruft die Arme
Jammernd, »Großer Zeus, erbarme!
Ach! Was wagt' ich zu erflehn!
Wenn die Götter mich erhören,
Wenn er sich den falschen Meeren
Preisgab in des Sturmes Wehn!
Alle meergewohnten Vögel
Ziehen heim in eilger Flucht,
Alle sturmerprobten Schiffe
Bergen sich in sichrer Bucht.

Ach gewiss, der Unverzagte
Unternahm das oft Gewagte,
Denn ihn trieb ein mächtger Gott.
Er gelobte mir's beim Scheiden
Mit der Liebe heilgen Eiden,
Ihn entbindet nur der Tod.
Ach! in diesem Augenblicke
Ringt er mit des Sturmes Wut,
Und hinab in ihre Schlünde
Reißt ihn die empörte Flut.

Falscher Pontus, deine Stille
War nur des Verrates Hülle,

Einem Spiegel warst du gleich,
Tückisch ruhten deine Wogen,
Bis du ihn heraus betrogen
In dein falsches Lügenreich.
Jetzt in deines Stromes Mitte,
Da die Rückkehr sich verschloss,
Lässest du auf den Verratnen
Alle deine Schrecken los.«

Und es wächst des Sturmes Toben,
Hoch zu Bergen aufgehoben
Schwillt das Meer, die Brandung bricht
Schäumend sich am Fuß der Klippen,
Selbst das Schiff mit Eichenrippen
Nahte unzerschmettert nicht.
Und im Wind erlischt die Fackel
Die des Pfades Leuchte war,
Schrecken bietet das Gewässer,
Schrecken auch die Landung dar.

Und sie fleht zur Aphrodite,
Dass sie dem Orkan gebiete,
Sänftige der Wellen Zorn,
Und gelobt, den strengen Winden
Reiche Opfer anzuzünden,
Einen Stier mit goldnem Horn.
Alle Göttinnen der Tiefe,
Alle Götter in der Höh
Fleht sie, lindernd Öl zu gießen
In die sturmbewegte See.

»Höre meinen Ruf erschallen,
Steig aus deinen grünen Hallen,
Selige Leukothea!
Die der Schiffer in dem öden
Wellenreich, in Sturmesnöten
Rettend oft erscheinen sah.
Reich ihm deinen heilgen Schleier,

Der, geheimnisvoll gewebt,
Die ihn tragen, unverletzlich
Aus dem Grab der Fluten hebt.«

Und die wilden Winde schweigen,
Hell an Himmels Rande steigen
Eos' Pferde in die Höh.
Friedlich in dem alten Bette
Fließt das Meer in Spiegelsglätte,
Heiter lächeln Luft und See.
Sanfter brechen sich die Wellen
An des Ufers Felsenwand,
Und sie schwemmen, ruhig spielend,
Einen Leichnam an den Strand.

Ja, er ist's, der, auch entseelet,
Seinem heilgen Schwur nicht fehlet!
Schnellen Blicks erkennt sie ihn,
Keine Klage lässt sie schallen,
Keine Träne sieht man fallen,
Kalt, verzweifelnd starrt sie hin.
Trostlos in die öde Tiefe
Blickt sie, in des Äthers Licht,
Und ein edles Feuer rötet
Das erbleichte Angesicht.

»Ich erkenn euch, ernste Mächte,
Strenge treibt ihr eure Rechte,
Furchtbar, unerbittlich ein.
Früh schon ist mein Lauf beschlossen,
Doch das Glück hab ich genossen,
Und das schönste Los war mein.
Lebend hab ich deinem Tempel
Mich geweiht als Priesterin,
Dir ein freudig Opfer sterb ich,
Venus, große Königin!«

Und mit fliegendem Gewande
Schwingt sie von des Turmes Rande

In die Meerflut sich hinab.
Hoch in seinen Flutenreichen
Wälzt der Gott die heilgen Leichen,
Und er selber ist ihr Grab.
Und mit seinem Raub zufrieden
Zieht er freudig fort und gießt
Aus der unerschöpften Urne
Seinen Strom, der ewig fließt.

Kassandra

[Erstdruck 1802]

Freude war in Trojas Hallen,
Eh die hohe Feste fiel,
Jubelhymnen hört man schallen
In der Saiten goldnes Spiel.
Alle Hände ruhen müde
Von dem tränenvollen Streit,
Weil der herrliche Pelide
Priams schöne Tochter freit.

Und geschmückt mit Lorbeerreisern,
Festlich wallet Schar auf Schar
Nach der Götter heilgen Häusern,
Zu des Thymbriers Altar.
Dumpferbrausend durch die Gassen
Wälzt sich die bacchantsche Lust,
Und in ihrem Schmerz verlassen
War nur *eine* traurge Brust.

Freudlos in der Freude Fülle,
Ungesellig und allein,
Wandelte Kassandra stille
In Apollos Lorbeerhain.
In des Waldes tiefste Gründe
Flüchtete die Seherin,
Und sie warf die Priesterbinde
Zu der Erde zürnend hin:

»Alles ist der Freude offen
Alle Herzen sind beglückt,
Und die alten Eltern hoffen,
Und die Schwester steht geschmückt.
Ich allein muss einsam trauern,
Denn mich flieht der süße Wahn,
Und geflügelt diesen Mauern
Seh ich das Verderben nahn.

Eine Fackel seh ich glühen,
Aber nicht in Hymens Hand,
Nach den Wolken seh ich's ziehen,
Aber nicht wie Opferbrand.
Feste seh ich froh bereiten,
Doch im ahnungsvollen Geist
Hör ich schon des Gottes Schreiten,
Der sie jammervoll zerreißt.

Und sie schelten meine Klagen,
Und sie höhnen meinen Schmerz,
Einsam in die Wüste tragen
Muss ich mein gequältes Herz,
Von den Glücklichen gemieden
Und den Fröhlichen ein Spott!
Schweres hast du mir beschieden,
Pythischer, du arger Gott!

Dein Orakel zu verkünden,
Warum warfest du mich hin
In die Stadt der ewig Blinden
Mit dem aufgeschlossnen Sinn?
Warum gabst du mir zu sehen,
Was ich doch nicht wenden kann?
Das Verhängte muss geschehen,
Das Gefürchtete muss nahn.

Frommt's, den Schleier aufzuheben,
Wo das nahe Schrecknis droht?
Nur der Irrtum ist das Leben,

Und das Wissen ist der Tod.
Nimm, o nimm die traurge Klarheit,
Mir vom Aug den blutgen Schein,
Schrecklich ist es, deiner Wahrheit
Sterbliches Gefäß zu sein.

Meine Blindheit gib mir wieder
Und den fröhlich dunkeln Sinn,
Nimmer sang ich freudge Lieder,
Seit ich *deine* Stimme bin.
Zukunft hast du mir gegeben,
Doch du nahmst den Augenblick,
Nahmst der Stunde fröhlich Leben,
Nimm dein falsch Geschenk zurück!

Nimmer mit dem Schmuck der Bräute
Kränzt ich mir das duftge Haar,
Seit ich deinem Dienst mich weihte
An dem traurigen Altar.
Meine Jugend war nur Weinen,
Und ich kannte nur den Schmerz,
Jede herbe Not der Meinen
Schlug an mein empfindend Herz.

Fröhlich seh ich die Gespielen,
Alles um mich lebt und liebt
In der Jugend Lustgefühlen,
Mir nur ist das Herz getrübt.
Mir erscheint der Lenz vergebens,
Der die Erde festlich schmückt,
Wer erfreute sich des Lebens,
Der in seine Tiefen blickt!

Selig preis ich Polyxenen
In des Herzens trunkenem Wahn,
Denn den besten der Hellenen
Hofft sie bräutlich zu umfahn.
Stolz ist ihre Brust gehoben,
Ihre Wonne fasst sie kaum,

Nicht euch Himmlische dort oben
Neidet sie in ihrem Traum.

Und auch ich hab ihn gesehen,
Den das Herz verlangend wählt,
Seine schönen Blicke flehen,
Von der Liebe Glut beseelt.
Gerne möcht ich mit dem Gatten
In die heimsche Wohnung ziehn,
Doch es tritt ein stygscher Schatten
Nächtlich zwischen mich und ihn.

Ihre bleichen Larven alle
Sendet mir Proserpina,
Wo ich wandre, wo ich walle,
Stehen mir die Geister da.
In der Jugend frohe Spiele
Drängen sie sich grausend ein,
Ein entsetzliches Gewühle,
Nimmer kann ich fröhlich sein.

Und den Mordstahl seh ich blinken
Und das Mörderauge glühn,
Nicht zur Rechten, nicht zur Linken
Kann ich vor dem Schrecknis fliehn,
Nicht die Blicke darf ich wenden,
Wissend, schauend, unverwandt
Muss ich mein Geschick vollenden,
Fallend in dem fremden Land.« –

Und noch hallen ihre Worte,
Horch! da dringt verworrner Ton
Fernher aus des Tempels Pforte,
Tot lag Thetis' großer Sohn!
Eris schüttelt ihre Schlangen,
Alle Götter fliehn davon,
Und des Donners Wolken hangen
Schwer herab auf Ilion.

Der Graf von Habsburg

[Erstdruck 1803]

Zu Aachen in seiner Kaiserpracht,
Im altertümlichen Saale,
Saß König Rudolfs heilige Macht
Beim festlichen Krönungsmahle.
Die Speisen trug der Pfalzgraf des Rheins,
Es schenkte der Böhme des perlenden Weins,
Und alle die Wähler, die sieben,
Wie der Sterne Chor um die Sonne sich stellt,
Umstanden geschäftig den Herrscher der Welt,
Die Würde des Amtes zu üben.

Und rings erfüllte den hohen Balkon
Das Volk in freudgem Gedränge,
Laut mischte sich in der Posaunen Ton
Das jauchzende Rufen der Menge.
Denn geendigt nach langem verderblichen Streit
War die kaiserlose, die schreckliche Zeit,
Und ein Richter war wieder auf Erden.
Nicht blind mehr waltet der eiserne Speer,
Nicht fürchtet der Schwache, der Friedliche mehr,
Des Mächtigen Beute zu werden.

Und der Kaiser ergreift den goldnen Pokal
Und spricht mit zufriedenen Blicken:
»Wohl glänzet das Fest, wohl pranget das Mahl,
Mein königlich Herz zu entzücken;
Doch den Sänger vermiss ich, den Bringer der Lust,
Der mit süßem Klang mir bewege die Brust
Und mit göttlich erhabenen Lehren.
So hab ich's gehalten von Jugend an,
Und was ich als Ritter gepflegt und getan,
Nicht will ich's als Kaiser entbehren.«

Und sieh! in der Fürsten umgebenden Kreis
Trat der Sänger im langen Talare,
Ihm glänzte die Locke silberweiß,

Gebleicht von der Fülle der Jahre.
»Süßer Wohllaut schläft in der Saiten Gold,
Der Sänger singt von der Minne Sold,
Er preiset das Höchste, das Beste,
Was das Herz sich wünscht, was der Sinn begehrt,
Doch sage, was ist des Kaisers wert
An seinem herrlichsten Feste?«

»Nicht gebieten werd ich dem Sänger«, spricht
Der Herrscher mit lächelndem Munde,
»Er steht in des größeren Herren Pflicht,
Er gehorcht der gebietenden Stunde:
Wie in den Lüften der Sturmwind saust,
Man weiß nicht, von wannen er kommt und braust,
Wie der Quell aus verborgenen Tiefen,
So des Sängers Lied aus dem Innern schallt
Und wecket der dunkeln Gefühle Gewalt,
Die im Herzen wunderbar schliefen.«

Und der Sänger rasch in die Saiten fällt
Und beginnt sie mächtig zu schlagen:
»Aufs Weidwerk hinaus ritt ein edler Held,
Den flüchtigen Gemsbock zu jagen.
Ihm folgte der Knapp mit dem Jägergeschoss,
Und als er auf seinem stattlichen Ross
In eine Au kommt geritten,
Ein Glöcklein hört er erklingen fern,
Ein Priester war's mit dem Leib des Herrn,
Voran kam der Mesner geschritten.

Und der Graf zur Erde sich neiget hin,
Das Haupt mit Demut entblößet,
Zu verehren mit gläubigem Christensinn,
Was alle Menschen erlöset.
Ein Bächlein aber rauschte durchs Feld,
Von des Gießbachs reißenden Fluten geschwellt,
Das hemmte der Wanderer Tritte,
Und beiseit legt jener das Sakrament,

Von den Füßen zieht er die Schuhe behänd,
Damit er das Bächlein durchschritte.

›Was schaffst du?‹ redet der Graf ihn an,
Der ihn verwundert betrachtet.
›Herr, ich walle zu einem sterbenden Mann,
Der nach der Himmelskost schmachtet.
Und da ich mich nahe des Baches Steg,
Da hat ihn der strömende Gießbach hinweg
Im Strudel der Wellen gerissen.
Drum dass dem Lechzenden werde sein Heil,
So will ich das Wässerlein jetzt in Eil
Durchwaten mit nackenden Füßen.‹

Da setzt ihn der Graf auf sein ritterlich Pferd
Und reicht ihm die prächtigen Zäume,
Dass er labe den Kranken, der sein begehrt,
Und die heilige Pflicht nicht versäume.
Und er selber auf seines Knappen Tier
Vergnüget noch weiter des Jagens Begier,
Der andre die Reise vollführet,
Und am nächsten Morgen, mit dankendem Blick,
Da bringt er dem Grafen sein Ross zurück,
Bescheiden am Zügel geführet.

›Nicht wolle das Gott‹, rief mit Demutsinn
Der Graf, ›dass zum Streiten und Jagen
Das Ross ich beschritte fürderhin,
Das meinen Schöpfer getragen!
Und magst du's nicht haben zu eignem Gewinst,
So bleib es gewidmet dem göttlichen Dienst,
Denn ich hab es *dem* ja gegeben,
Von dem ich Ehre und irdisches Gut
Zu Lehen trage und Leib und Blut
Und Seele und Atem und Leben.‹

›So mög Euch Gott, der allmächtige Hort,
Der das Flehen der Schwachen erhöret,
Zu Ehren Euch bringen hier und dort,

So wie Ihr jetzt ihn geehret.
Ihr seid ein mächtiger Graf, bekannt
Durch ritterlich Walten im Schweizerland,
Euch blühn sechs liebliche Töchter.
So mögen sie‹, rief er begeistert aus,
›Sechs Kronen Euch bringen in Euer Haus
Und glänzen die spätsten Geschlechter!‹«

Und mit sinnendem Haupt saß der Kaiser da,
Als dächt er vergangener Zeiten,
Jetzt, da er dem Sänger ins Auge sah,
Da ergreift ihn der Worte Bedeuten.
Die Züge des Priesters erkennt er schnell
Und verbirgt der Tränen stürzenden Quell
In des Mantels purpurnen Falten.
Und alles blickte den Kaiser an
Und erkannte den Grafen, der das getan,
Und verehrte das göttliche Walten.

Anmerkung: Tschudi, der uns diese Anekdote überliefert hat, erzählt auch, dass der Priester, dem dieses mit dem Grafen von Habsburg begegnet, nachher Kaplan bei dem Kurfürsten von Mainz geworden und nicht wenig dazu beigetragen habe, bei der nächsten Kaiserwahl, die auf das große Interregnum erfolgte, die Gedanken des Kurfürsten auf den Grafen von Habsburg zu richten. – Für die, welche die Geschichte jener Zeit kennen, bemerke ich noch, dass ich recht gut weiß, dass Böhmen sein Erzamt bei Rudolfs Kaiserkrönung nicht ausübte.

Der Alpenjäger

[Erstdruck 1804]

Willst du nicht das Lämmlein hüten?
Lämmlein ist so fromm und sanft,
Nährt sich von des Grases Blüten,
Spielend an des Baches Ranft.
»Mutter, Mutter, lass mich gehen,
Jagen nach des Berges Höhen!«

Willst du nicht die Herde locken
Mit des Hornes munterm Klang?
Lieblich tönt der Schall der Glocken
In des Waldes Lustgesang.
»Mutter, Mutter, lass mich gehen,
Schweifen auf den wilden Höhen!«

Willst du nicht der Blümlein warten,
Die im Beete freundlich stehn?
Draußen ladet dich kein Garten,
Wild ist's auf den wilden Höhn!
»Lass die Blümlein, lass sie blühen!
Mutter, Mutter, lass mich ziehen!«

Und der Knabe ging zu jagen,
Und es treibt und reißt ihn fort,
Rastlos fort mit blindem Wagen
An des Berges finstern Ort,
Vor ihm her mit Windesschnelle
Flieht die zitternde Gazelle.

Auf der Felsen nackte Rippen
Klettert sie mit leichtem Schwung,
Durch den Riss geborstner Klippen
Trägt sie der gewagte Sprung,
Aber hinter ihr verwogen
Folgt er mit dem Todesbogen.

Jetzo auf den schroffen Zinken
Hängt sie, auf dem höchsten Grat,

Wo die Felsen jäh versinken
Und verschwunden ist der Pfad.
Unter sich die steile Höhe,
Hinter sich des Feindes Nähe.

Mit des Jammers stummen Blicken
Fleht sie zu dem harten Mann,
Fleht umsonst, denn loszudrücken
Legt er schon den Bogen an.
Plötzlich aus der Felsenspalte
Tritt der Geist, der Bergesalte.

Und mit seinen Götterhänden
Schützt er das gequälte Tier.
»Musst du Tod und Jammer senden«,
Ruft er, »bis herauf zu mir?
Raum für alle hat die Erde,
Was verfolgst du meine Herde?«

Clemens Brentano

(1778-1842)

Auf dem Rhein

[Aus dem Roman »Godwi«, 1802; spätere handschriftliche Fassung]

Ein Fischer saß im Kahne,
Ihm war das Herz so schwer
Sein Lieb war ihm gestorben,
Das glaubt er nimmermehr.

Und bis die Sternlein blinken,
Und bis zum Mondenschein
Harrt er sein Lieb zu fahren
Wohl auf dem tiefen Rhein.

Da kommt sie bleich geschlichen,
Und schwebet in den Kahn
Und schwanket in den Knieen,
Hat nur ein Hemdlein an.

Sie schwimmen auf den Wellen
Hinab in tiefer Ruh',
Da zittert sie, und wanket,
Feinsliebchen, frierest du?

Dein Hemdlein spielt im Winde,
Das Schifflein treibt so schnell,
Hüll' dich in meinen Mantel,
Die Nacht ist kühl und hell.

Stumm streckt sie nach den Bergen
Die weißen Arme aus,
Und lächelt, da der Vollmond
Aus Wolken blickt heraus.

Und nickt den alten Türmen,
Und will den Sternenschein
Mit ihren starren Händlein
Erfassen in dem Rhein.

O halte dich doch stille,
Herzallerliebstes Gut!
Dein Hemdlein spielt im Winde,
Und reißt dich in die Flut.

Da fliegen große Städte,
An ihrem Kahn vorbei,
Und in den Städten klingen
Wohl Glocken mancherlei.

Da kniet das Mägdlein nieder,
Und faltet seine Händ'
Aus sehen hellen Augen
Ein tiefes Feuer brennt.

Feinsliebchen bet' hübsch stille,
Schwank' nit so hin und her,
Der Kahn möcht' uns versinken,
Der Wirbel reißt so sehr.

In einem Nonnenkloster
Da singen Stimmen fein,
Und aus dem Kirchenfenster
Bricht her der Kerzenschein.

Da singt Feinslieb gar helle,
Die Metten in dem Kahn,
Und sieht dabei mit Tränen
Den Fischerknaben an.

Da singt der Knab' gar traurig
Die Metten in dem Kahn
Und sieht dazu Feinsliebchen
Mit stummen Blicken an.

Und rot und immer röter
Wird nun die tiefe Flut,
Und bleich und immer bleicher
Feinsliebchen werden tut.

Der Mond ist schon zerronnen
Kein Sternlein mehr zu sehn,

Und auch dem lieben Mägdlein
Die Augen schon vergehn.

Lieb Mägdlein, guten Morgen,
Lieb Mägdlein gute Nacht!
Warum willst du nun schlafen,
Da schon der Tag erwacht?

Die Türme blinken sonnig,
Es rauscht der grüne Wald,
Vor wildentbrannten Weisen,
Der Vogelsang erschallt.

Da will er sie erwecken,
Dass sie die Freude hör',
Er schaut zu ihr hinüber,
Und findet sie nicht mehr.

Ein Schwälblein strich vorüber,
Und netzte seine Brust,
Woher, wohin geflogen,
Das hat kein Mensch gewusst.

Der Knabe liegt im Kahne
Lässt alles Rudern sein,
Und treibet weiter, weiter
Bis in die See hinein.

Ich schwamm im Meeresschiffe
Aus fremder Welt einher,
Und dacht' an Lieb und Leben,
Und sehnte mich so sehr.

Ein Schwälblein flog vorüber,
Der Kahn schwamm still einher,
Der Fischer sang dies Liedchen,
Als ob ich's selber wär'.

Lore Lay

[(Entstanden 1800; aus dem zweiten Teil des Romans Godwi, 1802]

Zu Bacharach am Rheine
Wohnt eine Zauberin,
Sie war so schön und feine
Und riss viel Herzen hin.

Und brachte viel zu schanden
Der Männer rings umher,
Aus ihren Liebesbanden
War keine Rettung mehr.

Der Bischof ließ sie laden
Vor geistliche Gewalt –
Und musste sie begnaden,
So schön war ihr' Gestalt.

Er sprach zu ihr gerühret:
»Du arme Lore Lay!
Wer hat dich denn verführet
Zu böser Zauberei?«

»Herr Bischof lasst mich sterben,
Ich bin des Lebens müd,
Weil jeder muss verderben,
Der meine Augen sieht.

Die Augen sind zwei Flammen,
Mein Arm ein Zauberstab –
O legt mich in die Flammen!
O brechet mir den Stab!«

»Ich kann dich nicht verdammen,
Bis du mir erst bekennt,
Warum in diesen Flammen
Mein eigen Herz schon brennt.

Den Stab kann ich nicht brechen,
Du schöne Lore Lay!
Ich müsste dann zerbrechen

Mein eigen Herz entzwei.«

»Herr Bischof mit mir Armen
Treibt nicht so bösen Spott,
Und bittet um Erbarmen,
Für mich den lieben Gott.

Ich darf nicht länger leben,
Ich liebe keinen mehr –
Den Tod sollt Ihr mir geben,
Drum kam ich zu Euch her. –

Mein Schatz hat mich betrogen,
Hat sich von mir gewandt,
Ist fort von hier gezogen,
Fort in ein fremdes Land.

Die Augen sanft und wilde,
Die Wangen rot und weiß,
Die Worte still und milde
Das ist mein Zauberkreis.

Ich selbst muss drin verderben,
Das Herz tut mir so weh,
Vor Schmerzen möcht' ich sterben,
Wenn ich mein Bildnis seh'.

Drum lasst mein Recht mich finden,
Mich sterben, wie ein Christ,
Denn alles muss verschwinden,
Weil er nicht bei mir ist.«

Drei Ritter lässt er holen:
»Bringt sie ins Kloster hin,
Geh Lore! – Gott befohlen
Sei dein berückter Sinn.

Du sollst ein Nönnchen werden,
Ein Nönnchen schwarz und weiß,
Bereite dich auf Erden
Zu deines Todes Reis'.«

Zum Kloster sie nun ritten,
Die Ritter alle drei,
Und traurig in der Mitten
Die schöne Lore Lay.

»O Ritter lasst mich gehen,
Auf diesen Felsen groß,
Ich will noch einmal sehen
Nach meines Lieben Schloss.

Ich will noch einmal sehen
Wohl in den tiefen Rhein,
Und dann ins Kloster gehen
Und Gottes Jungfrau sein.«

Der Felsen ist so jähe,
So steil ist seine Wand,
Doch klimmt sie in die Höhe,
Bis dass sie oben stand.

Es binden die drei Ritter,
Die Rosse unten an,
Und klettern immer weiter,
Zum Felsen auch hinan.

Die Jungfrau sprach: »da gehet
Ein Schifflein auf dem Rhein,
Der in dem Schifflein stehet,
Der soll mein Liebster sein.

Mein Herz wird mir so munter,
Er muss mein Liebster sein! –«
Da lehnt sie sich hinunter
Und stürzet in den Rhein.

Die Ritter mussten sterben,
Sie konnten nicht hinab,
Sie mussten all verderben,
Ohn' Priester und ohn' Grab.

Wer hat dies Lied gesungen?
Ein Schiffer auf dem Rhein,

Und immer hat's geklungen
Von dem drei Ritterstein:

Lore Lay
Lore Lay
Lore Lay

Als wären es meiner drei.

Adelbert von Chamisso

(1781-1838)

Die Sonne bringt es an den Tag

[1827]

Gemächlich in der Werkstatt saß
Zum Frühtrunk Meister Nikolas,
Die junge Hausfrau schenkt' ihm ein,
Es war im heitern Sonnenschein. –
Die Sonne bringt es an den Tag.

Die Sonne blinkt von der Schale Rand,
Malt zitternde Kringeln an die Wand,
Und wie den Schein er ins Auge fasst,
So spricht er für sich, indem er erblasst:
»Du bringst es doch nicht an den Tag.«

»Wer nicht? was nicht?« die Frau fragt gleich,
»Was stierst du so an? was wirst du so bleich?«
Und er darauf: »Sei still, nur still;
Ich's doch nicht sagen kann, noch will.
Die Sonne bringt's nicht an den Tag.«

Die Frau nur dringender forscht und fragt,
Mit Schmeicheln ihn und Hadern plagt,
Mit süßem und mit bitterm Wort,
Sie fragt und plagt ihn fort und fort:
»Was bringt die Sonne nicht an den Tag?«

»Nein, nimmermehr!« – »Du sagst es mir noch.«
»Ich sag es nicht.« – »Du sagst es mir doch.« –
Da ward zuletzt er müd und schwach,
Und gab der Ungestümen nach. –
Die Sonne bringt es an den Tag.

»Auf der Wanderschaft, 's sind zwanzig Jahr,
Da traf es mich einst gar sonderbar,
Ich hatt nicht Geld, nicht Ranzen, noch Schuh',
War hungrig und durstig und zornig dazu. –

Die Sonne bringt's nicht an den Tag.

Da kam mir just ein Jud in die Quer,
Ringsher war's still und menschenleer:
Du hilfst mir, Hund, aus meiner Not;
Den Beutel her, sonst schlag ich dich tot!
Die Sonne bringt's nicht an den Tag.

Und er: Vergieße nicht mein Blut,
Acht Pfennige sind mein ganzes Gut!
Ich glaubt ihm nicht, und fiel ihn an;
Er war ein alter, schwacher Mann –
Die Sonne bringt's nicht an den Tag.

So rücklings lag er blutend da,
Sein brechendes Aug in die Sonne sah;
Noch hob er zuckend die Hand empor,
Noch schrie er röchelnd mir ins Ohr:
Die Sonne bringt es an den Tag.

Ich macht ihn schnell noch vollends stumm,
Und kehrt ihm die Taschen um und um:
Acht Pfenn'ge, das war das ganze Geld.
Ich scharrt ihn ein auf selbigem Feld –
Die Sonne bringt's nicht an den Tag.

Dann zog ich weit und weiter hinaus,
Kam hier ins Land, bin jetzt zu Haus. –
Du weißt nun meine Heimlichkeit,
So halte den Mund und sei gescheit;
Die Sonne bringt's nicht an den Tag.

Wann aber sie so flimmernd scheint,
Ich merk es wohl, was sie da meint,
Wie sie sich müht und sich erbost, –
Du, schau nicht hin, und sei getrost:
Sie bringt es doch nicht an den Tag.«

So hatte die Sonn eine Zunge nun,
Der Frauen Zungen ja nimmer ruhn. –
Gevatterin, um Jesus Christ!

Lasst Euch nicht merken, was Ihr nun wisst. –
Nun bringt's die Sonne an den Tag.

Die Raben ziehen krächzend zumal
Nach dem Hochgericht, zu halten ihr Mahl.
Wen flechten sie aufs Rad zur Stund?
Was hat er getan? wie ward es kund?
Die Sonne bracht es an den Tag.

Die Giftmischerin

[1828]

Dies hier der Block und dorten klafft die Gruft.
Lasst einmal noch mich atmen diese Luft,
Und meine Leichenrede selber halten.
Was schauet ihr mich an so grausenvoll?
Ich führte Krieg, wie jeder tut und soll,
Gen feindliche Gewalten.
Ich tat nur eben, was ihr alle tut,
Nur besser; drum, begehret ihr mein Blut,
So tut ihr gut.

Es sinnt Gewalt und List nur dies Geschlecht;
Was will, was soll, was heißet denn das Recht?
Hast du die Macht, du hast das Recht auf Erden.
Selbstsüchtig schuf der Stärkre das Gesetz,
Ein Schlächterbeil zugleich und Fangenetz
Für Schwächere zu werden.
Der Herrschaft Zauber aber ist das Geld:
Ich weiß mir Bessres nichts auf dieser Welt,
Als Gift und Geld.

Ich habe mich aus tiefer Schmach entrafft,
Vor Kindermärchen Ruhe mir geschafft,
Die Schrecken vor Gespenstern überwunden.
Das Gift erschleicht im Dunkeln Geld und Macht,
Ich hab es zum Genossen mir erdacht,
Und hab es gut befunden.
Hinunter stieß ich in das Schattenreich

Mann, Brüder, Vater, und ich ward zugleich
Geehrt und reich.

Drei Kinder waren annoch mir zur Last,
Drei Kinder meines Leibes; mir verhasst,
Erschwerten sie mein Ziel mir zu erreichen.
Ich habe sie vergiftet, sie gesehn,
Zu mir um Hilfe rufend, untergehn,
Bald stumme, kalte Leichen.
Ich hielt die Leichen lang auf meinem Schoß,
Und schien mir, sie betrachtend tränenlos,
Erst stark und groß.

Nun frönt ich sicher heimlichem Genuss,
Mein Gift verwahrte mich vor Überdruss
Und ließ die Zeugen nach der Tat verschwinden.
Dass Lust am Gift, am Morden ich gewann,
Wer, was ich tat, erwägt und fassen kann,
Der wird's begreiflich finden.
Ich teilte Gift wie milde Spenden aus,
Und weilte lüstern Auges, wo im Haus
Der Tod hielt Schmaus.

Ich habe mich zu sicher nur geglaubt,
Und büß es billig mit dem eignen Haupt,
Dass ich der Vorsicht einmal mich begeben.
Den Fehl, den einen Fehl bereu ich nur,
Und gäbe, zu vertilgen dessen Spur,
Wie viele eurer Leben!
Du, schlachte mich nun ab, es muss ja sein.
Ich blicke starr und fest vom Rabenstein
Ins Nichts hinein.

Das Riesenspielzeug

[1831]

Burg Niedeck ist im Elsass der Sage wohlbekannt,
Die Höhe, wo vor Zeiten die Burg der Riesen stand;
Sie selbst ist nun verfallen, die Stätte wüst und leer,

Du fragest nach den Riesen, du findest sie nicht mehr.

Einst kam das Riesen-Fräulein aus jener Burg hervor,
Erging sich sonder Wartung und spielend vor dem Tor,
Und stieg hinab den Abhang bis in das Tal hinein,
Neugierig zu erkunden, wie's unten möchte sein.

Mit wen'gen raschen Schritten durchkreuzte sie den Wald,
Erreichte gegen Haslach das Land der Menschen bald,
Und Städte dort und Dörfer und das bestellte Feld
Erschienen ihren Augen gar eine fremde Welt.

Wie jetzt zu ihren Füßen sie spähend niederschaut,
Bemerkt sie einen Bauer, der seinen Acker baut;
Es kriecht das kleine Wesen einher so sonderbar,
Es glitzert in der Sonne der Pflug so blank und klar.

»Ei! artig Spielding!« ruft sie, »das nehm ich mit nach Haus.«
Sie knieet nieder, spreitet behänd ihr Tüchlein aus,
Und feget mit den Händen, was da sich alles regt,
Zu Haufen in das Tüchlein, das sie zusammen schlägt;

Und eilt mit freud'gen Sprüngen, man weiß, wie Kinder sind,
Zur Burg hinan und suchet den Vater auf geschwind:
»Ei Vater, lieber Vater, ein Spielding wunderschön!
So Allerliebstes sah ich noch nie auf unsern Höhn.«

Der Alte saß am Tische und trank den kühlen Wein,
Er schaut sie an behaglich, er fragt das Töchterlein:
»Was Zappeliches bringst du in deinem Tuch herbei?
Du hüpfest ja vor Freuden; lass sehen, was es sei.«

Sie spreitet aus das Tüchlein und fängt behutsam an,
Den Bauer aufzustellen, den Pflug und das Gespann;
Wie alles auf dem Tische sie zierlich aufgebaut,
So klatscht sie in die Hände und springt und jubelt laut.

Der Alte wird gar ernsthaft und wiegt sein Haupt und spricht:
»Was hast du angerichtet? das ist kein Spielzeug nicht;
Wo du es hergenommen, da trag es wieder hin,
Der Bauer ist kein Spielzeug, was kommt dir in den Sinn!

Sollst gleich und ohne Murren erfüllen mein Gebot;

Denn, wäre nicht der Bauer, so hättest du kein Brot;
Es sprießt der Stamm der Riesen aus Bauernmark hervor,
Der Bauer ist kein Spielzeug, da sei uns Gott davor!«

Burg Niedeck ist im Elsass der Sage wohlbekannt,
Die Höhe, wo vor Zeiten die Burg der Riesen stand,
Sie selbst ist nun verfallen, die Stätte wüst und leer,
Und fragst du nach den Riesen, du findest sie nicht mehr.

Die versunkene Burg

[1831]

Es ragt umkrönt von Türmen empor aus dunklem Forst
Ein steiler luft'ger Felsen, das ist der Raubherrn Horst,
Und wie aus blauen Lüften der Aar auf seinen Fang,
So schießen sie auf Beute von dort das Tal entlang.

Drei Brüder sind's, auf Straßen zu Ross in blankem Stahl,
In Hermelin und Purpur daheim im Rittersaal,
In Blut und Lust und Sünden, in Stolz und Üppigkeit,
So schwelgen sie und prassen gefürchtet weit und breit.

Und ihre freche Buhle weiß nicht, wie Hunger tut;
Sie prunkt in Gold und Seide und tritt aus Frevelmut
Die heil'ge Gottesgabe verächtlich in den Kot,
Sie geht einher auf Schuhen von feinem Weizenbrot.

Der Wächter hat gerufen: »Auf, Ritter, auf! zu Ross!
Von Reisigen erscheinet ein staubumwölkter Tross,
Das sind die fremden Kaufherrn, das ist der reiche Zug,
Die führen wenig Eisen, doch rotes Gold genug.«

»Vergesst nicht eure Buhle«, ruft ihnen nach die Maid,
»Schafft Gold und Edelsteine, schafft funkelndes Geschmeid,
Versorgt mit Singevögeln aufs neu den Rosenhag,
Dass sich an ihrem Zwitschern mein Ohr erfreuen mag.«

Und bald mit Jubel ziehen sie wieder Burg hinan,
Vor ihnen die Gefangnen gebunden Mann für Mann. –
»Wir bringen dir die Vögel, die du begehret hast,
Im Rosenhag zu zwitschern, und Goldes manche Last.«

Der Rosenhag: tief öffnet und eng sich eine Gruft,
Das Burgverlies, es steiget empor der Leichen Duft,
Tief unten gähnt der Abgrund, ein jäher Felsenspalt,
Kein andrer Ausgang führet aus diesem Aufenthalt.

Da galt es zu verhungern. Der Angstruf, welcher drang
Aus diesem Schreckensschlunde, das war der Vogelsang;
Und wenn hinab sich stürzte, am Felsen sich zerschlug
Verzweiflungsvoll ein Opfer, das war der Vogelflug.

Sie stießen nun die Armen hinab in diesen Graus,
Da rief ein Greis, ein Priester, noch händeringend aus:
»Weh über euch, ihr Toren! die ihr verblendet seid,
Einst werden solche Werke mehr euch, denn uns, noch leid!«

Da rief ein Ritter grimmig: »Nun – Blutschuld, Sinnenlust?
Ich bin der eignen Werke vollkommen mir bewusst;
Ich will darüber brüten, bei meinem teuren Eid!
Bis zu dem Weltgerichte, sie werden mir nicht leid.«

Da rief der andre höhnend: »Du willst der Rabe sein?
Die Sorg um meine Werke, so wie die Lust ist mein;
Ich selber will sie tragen, bei meinem teuren Eid!
Bis zu dem jüngsten Tage, sie werden mir nicht leid.«

Da rief der dritte lachend: »Hinunter in den Schlund,
Als Nachtigall zu singen, der hier gebellt als Hund;
Ich trage meine Werke, bei meinem teuren Eid!
Bis an den Tag der Tage, sie werden mir nicht leid.«

Wie frevelnd ihren Lippen das schnelle Wort entflohn,

Entgegnet aus der Tiefe ein Wehgeschrei dem Hohn,
Und »Amen!« ruft die Buhle, die höllisch gellend lacht;
Da schallt und rollt der Donner, der Felsen wankt und kracht.

Und jene kreischt verwandelt, es rauscht der Flügelschlag,
Sie schwingt sich in die Lüfte, verfinstert wird der Tag,
Die Erde flammensprühend eröffnet ihren Mund,
Und wie die Burg versunken, so ebnet sich der Grund.

Du forschest nach der Stätte, wo einst die stolze stand,
Du fragest nach den Namen, wie jene sonst benannt? –
Vergebliches Beginnen, es waltet das Gericht;
Vergessen und verschollen, die Sage weiß es nicht.

Der Bettler und sein Hund

[Entstanden 1829, Erstdruck 1831]

Drei Taler erlegen für meinen Hund!
So schlage das Wetter mich gleich in den Grund!
Was denken die Herrn von der Polizei?
Was soll nun wieder die Schinderei?

Ich bin ein alter, ein kranker Mann,
Der keinen Groschen verdienen kann;
Ich habe nicht Geld, ich habe nicht Brot,
Ich lebe ja nur von Hunger und Not.

Und wann ich erkrankt, und wann ich verarmt,
Wer hat sich da noch meiner erbarmt?
Wer hat, wann ich auf Gottes Welt
Allein mich fand, zu mir sich gesellt?

Wer hat mich geliebt, wann ich mich gehärmt?
Wer, wann ich fror, hat mich gewärmt?
Wer hat mit mir, wann ich hungrig gemurrt,
Getrost gehungert und nicht geknurrt?

Es geht zur Neige mit uns zwein,
Es muss, mein Tier, geschieden sein;

Du bist, wie ich, nun alt und krank,
Ich soll dich ersäufen, das ist der Dank!

Das ist der Dank, das ist der Lohn!
Dir geht's, wie manchem Erdensohn.
Zum Teufel! ich war bei mancher Schlacht,
Den Henker hab ich noch nicht gemacht.

Das ist der Strick, das ist der Stein,
Das ist das Wasser, – es muss ja sein.
Komm her, du Köter, und sieh mich nicht an,
Noch nur ein Fußstoß, so ist es getan.

Wie er in die Schlinge den Hals ihm gesteckt,
Hat wedelnd der Hund die Hand ihm geleckt,
Da zog er die Schlinge sogleich zurück,
Und warf sie schnell um sein eigen Genick.

Und tat einen Fluch, gar schauderhaft,
Und raffte zusammen die letzte Kraft,
Und stürzt' in die Flut sich, die tönend stieg,
In Kreise sich zog und über ihm schwieg.

Wohl sprang der Hund zur Rettung hinzu,
Wohl heult' er die Schiffer aus ihrer Ruh,
Wohl zog er sie winselnd und zerrend her, –
Wie sie ihn fanden, da war er nicht mehr.

Er ward verscharret in stiller Stund,
Es folgt' ihm winselnd nur der Hund,
Der hat, wo den Leib die Erde deckt,
Sich hingestreckt und ist da verreckt.

Joseph von Eichendorff

(1788-1857)

Der armen Schönheit Lebenslauf

[Entstanden 1810; in Ahnung und Gegenwart, 1815]

Die arme Schönheit irrt auf Erden,
So lieblich Wetter draußen ist,
Möcht gern recht viel gesehen werden,
Weil jeder sie so freundlich grüßt.

Und wer die arme Schönheit schauet,
Sich wie auf großes Glück besinnt,
Die Seele fühlt sich recht erbauet,
Wie wenn der Frühling neu beginnt.

Da sieht sie viele schöne Knaben,
Die reiten unten durch den Wind,
Möcht manchen gern im Arme haben,
Hüt dich, hüt dich, du armes Kind!

Da ziehn manch redliche Gesellen,
Die sagen: »Hast nicht Geld, noch Haus,
Wir fürchten deine Augen helle,
Wir haben nichts zum Hochzeitsschmaus.«

Von andern tut sie sich wegdrehen,
Weil keiner ihr so wohl gefällt,
Die müssen traurig weitergehen,
Und zögen gern ans End der Welt.

Da sagt sie: »Was hilft mir mein Sehen,
Ich wünscht, ich wäre lieber blind,
Da alle furchtsam von mir gehen,
Weil gar so schön mein' Augen sind.« –

Nun sitzt sie hoch auf lichtem Schlosse,
In schöne Kleider putzt sie sich,
Die Fenster glühn, sie winkt vom Schlosse,
Die Sonne sinkt, das blendet dich.

Die Augen, die so furchtsam waren,
Die haben jetzt so freien Lauf,
Fort ist das Kränzlein aus den Haaren,
Und hohe Federn stehn darauf.

Das Kränzlein ist herausgerissen,
Ganz ohne Scheu sie mich anlacht;
Geh du vorbei: sie wird dich grüßen,
Winkt dir zu einer schönen Nacht. –

Da sieht sie die Gesellen wieder,
Die fahren unten auf dem Fluss,
Es singen laut die lust'gen Brüder,
So furchtbar schallt des einen Gruß:

»Was bist du für 'ne schöne Leiche!
So wüste ist mir meine Brust,
Wie bist du nun so arm, du Reiche,
Ich hab an dir nicht weiter Lust!«

Der Wilde hat ihr so gefallen,
Laut schrie sie auf bei seinem Gruß,
Vom Schloss möcht sie herunterfallen,
Und unten ruhn im kühlen Fluss. –

Sie blieb nicht länger mehr da oben,
Weil alles anders worden war,
Vor Schmerz ist ihr das Herz erhoben,
Da ward's so kalt, doch himmlisch klar.

Da legt sie ab die goldnen Spangen,
Den falschen Putz und Ziererei,
Aus dem verstockten Herzen drangen
Die alten Tränen wieder frei.

Kein Stern wollt nicht die Nacht erhellen,
Da musste die Verliebte gehn,
Wie rauscht der Fluss! die Hunde bellen,
Die Fenster fern erleuchtet stehn.

Nun bist du frei von deinen Sünden,
Die Lieb zog triumphierend ein,

Du wirst noch hohe Gnade finden,
Die Seele geht in Hafen ein.

Der Liebste war ein Jäger worden,
Der Morgen schien so rosenrot,
Da blies er lustig auf dem Horne,
Blies immerfort in seiner Not.

Waldgespräch

[Entstanden um 1812, Erstdruck in *Ahnung und Gegenwart*, 1815]

»Es ist schon spät, es wird schon kalt,
Was reitst du einsam durch den Wald?
Der Wald ist lang, du bist allein,
Du schöne Braut! Ich führ dich heim!«

»Groß ist der Männer Trug und List,
Vor Schmerz mein Herz gebrochen ist,
Wohl irrt das Waldhorn her und hin,
O flieh! Du weißt nicht, wer ich bin.«

So reich geschmückt ist Ross und Weib,
So wunderschön der junge Leib,
»Jetzt kenn ich dich – Gott steh mir bei!
Du bist die Hexe Lorelei.«

»Du kennst mich wohl – von hohem Stein
Schaut still mein Schloss tief in den Rhein.
Es ist schon spät, es wird schon kalt,
Kommst nimmermehr aus diesem Wald!«

Der irre Spielmann

[Entstanden um 1817, Erstdruck 1837]

Aus stiller Kindheit unschuldiger Hut
Trieb mich der tolle, frevelnde Mut.
Seit ich da draußen so frei nun bin,
Find ich nicht wieder nach Hause mich hin.

Durchs Leben jag ich manch trügrisch Bild,

Wer ist der Jäger da? wer ist das Wild?
Es pfeift der Wind mir schneidend durchs Haar,
Ach Welt, wie bist du so kalt und klar!

Du frommes Kindlein im stillen Haus,
Schau nicht so lüstern zum Fenster hinaus!
Frag mich nicht, Kindlein, woher und wohin?
Weiß ich doch selber nicht, wo ich bin!

Von Sünde und Reue zerrissen die Brust,
Wie rasend in verzweifelter Lust,
Brech ich im Fluge mir Blumen zum Strauß,
Wird doch kein fröhlicher Kranz daraus! –

Ich möcht in den tiefsten Wald wohl hinein,
Recht aus der Brust den Jammer zu schrein,
Ich möchte reiten ans Ende der Welt,
Wo der Mond und die Sonne hinunterfällt.

Wo schwindelnd beginnt die Ewigkeit,
Wie ein Meer, so erschrecklich still und weit,
Da sinken all Ström und Segel hinein,
Da wird es wohl endlich auch ruhig sein.

Der stille Grund

[Entstanden 1835, Erstdruck 1837]

Der Mondenschein verwirret
Die Täler weit und breit,
Die Bächlein, wie verirret,
Gehn durch die Einsamkeit.

Da drüben sah ich stehen
Den Wald auf steiler Höh,
Die finstern Tannen sehen
In einen tiefen See.

Ein Kahn wohl sah ich ragen,
Doch niemand, der es lenkt,
Das Ruder war zerschlagen,
Das Schifflein halb versenkt.

Eine Nixe auf dem Steine
Flocht dort ihr goldnes Haar,
Sie meint' sie wär alleine,
Und sang so wunderbar.

Sie sang und sang, in den Bäumen
Und Quellen rauscht' es sacht
Und flüsterte wie in Träumen
Die mondbeglänzte Nacht.

Ich aber stand erschrocken,
Denn über Wald und Kluft
Klangen die Morgenglocken
Schon ferne durch die Luft.

Und hätt ich nicht vernommen
Den Klang zu guter Stund,
Wär nimmermehr gekommen
Aus diesem stillen Grund.

Ludwig Uhland

(1787-1862)

Das Schloss am Meere

Hast du das Schloss gesehen,
Das hohe Schloss am Meer?
Golden und rosig wehen
Die Wolken drüber her.

Es möchte sich niederneigen
In die spiegelklare Flut;
Es möchte streben und steigen
In der Abendwolken Glut.

»Wohl hab ich es gesehen,
Das hohe Schloss am Meer,
Und den Mond darüber stehen
Und Nebel weit umher.«

Der Wind und des Meeres Wallen
Gaben sie frischen Klang?
Vernahmst du aus hohen Hallen
Saiten und Festgesang?

»Die Winde, die Wogen alle
Lagen in tiefer Ruh,
Einem Klagelied aus der Halle
Hört ich mit Tränen zu.«

Sahest du oben gehen
Den König und sein Gemahl?
Der roten Mäntel Wehen,
Der goldnen Kronen Strahl?

Führten sie nicht mit Wonne
Eine schöne Jungfrau dar,
Herrlich wie eine Sonne,
Strahlend im goldnen Haar?

»Wohl sah ich die Eltern beide,

Ohne der Kronen Licht,
Im schwarzen Trauerkleide;
Die Jungfrau sah ich nicht.«

Die Rache

[1810]

Der Knecht hat erstochen den edeln Herrn,
Der Knecht wär selber ein Ritter gern.

Er hat ihn erstochen im dunkeln Hain
Und den Leib versenket im tiefen Rhein.

Hat angeleget die Rüstung blank,
Auf des Herren Ross sich geschwungen frank.

Und als er sprengen will über die Brück,
Da stutzet das Ross und bäumt sich zurück.

Und als er die güldnen Sporen ihm gab,
Da schleudert's ihn wild in den Strom hinab.

Des Sängers Fluch

[1815]

Es stand in alten Zeiten ein Schloss so hoch und hehr,
Weit glänzt' es über die Lande bis an das blaue Meer,
Und rings von duft'gen Gärten ein blütenreicher Kranz,
Drin sprangen frische Brunnen in Regenbogenglanz.

Dort saß ein stolzer König, an Land und Siegen reich,
Er saß auf seinem Throne so finster und so bleich;
Denn was er sinnt, ist Schrecken, und was er blickt, ist Wut,
Und was er spricht, ist Geißel, und was er schreibt, ist Blut.

Einst zog nach diesem Schlosse ein edles Sängerpaar,
Der ein' in goldnen Locken, der andre grau von Haar;
Der Alte mit der Harfe, der saß auf schmuckem Ross,
Es schritt ihm frisch zur Seite der blühende Genoss.

Der Alte sprach zum Jungen: »Nun sei bereit, mein Sohn!
Denk unsrer tiefsten Lieder, stimm an den vollsten Ton!

Nimm alle Kraft zusammen, die Lust und auch den Schmerz!
Es gilt uns heut, zu rühren des Königs steinern Herz.«

Schon stehn die beiden Sänger im hohen Säulensaal,
Und auf dem Throne sitzen der König und sein Gemahl;
Der König furchtbar prächtig, wie blut'ger Nordlichtschein,
Die Königin süß und milde, als blickte Vollmond drein.

Da schlug der Greis die Saiten, er schlug sie wundervoll,
Dass reicher, immer reicher der Klang zum Ohre schwoll,
Dann strömte himmlisch helle des Jünglings Stimme vor,
Des Alten Sang dazwischen wie dumpfer Geisterchor.

Sie singen von Lenz und Liebe, von sel'ger goldner Zeit,
Von Freiheit, Männerwürde, von Treu und Heiligkeit;
Sie singen von allem Süßen, was Menschenbrust durchbebt,
Sie singen von allem Hohen, was Menschenherz erhebt.

Die Höflingsschar im Kreise verlernet jeden Spott,
Des Königs trotz'ge Krieger, sie beugen sich vor Gott,
Die Königin, zerflossen in Wehmut und in Lust,
Sie wirft den Sängern nieder die Rose von ihrer Brust.

»Ihr habt mein Volk verführet, verlockt ihr nun mein Weib?«
Der König schreit es wütend, er bebt am ganzen Leib,
Er wirft sein Schwert, das blitzend des Jünglings Brust durchdringt,
Draus statt der goldnen Lieder ein Blutstrahl hoch aufspringt.

Und wie vom Sturm zerstoben ist all der Hörer Schwarm,
Der Jüngling hat verröchelt in seines Meisters Arm,
Der schlägt um ihn den Mantel und setzt ihn auf das Ross,
Er bind't ihn aufrecht feste, verlässt mit ihm das Schloss.

Doch vor dem hohen Tore, da hält der Sängergreis,
Da fasst er seine Harfe, sie aller Harfen Preis,
An einer Marmorsäule, da hat er sie zerschellt,
Dann ruft er, dass es schaurig durch Schloss und Gärten gellt:

»Weh euch, ihr stolzen Hallen! nie töne süßer Klang
Durch eure Räume wieder, nie Saite noch Gesang,
Nein! Seufzer nur und Stöhnen und scheuer Sklavenschritt,
Bis euch zu Schutt und Moder der Rachegeist zertritt!

Weh euch, ihr duft'gen Gärten im holden Maienlicht!
Euch zeig ich dieses Toten entstelltes Angesicht,
Dass ihr darob verdorret, dass jeder Quell versiegt,
Dass ihr in künft'gen Tagen versteint, verödet liegt.

Weh dir, verruchter Mörder! du Fluch des Sängertums!
Umsonst sei all dein Ringen nach Kränzen blut'gen Ruhms,
Dein Name sei vergessen, in ew'ge Nacht getaucht,
Sei wie ein letztes Röcheln in leere Luft verhaucht!«

Der Alte hat's gerufen, der Himmel hat's gehört,
Die Mauern liegen nieder, die Hallen sind zerstört,
Noch *eine* hohe Säule zeugt von verschwundner Pracht,
Auch diese, schon geborsten, kann stürzen über Nacht.

Und rings statt duft'ger Gärten ein ödes Heideland,
Kein Baum verstreuet Schatten, kein Quell durchdringt den Sand,
Des Königs Namen meldet kein Lied, kein Heldenbuch;
Versunken und vergessen! das ist des Sängers Fluch.

Schwäbische Kunde

[1815]

Als Kaiser Rotbart lobesam
Zum heil'gen Land gezogen kam,
Da musst' er mit dem frommen Heer
Durch ein Gebirge, wüst und leer.
Daselbst erhub sich große Not,
Viel Steine gab's und wenig Brot,
Und mancher deutsche Reitersmann
Hat dort den Trunk sich abgetan.
Den Pferden war's so schwach im Magen,
Fast musste der Reiter die Mähre tragen.
Nun war ein Herr aus Schwabenland,
Von hohem Wuchs und starker Hand,
Des Rösslein war so krank und schwach,
Er zog es nur am Zaume nach,
Er hätt es nimmer aufgegeben
Und kostet's ihn das eigne Leben.

So blieb er bald ein gutes Stück
Hinter dem Heereszug zurück;
Da sprengten plötzlich in die Quer
Fünfzig türkische Reiter daher,
Die huben an, auf ihn zu schießen,
Nach ihm zu werfen mit den Spießen.
Der wackre Schwabe forcht sich nit,
Ging seines Weges Schritt vor Schritt,
Ließ sich den Schild mit Pfeilen spicken
Und tät nur spöttisch um sich blicken,
Bis einer, dem die Zeit zu lang,
Auf ihn den krummen Säbel schwang.
Da wallt dem Deutschen auch sein Blut,
Er trifft des Türken Pferd so gut,
Er haut ihm ab mit *einem* Streich
Die beiden Vorderfüß zugleich.
Als er das Tier zu Fall gebracht,
Da fasst er erst sein Schwert mit Macht,
Er schwingt es auf des Reiters Kopf,
Haut durch bis auf den Sattelknopf,
Haut auch den Sattel noch zu Stücken
Und tief noch in des Pferdes Rücken;
Zur Rechten sieht man wie zur Linken
Einen halben Türken heruntersinken.
Da packt die andern kalter Graus,
Sie fliehen in alle Welt hinaus,
Und jedem ist's, als würd ihm mitten
Durch Kopf und Leib hindurchgeschnitten.
Drauf kam des Wegs 'ne Christenschar,
Die auch zurückgeblieben war,
Die sahen nun mit gutem Bedacht,
Was Arbeit unser Held gemacht.
Von denen hat's der Kaiser vernommen,
Der ließ den Schwaben vor sich kommen,
Er sprach: »Sag an, mein Ritter wert!
Wer hat dich solche Streich gelehrt?«

Der Held bedacht sich nicht zu lang:
»Die Streiche sind bei uns im Schwang,
Sie sind bekannt im ganzen Reiche,
Man nennt sie halt nur Schwabenstreiche.«

Das Glück von Edenhall

[1834]

Von Edenhall der junge Lord
Lässt schmettern Festtrommetenschall,
Er hebt sich an des Tisches Bord
Und ruft in trunkner Gäste Schwall:
»Nun her mit dem Glücke von Edenhall!«

Der Schenk vernimmt ungern den Spruch,
Des Hauses ältester Vasall,
Nimmt zögernd aus dem seidnen Tuch
Das hohe Trinkglas von Kristall,
Sie nennen's: *das Glück von Edenhall.*

Darauf der Lord: »Dem Glas zum Preis
Schenk roten ein aus Portugal!«
Mit Händezittern gießt der Greis,
Und purpurn Licht wird überall,
Es strahlt aus dem Glücke von Edenhall.

Da spricht der Lord und schwingt's dabei:
»Dies Glas von leuchtendem Kristall
Gab meinem Ahn am Quell die Fei,
Drein schrieb sie: kommt dies Glas zu Fall,
Fahr wohl dann, o Glück von Edenhall!

Ein Kelchglas ward zum Los mit Fug
Dem freud'gen Stamm von Edenhall;
Wir schlürfen gern in vollem Zug,
Wir läuten gern mit lautem Schall;
Stoßt an mit dem Glücke von Edenhall!«

Erst klingt es milde, tief und voll,
Gleich dem Gesang der Nachtigall,

Dann wie des Waldstroms laut Geroll,
Zuletzt erdröhnt wie Donnerhall
Das herrliche Glück von Edenhall.

»Zum Horte nimmt ein kühn Geschlecht
Sich den zerbrechlichen Kristall;
Er dauert länger schon als recht,
Stoßt an! mit diesem kräft'gen Prall
Versuch ich das Glück von Edenhall.«

Und als das Trinkglas gellend springt,
Springt das Gewölb mit jähem Knall,
Und aus dem Riss die Flamme dringt;
Die Gäste sind zerstoben all
Mit dem brechenden Glücke von Edenhall.

Er stürmt der Feind mit Brand und Mord,
Der in der Nacht erstieg den Wall,
Vom Schwerte fällt der junge Lord,
Hält in der Hand noch den Kristall,
Das zersprungene Glück von Edenhall.

Am Morgen irrt der Schenk allein,
Der Greis, in der zerstörten Hall,
Er sucht des Herrn verbannt Gebein,
Er sucht im grausen Trümmerfall
Die Scherben des Glücks von Edenhall.

»Die Steinwand«, spricht er, »springt zu Stück,
Die hohe Säule muss zu Fall,
Glas ist der Erde Stolz und Glück,
In Splitter fällt der Erdenball
Einst gleich dem Glücke von Edenhall.«

Friedrich Rückert

(1788-1866)

Chidher

[Morgenblatt für gebildete Stände, 1824]

Chidher, der ewig junge, sprach:
»Ich fuhr an einer Stadt vorbei,
Ein Mann im Garten Früchte brach;
Ich fragte, seit wann die Stadt hier sei?«
Er sprach und pflückte die Früchte fort:
»Die Stadt steht ewig an diesem Ort
Und wird so stehen ewig fort.«

Und aber nach fünfhundert Jahren
Kam ich desselbigen Wegs gefahren.

Da fand ich keine Spur der Stadt;
Ein einsamer Schäfer blies die Schalmei,
Die Herde weidete Laub und Blatt;
Ich fragte: »Wie lang' ist die Stadt vorbei?«
Er sprach und blies auf dem Rohre fort:
»Das eine wächst, wenn das andre dorrt;
Das ist mein ewiger Weideort.«

Und aber nach fünfhundert Jahren
Kam ich desselbigen Wegs gefahren.

Da fand ich ein Meer, das Wellen schlug,
Ein Schiffer warf die Netze frei;
Und als er ruhte vom schweren Zug,
Fragt' ich, seit wann das Meer hier sei?
Er sprach und lachte meinem Wort:
»So lang' als schäumen die Wellen dort,
Fischt man und fischt man in diesem Port.«

Und aber nach fünfhundert Jahren
Kam ich desselbigen Wegs gefahren.

Da fand ich einen waldigen Raum

Und einen Mann in der Siedelei,
Er fällte mit der Axt den Baum;
Ich fragte, wie alt der Wald hier sei?
Er sprach: »Der Wald ist ein ewiger Hort;
Schon ewig wohn' ich an diesem Ort,
Und ewig wachsen die Bäum' hier fort.«

   Und aber nach fünfhundert Jahren
   Kam ich desselbigen Wegs gefahren.

Da fand ich eine Stadt, und laut
Erschallte der Markt vom Volksgeschrei.
Ich fragte: »Seit wann ist die Stadt erbaut?
Wohin ist Wald und Meer und Schalmei?«
Sie schrien und hörten nicht mein Wort:
»So ging es ewig an diesem Ort
Und wird so gehen ewig fort.«

   Und aber nach fünfhundert Jahren
   Will ich desselbigen Weges fahren.

Gustav Schwab

(1792-1850)

Der Reiter und der Bodensee

Mündlich

[1827]

Der Reiter reitet durchs helle Tal,
  Auf Schneefeld schimmert der Sonne Strahl.

Er trabet im Schweiß durch den kalten Schnee,
  Er will noch heut an den Bodensee;

Noch heut mit dem Pferd in den sichern Kahn,
  Will drüben landen vor Nacht noch an.

Auf schlimmem Weg, über Dorn und Stein,
  Er braust auf rüstigem Ross feldein.

Aus den Bergen heraus, ins ebene Land,
  Da sieht er den Schnee sich dehnen, wie Sand.

Weit hinter ihm schwinden Dorf und Stadt,
  Der Weg wird eben, die Bahn wird glatt.

In weiter Fläche kein Bühl, kein Haus,
  Die Bäume gingen, die Felsen aus;

So flieget er hin eine Meil', und zwei,
  Er hört in den Lüften der Schneegans Schrei;

Es flattert das Wasserhuhn empor,
  Nicht anderen Laut vernimmt sein Ohr;

Keinen Wandersmann sein Auge schaut,
  Der ihm den rechten Pfad vertraut.

Fort geht's, wie auf Samt, auf dem weichen Schnee,
  Wann rauscht das Wasser, wann glänzt der See?

Da bricht der Abend, der frühe, herein:
  Von Lichtern blinket ein ferner Schein.

Es hebt aus dem Nebel sich Baum an Baum,
  Und Hügel schließen den weiten Raum.

Er spürt auf dem Boden Stein und Dorn,
  Dem Rosse gibt er den scharfen Sporn.

Und Hunde bellen empor am Pferd,

Und es winkt im Dorf ihm der warme Herd.

»Willkommen am Fenster, Mägdelein,
An den See, an den See, wie weit mag's sein?«

Die Maid sie staunet den Reiter an:
»Der See liegt hinter dir und der Kahn.

Und deckt' ihn die Rinde von Eis nicht zu,
Ich spräch', aus dem Nachen stiegest du.«

Der Fremde schaudert, er atmet schwer:
»Dort hinten die Ebne, die ritt ich her!«

Da recket die Magd die Arm' in die Höh':
»Herr Gott! so rittest du über den See!

An den Schlund, an die Tiefe bodenlos,
Hat gepocht des rasenden Hufes Stoß!

Und unter dir zürnten die Wasser nicht?
Nicht krachte hinunter die Rinde dicht?

Und du wardst nicht die Speise der stummen Brut?
Der hungrigen Hecht' in der kalten Flut?«

Sie rufet das Dorf herbei zu der Mär',
Es stellen die Knaben sich um ihn her;

Die Mütter, die Greise, sie sammeln sich:
»Glückseliger Mann, ja, segne du dich!

Herein zum Ofen, zum dampfenden Tisch,
Brich mit uns das Brot und iss vom Fisch!«

Der Reiter erstarret auf seinem Pferd,
Er hat nur das erste Wort gehört.

Es stocket sein Herz, es sträubt sich sein Haar,
Dicht hinter ihm grinst noch die grause Gefahr.

Es siehet sein Blick nur den grässlichen Schlund,
Sein Geist versinkt in den schwarzen Grund.

Im Ohr ihm donnert's, wie krachend Eis,
Wie die Well' umrieselt ihn kalter Schweiß.

Da seufzt er, da sinkt er vom Ross herab,
Da ward ihm am Ufer ein trocken Grab.

August von Platen

(1796-1835)

Das Grab im Busento

[1820]

Nächtlich am Busento lispeln, bei Cosenza, dumpfe Lieder,
Aus den Wassern schallt es Antwort, und in Wirbeln klingt es wider!

Und den Fluss hinauf, hinunter, ziehn die Schatten tapfrer Goten,
Die den Alarich beweinen, ihres Volkes besten Toten.

Allzu früh und fern der Heimat mussten hier sie ihn begraben,
Während noch die Jugendlocken seine Schulter blond umgaben.

Und am Ufer des Busento reihten sie sich um die Wette,
Um die Strömung abzuleiten, gruben sie ein frisches Bette.

In der wogenleeren Höhlung wühlten sie empor die Erde,
Senkten tief hinein den Leichnam, mit der Rüstung, auf dem Pferde.

Deckten dann mit Erde wieder ihn und seine stolze Habe,
Dass die hohen Stromgewächse wüchsen aus dem Heldengrabe.

Abgelenkt zum zweiten Male, ward der Fluss herbeigezogen:
Mächtig in ihr altes Bette schäumten die Busentowogen.

Und es sang ein Chor von Männern: Schlaf in deinen Heldenehren!
Keines Römers schnöde Habsucht soll dir je dein Grab versehren!

Sangen's, und die Lobgesänge tönten fort im Gotenheere;
Wälze sie, Busentowelle, wälze sie von Meer zu Meere!

Annette von Droste-Hülshoff

(1797-1848)

Der Schlosself

[1841]

In monderhellten Weihers Glanz
Liegt brütend wie ein Wasserdrach'
Das Schloss mit seinem Zackenkranz,
Mit Zinnenmoos und Schuppendach.
Die alten Eichen stehn von fern,
Respektvoll flüsternd mit den Wellen,
Wie eine graue Garde gern
Sich mag um graue Herrscher stellen.

Am Tore schwenkt, ein Steinkoloss,
Der Bannerherr die Kreuzesfahn',
Und kurbettierend schnaubt sein Ross
Jahrhunderte schon himmelan;
Und neben ihm, ein Tantalus,
Lechzt seit Jahrhunderten sein Docke
Gesenkten Halses nach dem Fluss,
Im dürren Schlunde Mooses Flocke.

Ob längst die Mitternacht verklang,
Im Schlosse bleibt es immer wach;
Streiflichter gleiten rasch entlang
Den Korridor und das Gemach,
Zuweilen durch des Hofes Raum
Ein hüpfendes Laternchen ziehet;
Dann horcht der Wandrer, der am Saum
Des Weihers in den Binsen knieet.

»Ave Maria! stärke sie!
Und hilf ihr über diese Nacht!«
Ein frommer Bauer ist's, der früh
Sich auf die Wallfahrt hat gemacht.
Wohl weiß er, was der Lichterglanz

Mag seiner gnäd'gen Frau bedeuten;
Und eifrig lässt den Rosenkranz
Er durch die schwiel'gen Finger gleiten.

Doch durch sein christliches Gebet
Manch Heidennebel schwankt und raucht;
Ob wirklich, wie die Sage geht,
Der Elf sich in den Weiher taucht,
Sooft dem gräflichen Geschlecht
Der erste Sprosse wird geboren?
Der Bauer glaubt es nimmer recht,
Noch minder hätt' er es verschworen.

Scheu blickt er auf – die Nacht ist klar,
Und gänzlich nicht gespensterhaft,
Gleich drüben an dem Pappelpaar
Zählt man die Zweige längs dem Schaft;
Doch stille! In dem Eichenrund –
Sind das nicht Tritte? – Kindestritte?
Er hört wie an dem harten Grund
Sich wiegen, kurz und stramm, die Schritte.

Still! still! es raschelt übern Rain,
Wie eine Hinde, die im Tau,
Beherzt gemacht vom Mondenschein,
Vorsichtig äset längs der Au.
Der Bauer stutzt – die Nacht ist licht,
Die Blätter glänzen an dem Hagen,
Und dennoch – dennoch sieht er nicht,
Wen auf ihn zu die Schritte tragen.

Da, langsam knarrend, tut sich auf
Das schwere Heck zur rechten Hand,
Und, wieder langsam knarrend, drauf
Versinkt es in die grüne Wand.
Der Bauer ist ein frommer Christ;
Er schlägt behänd des Kreuzes Zeichen;
»Und wenn du auch der Teufel bist,
Du musst mir auf der Wallfahrt weichen!«

Da hui! streift's ihn, federweich,
Da hui! raschelt's in dem Grün,
Da hui! zischt es in den Teich,
Dass bläulich Schilf und Binsen glühn,
Und wie ein knisterndes Geschoss
Fährt an den Grund ein bläulich Feuer;
Im Augenblicke wo vom Schloss
Ein Schrei verzittert überm Weiher.

Der Alte hat sich vorgebeugt,
Ihm ist als schimmre, wie durch Glas,
Ein Kindesleib, phosphorisch, feucht,
Und dämmernd wie verlöschend Gas;
Ein Arm zerrinnt, ein Aug' verglimmt –
Lag denn ein Glühwurm in den Binsen?
Ein langes Fadenhaar verschwimmt,
– Am Ende scheinen's Wasserlinsen!

Der Bauer starrt, hinab, hinauf,
Bald in den Teich, bald in die Nacht;
Da klirrt ein Fenster drüben auf,
Und eine Stimme ruft mit Macht:
»Nur schnell gesattelt! schnell zur Stadt!
Gebt dem Polacken Gert' und Sporen!
Viktoria! soeben hat
Die Gräfin einen Sohn geboren!«

Der Knabe im Moor

[1842]

O schaurig ist's übers Moor zu gehn,
Wenn es wimmelt vom Heiderauche,
Sich wie Phantome die Dünste drehn
Und die Ranke häkelt am Strauche,
Unter jedem Tritte ein Quellchen springt,
Wenn aus der Spalte es zischt und singt,
O schaurig ist's übers Moor zu gehn,
Wenn das Röhricht knistert im Hauche!

Fest hält die Fibel das zitternde Kind
Und rennt als ob man es jage;
Hohl über die Fläche sauset der Wind –
Was raschelt drüben am Hage?
Das ist der gespenstige Gräberknecht,
Der dem Meister die besten Torfe verzecht;
Hu, hu, es bricht wie ein irres Rind!
Hinducket das Knäblein zage.

Vom Ufer starret Gestumpf hervor,
Unheimlich nicket die Föhre,
Der Knabe rennt, gespannt das Ohr,
Durch Riesenhalme wie Speere;
Und wie es rieselt und knittert darin!
Das ist die unselige Spinnerin,
Das ist die gebannte Spinnlenor',
Die den Haspel dreht im Geröhre!

Voran, voran, nur immer im Lauf,
Voran als woll' es ihn holen;
Vor seinem Fuße brodelt es auf,
Es pfeift ihm unter den Sohlen
Wie eine gespenstige Melodei;
Das ist der Geigemann ungetreu
Das ist der diebische Fiedler Knauf,
Der den Hochzeitheller gestohlen!

Da birst das Moor, ein Seufzer geht
Hervor aus der klaffenden Höhle;
Weh, weh, da ruft die verdammte Margret:
»Ho, ho, meine arme Seele!«
Der Knabe springt wie ein wundes Reh,
Wär' nicht Schutzengel in seiner Näh',
Seine bleichenden Knöchelchen fände spät
Ein Gräber im Moorgeschwele.

Da mählich gründet der Boden sich,
Und drüben, neben der Weide,
Die Lampe flimmert so heimatlich,

Der Knabe steht an der Scheide.
Tief atmet er auf, zum Moor zurück
Noch immer wirft er den scheuen Blick:
Ja, im Geröhre war's fürchterlich,
O schaurig war's in der Heide!

Die Vergeltung

[um 1842]

1.

Der Kapitän steht an der Spiere,
Das Fernrohr in gebräunter Hand,
Dem schwarzgelockten Passagiere
Hat er den Rücken zugewandt.
Nach einem Wolkenstreif in Sinnen
Die beiden wie zwei Pfeiler sehn,
Der Fremde spricht: »Was braut da drinnen?«
»Der Teufel«, brummt der Kapitän.

Da hebt von morschen Balkens Trümmer
Ein Kranker seine feuchte Stirn,
Des Äthers Blau, der See Geflimmer,
Ach, alles quält sein fiebernd Hirn!
Er lässt die Blicke, schwer und düster,
Entlängs dem harten Pfühle gehn,
Die eingegrabnen Worte liest er:
»*Batavia. Fünfhundert Zehn.*«

Die Wolke steigt, zur Mittagsstunde
Das Schiff ächzt auf der Wellen Höhn,
Gezisch, Geheul aus wüstem Grunde,
Die Bohlen weichen mit Gestöhn.
»Jesus, Marie! wir sind verloren!«
Vom Mast geschleudert der Matros',
Ein dumpfer Krach in aller Ohren,
Und langsam löst der Bau sich los.

Noch liegt der Kranke am Verdecke,

Um seinen Balken fest geklemmt,
Da kommt die Flut, und eine Strecke
Wird er ins wüste Meer geschwemmt.
Was nicht geläng' der Kräfte Sporne,
Das leistet ihm der starre Krampf,
Und wie ein Narwal mit dem Horne
Schießt fort er durch der Wellen Dampf.

Wie lange so? er weiß es nimmer,
Dann trifft ein Strahl des Auges Ball,
Und langsam schwimmt er mit der Trümmer
Auf ödem glitzerndem Kristall.
Das Schiff! – die Mannschaft! – sie versanken.
Doch nein, dort auf der Wasserbahn,
Dort sieht den Passagier er schwanken
In einer Kiste morschem Kahn.

Armsel'ge Lade! sie wird sinken,
Er strengt die heisre Stimme an:
»Nur grade! Freund, du drückst zur Linken!«
Und immer näher schwankt's heran,
Und immer näher treibt die Trümmer,
Wie ein verwehtes Möwennest;
»Courage!« ruft der kranke Schwimmer,
»Mich dünkt ich sehe Land im West!«

Nun rühren sich der Fähren Ende,
Er sieht des fremden Auges Blitz,
Da plötzlich fühlt er starke Hände,
Fühlt wütend sich gezerrt vom Sitz.
»Barmherzigkeit! ich kann nicht kämpfen.«
Er klammert dort, er klemmt sich hier;
Ein heisrer Schrei, den Wellen dämpfen,
Am Balken schwimmt der Passagier.

Dann hat er kräftig sich geschwungen,
Und schaukelt durch das öde Blau,
Er sieht das Land wie Dämmerungen
Enttauchen und zergehn in Grau.

Noch lange ist er so geschwommen,
Umflattert von der Möwe Schrei,
Dann hat ein Schiff ihn aufgenommen,
Viktoria! nun ist er frei!

2.

Drei kurze Monde sind verronnen,
Und die Fregatte liegt am Strand,
Wo mittags sich die Robben sonnen,
Und Burschen klettern übern Rand,
Den Mädchen ist's ein Abenteuer
Es zu erschaun vom fernen Riff,
Denn noch zerstört ist nicht geheuer
Das gräuliche Korsarenschiff.

Und vor der Stadt da ist ein Waten,
Ein Wühlen durch das Kiesgeschrill,
Da die verrufenen Piraten
Ein jeder sterben sehen will.
Aus Strandgebälken, morsch, zertrümmert,
Hat man den Galgen, dicht am Meer,
In wüster Eile aufgezimmert.
Dort dräut er von der Düne her!

Welch ein Getümmel an den Schranken! –
»Da kömmt der Frei – der Hessel jetzt –
Da bringen sie den schwarzen Franken,
Der hat geleugnet bis zuletzt.«
»Schiffbrüchig sei er hergeschwommen«,
Höhnt eine Alte: »Ei, wie kühn!
Doch keiner sprach zu seinem Frommen,
Die ganze Bande gegen ihn.«

Der Passagier, am Galgen stehend,
Hohläugig, mit zerbrochnem Mut,
Zu jedem Räuber flüstert flehend:
»Was tat dir mein unschuldig Blut!
Barmherzigkeit! – so muss ich sterben

Durch des Gesindels Lügenwort,
O mög' die Seele euch verderben!«
Da zieht ihn schon der Scherge fort.

Er sieht die Menge wogend spalten –
Er hört das Summen im Gewühl –
Nun weiß er, dass des Himmels Walten
Nur seiner Pfaffen Gaukelspiel!
Und als er in des Hohnes Stolze
Will starren nach den Ätherhöhn,
Da liest er an des Galgens Holze:
»*Batavia. Fünfhundert Zehn.*«

Heinrich Heine

(1797-1856)

Die Grenadiere

[Buch der Lieder, 1827]

Nach Frankreich zogen zwei Grenadier',
Die waren in Russland gefangen.
Und als sie kamen ins deutsche Quartier,
Sie ließen die Köpfe hangen.

Da hörten sie beide die traurige Mär:
Dass Frankreich verlorengegangen,
Besiegt und zerschlagen das große Heer –
Und der Kaiser, der Kaiser gefangen.

Da weinten zusammen die Grenadier'
Wohl ob der kläglichen Kunde.
Der eine sprach: »Wie weh wird mir,
Wie brennt meine alte Wunde!«

Der andre sprach: »Das Lied ist aus,
Auch ich möcht mit dir sterben,
Doch hab ich Weib und Kind zu Haus,
Die ohne mich verderben.«

»Was schert mich Weib, was schert mich Kind,
Ich trage weit bessres Verlangen;
Lass sie betteln gehn, wenn sie hungrig sind –
Mein Kaiser, mein Kaiser gefangen!

Gewähr mir, Bruder, eine Bitt':
Wenn ich jetzt sterben werde,
So nimm meine Leiche nach Frankreich mit,
Begrab mich in Frankreichs Erde.

Das Ehrenkreuz am roten Band
Sollst du aufs Herz mir legen;
Die Flinte gib mir in die Hand,
Und gürt mir um den Degen.

So will ich liegen und horchen still,
Wie eine Schildwach', im Grabe,
Bis einst ich höre Kanonengebrüll
Und wiehernder Rosse Getrabe.

Dann reitet mein Kaiser wohl über mein Grab,
Viel Schwerter klirren und blitzen;
Dann steig ich gewaffnet hervor aus dem Grab –
Den Kaiser, den Kaiser zu schützen!«

Belsazar

[Buch der Lieder, 1827]

Die Mitternacht zog näher schon;
In stiller Ruh' lag Babylon.

Nur oben in des Königs Schloss,
Da flackert's, da lärmt des Königs Tross.

Dort oben in dem Königssaal
Belsazar hielt sein Königsmahl.

Die Knechte saßen in schimmernden Reihn,
Und leerten die Becher mit funkelndem Wein.

Es klirrten die Becher, es jauchzten die Knecht';
So klang es dem störrischen Könige recht.

Des Königs Wangen leuchten Glut;
Im Wein erwuchs ihm kecker Mut.

Und blindlings reißt der Mut ihn fort;
Und er lästert die Gottheit mit sündigem Wort.

Und er brüstet sich frech, und lästert wild;
Die Knechtenschar ihm Beifall brüllt.

Der König rief mit stolzem Blick;
Der Diener eilt und kehrt zurück.

Er trug viel gülden Gerät auf dem Haupt;
Das war aus dem Tempel Jehovas geraubt.

Und der König ergriff mit frevler Hand
Einen heiligen Becher, gefüllt bis am Rand.

Und er leert ihn hastig bis auf den Grund,
Und rufet laut mit schäumendem Mund:

»Jehova! dir künd ich auf ewig Hohn –
Ich bin der König von Babylon!«

Doch kaum das grause Wort verklang,
Dem König ward's heimlich im Busen bang.

Das gellende Lachen verstummte zumal;
Es wurde leichenstill im Saal.

Und sieh! und sieh! an weißer Wand
Da kam's hervor wie Menschenhand;

Und schrieb, und schrieb an weißer Wand
Buchstaben von Feuer, und schrieb und schwand.

Der König stieren Blicks da saß,
Mit schlotternden Knien und totenblass.

Die Knechtenschar saß kalt durchgraut,
Und saß gar still, gab keinen Laut.

Die Magier kamen, doch keiner verstand
Zu deuten die Flammenschrift an der Wand.

Belsazar ward aber in selbiger Nacht
Von seinen Knechten umgebracht.

Die schlesischen Weber

[1844]

Im düstern Auge keine Träne,
Sie sitzen am Webstuhl und fletschen die Zähne:
»Deutschland, wir weben dein Leichentuch,
Wir weben hinein den dreifachen Fluch –
Wir weben, wir weben!

Ein Fluch dem Gotte, zu dem wir gebeten
In Winterskälte und Hungersnöten
Wir haben vergebens gehofft und geharrt,
Er hat uns geäfft und gefoppt und genarrt –

Wir weben, wir weben!

Ein Fluch dem König, dem König der Reichen,
Den unser Elend nicht konnte erweichen,
Der den letzten Groschen von uns erpresst,
Und uns wie Hunde erschießen lässt –
Wir weben, wir weben!

Ein Fluch dem falschen Vaterlande,
Wo nur gedeihen Schmach und Schande,
Wo jede Blume früh geknickt,
Wo Fäulnis und Moder den Wurm erquickt –
Wir weben, wir weben!

Das Schiffchen fliegt, der Webstuhl kracht,
Wir weben emsig Tag und Nacht –
Altdeutschland, wir weben dein Leichentuch,
Wir weben hinein den dreifachen Fluch,
Wir weben, wir weben!«

Nikolaus Lenau

(1802-1850)

Die drei Indianer

[1834]

Mächtig zürnt der Himmel im Gewitter,
Schmettert manche Rieseneich in Splitter,
Übertönt des Niagara Stimme,
Und mit seiner Blitze Flammenruten
Peitscht er schneller die beschäumten Fluten,
Dass sie stürzen mit empörtem Grimme.

Indianer stehn am lauten Strande,
Lauschen nach dem wilden Wogenbrande,
Nach des Waldes bangem Sterbgestöhne;
Greis der eine, mit ergrautem Haare,
Aufrecht überragend seine Jahre,
Die zwei andern seine starken Söhne.

Seine Söhne jetzt der Greis betrachtet,
Und sein Blick sich dunkler jetzt umnachtet
Als die Wolken, die den Himmel schwärzen,
Und sein Aug versendet wildre Blitze
Als das Wetter durch die Wolkenritze,
Und er spricht aus tiefempörtem Herzen:

»Fluch den Weißen! ihren letzten Spuren!
Jeder Welle Fluch, worauf sie fuhren,
Die einst Bettler unsern Strand erklettert!
Fluch dem Windhauch, dienstbar ihrem Schiffe!
Hundert Flüche jedem Felsenriffe,
Das sie nicht hat in den Grund geschmettert!

Täglich übers Meer in wilder Eile
Fliegen ihre Schiffe, giftge Pfeile,
Treffen unsre Küste mit Verderben.
Nichts hat uns die Räuberbrut gelassen,
Als im Herzen tödlich bittres Hassen:

Kommt, ihr Kinder, kommt, wir wollen sterben!«

Also sprach der Alte, und sie schneiden
Ihren Nachen von den Uferweiden,
Drauf sie nach des Stromes Mitte ringen;
Und nun werfen sie weithin die Ruder,
Armverschlungen Vater, Sohn und Bruder
Stimmen an, ihr Sterbelied zu singen.

Laut ununterbrochne Donner krachen,
Blitze flattern um den Todesnachen,
Ihn umtaumeln Möwen sturmesmunter;
Und die Männer kommen fest entschlossen
Singend schon dem Falle zugeschossen,
Stürzen jetzt den Katarakt hinunter.

Eduard Mörike

(1804-1875)

Der Feuerreiter

[Entstanden 1824, Erstdruck titellos, 1832]

Sehet ihr am Fensterlein
Dort die rote Mütze wieder?
Nicht geheuer muss es sein,
Denn er geht schon auf und nieder.
Und auf einmal welch Gewühle
Bei der Brücke, nach dem Feld!
Horch! das Feuerglöcklein gellt:

Hinterm Berg,
Hinterm Berg

Brennt es in der Mühle!

Schaut! da sprengt er wütend schier
Durch das Tor, der Feuerreiter,
Auf dem rippendürren Tier,
Als auf einer Feuerleiter!
Querfeldein! Durch Qualm und Schwüle
Rennt er schon, und ist am Ort!
Drüben schallt es fort und fort:

Hinterm Berg,
Hinterm Berg

Brennt es in der Mühle!

Der so oft den roten Hahn
Meilenweit von fern gerochen,
Mit des heilgen Kreuzes Span
Freventlich die Glut besprochen –
Weh! dir grinst vom Dachgestühle
Dort der Feind im Höllenschein.
Gnade Gott der Seele dein!

Hinterm Berg,

Hinterm Berg

Rast er in der Mühle!

Keine Stunde hielt es an,
Bis die Mühle borst in Trümmer;
Doch den kecken Reitersmann
Sah man von der Stunde nimmer.
Volk und Wagen im Gewühle
Kehren heim von all dem Graus;
Auch das Glöcklein klinget aus:

Hinterm Berg,
Hinterm Berg

Brennt's! –

Nach der Zeit ein Müller fand
Ein Gerippe samt der Mützen
Aufrecht an der Kellerwand
Auf der beinern Mähre sitzen:
Feuerreiter, wie so kühle
Reitest du in deinem Grab!
Husch! da fällt's in Asche ab.

Ruhe wohl,
Ruhe wohl

Drunten in der Mühle!

Die schlimme Gret und der Königssohn

[1828; Erstdruck als *Der Königssohn und die Windmüllerstochter. Romanze*, 1829]

»Gott grüß dich, junge Müllerin!
Heut wehen die Lüfte wohl schön?«
»Lasst sie wehen von Morgen und Abend,
Meine leere Mühle zu drehn!«

»Die stangenlangen Flügel
Sie haspeln dir eitel Wind?«
»Der Herr ist tot, die Frau ist tot,
Da feiert das Gesind.«

»So tröste sich Leid mit Leide!
Wir wären wohl gesellt:
Ich irr, ein armer Königssohn,
Landflüchtig durch die Welt.

Und drunten an dem Berge
Die Hütte dort ist mein;
Da liegt auch meine Krone,
Geschmuck und Edelstein.

Willst meine Liebste heißen,
So sage, wie und wann,
An Tagen und in Nächten,
Ich zu dir kommen kann?« –

»Ich bind eine güldne Pfeife
Wohl an den Flügel hin,
Dass sie sich helle hören lässt,
Wann ich daheime bin.

Doch wollt Ihr bei mir wohnen,
Sollt mir willkommen sein:
Mein Haus ist groß und weit mein Hof,
Da wohn ich ganz allein.« –

Der Königssohn mit Freuden
Ihr folget in ihr Haus;
Sie tischt ihm auf, kein Edelhof
Vermöchte so stattlichen Schmaus:

Schwarzwild und Rebhuhn, Fisch und Met;
Er fragt nicht lang woher.
Sie zeigt so stolze Sitten,
Des wundert er sich sehr.

Die erste Nacht, da er kost mit ihr,
In das Ohr ihm sagte sie: »Wisst,
Eine Jungfrau muss ich bleiben,
So lieb Euer Leben Euch ist!« –

Einstmals da kam der Königssohn
Zu Mittag von der Jagd,

Unfrohgemut, doch barg er sich,
Sprach lachend zu seiner Magd:

»Die Leute sagten mir neue Mär
Von dir, und böse dazu;
Sankt Jörgens Drach war minder schlimm,
Wenn man sie hört, denn du.«

»Sie sagen, dass ich ein falsches Ding,
Dass ich eine Hexe sei?«
»Nun ja, mein Schatz, so sprechen sie!
Eine Hexe, meiner Treu!

Ich dachte: wohl, ihr Narren,
Ihr lüget nicht daran;
Mit den schwarzen Augen, aufs erste Mal,
Hat sie mir's angetan.

Und länger ruh ich keinen Tag,
Bis dass ich König bin,
Und morgen zieh ich auf die Fahrt:
Aufs Jahr bist du Königin!« –

Sie blitzt ihn an wie Wetterstrahl,
Sie blickt ihn an so schlau:
»Du lügst in deinen Hals hinein!
Du willst keine Hexe zur Frau.

Du willst dich von mir scheiden;
Das mag ja wohl geschehn:
Sollt aber von der schlimmen Gret
Noch erst ein Probstück sehn.« –

»Ach, Liebchen, ach, wie hebet sich,
Wie wallet dein schwarzes Haar!
Und rühret sich kein Lüftchen doch;
O sage, was es war?

Schon wieder, ach, und wieder!
Du lachest und mir graut:
Es singen deine Zöpfe ... Weh!
Du bist die Windesbraut!«

»Nicht seine Braut, doch ihm vertraut;
Meine Sippschaft ist gar groß.
Komm, küsse mich! ich halte dich
Und lasse dich nimmer los!

O pfui, das ist ein schief Gesicht!
Du wirst ja kreideweiß!
Frisch, munter, Prinz! ich gebe dir
Mein bestes Stücklein preis.« –

Rührlöffel in der Küch sie holt,
Rührlöffel ihrer zwei,
War jeder eine Elle lang,
Waren beide nagelneu.

»Was guckst du so erschrocken?
Denkst wohl, es gäbe Streich'?
Nicht doch, Herzliebster, warte nur,
Dein Wunder siehst du gleich.«

Auf den obern Boden führt sie ihn:
»Schau, was ein weiter Platz!
Wie ausgeblasen, hübsch und rein!
Hie tanzen wir, mein Schatz.

Schau, was ein Nebel zieht am Berg!
Gib acht, ich tu ihn ein!«
Sie beugt sich aus dem Laden weit,
Die Geister zu bedräun;

Sie wirbelt übereinander
Ihre Löffel so wunderlich,
Sie wickelt den Nebel und wickelt,
Und wirft ihn hinter sich.

Sie langt hervor ein Saitenspiel,
Sah wie ein Hackbrett aus,
Sie rühret es nur leise,
Es zittert das ganze Haus.

»Teil dich, teil dich, du Wolkendunst!
Ihr Geister, geht herfür!

Lange Männer, lange Weiber, seid
Hurtig zu Dienste mir!«

Da fangt es an zu kreisen,
Da wallet es hervor,
Lange Arme, lange Schleppen,
Und wieget sich im Chor.

»Fasst mir den dummen Jungen da!
Geschwinde wickelt ihn ein!
Er hat mein Herz gekränket,
Das soll er mir bereun.«

Den Jüngling von dem Boden hebt's,
Es dreht ihn um und um,
Es trägt ihn als ein Wickelkind
Dreimal im Saal herum.

Margret ein Wörtlein murmelt,
Klatscht in die Hand dazu:
Da fegt es wie ein Wirbelwind
Durchs Fenster fort im Nu.

Und fähret über die Berge,
Den Jüngling mitteninn,
Und fort bis wo der Pfeffer wächst –
O Knabe, wie ist dir zu Sinn?

Und als er sich besonnen,
Lag er im grünen Gras,
Hoch oben auf dem Seegestad;
Die Liebste bei ihm saß.

Ein Teppich war gebreitet,
Köstlich gewirket, bunt,
Darauf ein lustig Essen
In blankem Silber stund.

Und als er sich die Augen reibt
Und schaut sich um und an,
Ist sie wie eine Prinzessin schön,
Wie ein Prinz er angetan.

Sie lacht ihn an wie Maienschein,
Da sie ihm den Becher beut,
Sie legt den Arm um seinen Hals;
Vergessen war all sein Leid.

Da ging es an ein Küssen,
Er kriegt nicht satt an ihr;
Fürwahr ihr güldner Gürtel wär
Zu Schaden kommen schier.

– »Ach Liebchen, ach, wie wallet hoch
Dein schwarzes Ringelhaar!
Warum mich so erschrecken jetzt?
Nun ist meine Freude gar.«

»Rück her, rück her, sei nicht so bang!
Nun sollt du erst noch sehn,
Wie lieblich meine Arme tun;
Komm, es ist gleich geschehn!« –

Sie drückt ihn an die Brüste,
Der Atem wird ihm schwer;
Sie heult ein grausiges Totenlied,
Und wirft ihn in das Meer.

Friedrich Hebbel

(1813-1863)

Der Heideknabe

[1844; Sonntagsblätter, Wien 1846]

Der Knabe träumt, man schicke ihn fort
Mit dreißig Talern zum Heide-Ort,
Er ward drum erschlagen am Wege
Und war doch nicht langsam und träge.

Noch liegt er im Angstschweiß, da rüttelt ihn
Sein Meister, und heißt ihm, sich anzuzieh'n
Und legt ihm das Geld auf die Decke
Und fragt ihn, warum er erschrecke.

»Ach Meister, mein Meister, sie schlagen mich tot,
Die Sonne, sie ist ja wie Blut so rot!«
Sie ist es für dich nicht alleine,
Drum schnell, sonst mach' ich dir Beine!

»Ach Meister, mein Meister, so sprachst du schon,
Das war das Gesicht, der Blick, der Ton,
Gleich greifst du« – zum Stock, will er sagen,
Es sagt's nicht, er wird schon geschlagen.

»Ach Meister, mein Meister, ich geh', ich geh',
Bring meiner Frau Mutter das letzte Ade!
Und sucht sie nach allen vier Winden,
Am Weidenbaum bin ich zu finden!«

Hinaus aus der Stadt! Und da dehnt sie sich,
Die Heide, nebelnd, gespenstiglich,
Die Winde darüber sausend,
»Ach, wär' hier ein Schritt, wie tausend!«

Und alles so still, und alles so stumm,
Man sieht sich umsonst nach Lebendigem um,
Nur hungrige Vögel schießen
Aus Wolken, um Würmer zu spießen.

Er kommt ans einsame Hirtenhaus,
Der alte Hirt schaut eben heraus,
Des Knaben Angst ist gestiegen,
Am Wege bleibt er noch liegen.

»Ach Hirte, du bist ja von frommer Art,
Vier gute Groschen hab' ich erspart,
Gib deinen Knecht mir zur Seite,
Dass er bis zum Dorf mich begleite.

Ich will sie ihm geben, er trinke dafür
Am nächsten Sonntag ein gutes Bier,
Dies Geld hier, ich trag' es mit Beben,
Man nahm mir im Traum drum das Leben!«

Der Hirt, der winkte dem langen Knecht,
Er schnitt sich eben den Stecken zurecht,
Jetzt trat er hervor – wie graute
Dem Knaben, als er ihn schaute!

»Ach Meister Hirte, ach nein, ach nein,
Es ist doch besser, ich geh' allein!«
Der Lange spricht grinsend zum Alten:
Er will die vier Groschen behalten.

»Da sind die vier Groschen!« Er wirft sie hin
Und eilt hinweg mit verstörtem Sinn.
Schon kann er die Weide erblicken,
Da klopft ihn der Knecht in den Rücken.

Du hältst es nicht aus, du gehst zu geschwind,
Ei, eile mit Weile, du bist ja noch Kind,
Auch muss das Geld dich beschweren,
Wer kann dir das Ausruh'n verwehren!

Komm, setz' dich unter den Weidenbaum
Und dort erzähl' mir den hässlichen Traum,
Mir träumte – Gott soll mich verdammen,
Trifft's nicht mit deinem zusammen!

Er fasst den Knaben wohl bei der Hand,
Der leistet auch nimmermehr Widerstand,

Die Blätter flüstern so schaurig,
Das Wässerlein rieselt so traurig!

Nun sprich, du träumtest – »Es kam ein Mann –«
War ich das? Sieh mich doch näher an,
Ich denke, du hast mich gesehen!
Nun weiter, wie ist es geschehen?

»Er zog ein Messer!« – War das, wie dies? –
»Ach ja, ach ja!« – Er zog's? – »Und stieß –«
Er stieß dir's wohl so durch die Kehle?
Was hilft es auch, dass ich dich quäle!

Und fragt ihr, wie's weiter gekommen sei?
So fragt zwei Vögel, sie saßen dabei,
Der Rabe verweilte gar heiter,
Die Taube konnte nicht weiter!

Der Rabe erzählt, was der Böse noch tat,
Und auch, wie's der Henker gerochen hat,
Die Taube erzählt, wie der Knabe
Geweint und gebetet habe.

Ferdinand Freiligrath

(1810-1876)

Im Irrenhause

[Ein Glaubensbekenntnis, 1844]

Nun noch in diese Kammer tritt –
Ein einzig Fenster gibt ihr Helle!
Starr, wie ein Steinbild von Granit,
Dasteht der Insass dieser Zelle!
Dasteht er wie ein Toter schier –
Nichts, was ihn störte, was ihn weckte!
Sein gläsern Auge funkelt stier,
Wie Macbeths, als ihn Banquo schreckte!

Da jach kommt Leben in den Stein!
Er springt zurück – was muss er schauen?
Von wannen nur dringt auf ihn ein
Haarsträubend dieses wüste Grauen?
Er hält die Hände schirmend vor,
Als säh' er Schwerter oder Flammen;
Er schüttelt sich und heult empor
Und bricht mit Klagelaut zusammen!

Und ruft: »Hab' ich euch doch erdolcht!
Was braucht ihr fürder mich zu quälen?
Wer schickt euch, dass ihr mich verfolgt,
Blutrünstige Gedankenseelen?
Wer hat den Rückweg euch gebahnt
Aus eurem Nichts, ihr trotzigen Dinger,
Dass an die Schlachtzeit ihr mich mahnt,
Drin euch hineinwies dieser Finger?

Lautlos, wie Ähren, sankt ihr hin,
Legionenweis – ha, welch ein Mähen!
Nie kam mir damals in den Sinn,
Ihr könntet wieder auferstehen!
Hu – ob ihr's könnt! Im Palast hier

Erfuhr ich's, drin ich gern sonst wohne,
Seit ihn für treue Dienste mir
Anwies als Eigentum die Krone!

Ein prächt'ger Bau! Doch ganz und gar
Ein Spukhaus eben, will mich dünken!
Weh – eine zorn'ge Leichenschar,
Stürmt ihr heran, mein Blut zu trinken!
Anstürmt ihr, abgehetzt und bleich,
Doch auf den Stirnen Mut und Klarheit!
Zwei hohe Weiber führen euch –
Die Freiheit, glaub' ich, und die Wahrheit!

Ja doch, die sind's! – Für sie ja quollt
Aus Schädeln ihr, tollkühnen, frechen!
Dreist ihr Gesetz habt ihr entrollt –
Und jetzt wollt ihr den Hals mir brechen!
Hohnlachend jetzt den Todestoß
Nach meinem Herzen wollt ihr führen –
Fort, ihr Gesindel, lasst mich los!
Ich will mit euch kapitulieren!

Ja – aber wie? – der Teufel weiß!
Halt – hab' ich euch denn nicht verboten?
Was denn umsteht ihr mich im Kreis?
Ihr seid ja tot! Fort zu den Toten!
Fort – hier bin ich im Recht – erlaubt –
Bückt euch – ich will euch nur zertreten!
Weh mir, ihr schüttelt ernst das Haupt!
Ihr sagt: Der Geist lässt sich nicht töten!

Der Geist? – nicht töten? – Ach, ich Tor!
Mir gleich, was sie für Reden führen!
Und doch – wer raunt mir denn ins Ohr:
Nicht töten, aber wohl verlieren! –
Ja so – den Geist – so mein' ich's auch!
Wie ist mir denn? – ich steh' geschlagen!
Was kann ein armer Zensor auch
Dem Geiste nur vom Geiste sagen?

Ihr lacht, Gesindel? – Allesamt
Flugs in den Staub vor mir gesunken!
Hui da, was wollt ihr nur? – Verdammt!
Zu mächtig sind mir die Halunken!
Die Wahrheit schlägt mich ins Gesicht,
Die Freiheit bindet mir die Fäuste,
Anrasseln die Gedanken dicht.
Weh – wie geschieht mir – Fluch dem Geiste!

Nein, Gnade, Gnade! Los die Hand!
Los! O, wie viele waren härter
Als ich!« – Er fliegt hinan die Wand –
Da fasst den Rasenden der Wärter.
Gebändigt hat ihn Jack' und Schnur,
Auf seinem Lager sieh ihn kauern!
Komm nun – er war ein Werkzeug nur!
Lass uns nicht richten – nur bedauern!

Die Trompete von Gravelotte

(Tatsächlich. Nach einem jüngst durch die Blätter laufenden Schreiben des Majors im Magdeburgischen Kürassier-Regiment, Graf Schmettow.)

[um 1870]

Sie haben Tod und Verderben gespien:
Wir haben es nicht gelitten.
Zwei Kolonnen Fußvolk, zwei Batterien,
Wir haben sie niedergeritten.

Die Säbel geschwungen, die Zäume verhängt,
Tief die Lanzen und hoch die Fahnen,
So haben wir sie zusammengesprengt, –
Kürassiere wir und Ulanen.

Doch ein Blutritt war es, ein Todesritt;
Wohl wichen sie unsern Hieben,
Doch von zwei Regimentern, was ritt und was stritt,
Unser zweiter Mann ist geblieben.

Die Brust durchschossen, die Stirn zerklafft,
So lagen sie bleich auf dem Rasen,

In der Kraft, in der Jugend dahingerafft, –
Nun, Trompeter, zum Sammeln geblasen!

Und er nahm die Trompet', und er hauchte hinein;
Da, – die mutig mit schmetterndem Grimme
Uns geführt in den herrlichen Kampf hinein,
Der Trompete versagte die Stimme.

Nur ein klanglos Wimmern, ein Schrei voll Schmerz,
Entquoll dem metallenen Munde;
Eine Kugel hatte durchlöchert ihr Erz, –
Um die Toten klagte die Wunde!

Um die Tapfern, die Treuen, die Wacht am Rhein,
Um die Brüder, die heut gefallen, –
Um sie alle, es ging uns durch Mark und Bein,
Erhub sie gebrochenes Lallen.

Und nun kam die Nacht, und wir ritten hindann,
Rundum die Wachtfeuer lohten;
Die Rosse schnoben, der Regen rann –
Und wir dachten der Toten, der Toten!

Emmanuel Geibel

(1815-1884)

Krokodilromanze

[um 1873-1877]

Ich bin ein altes Krokodil
Und sah schon die Osirisfeier;
Bei Tage sonn' ich mich im Nil,
Bei Nacht am Strande leg' ich Eier.

Ich weiß mit list'gem Wehgekreisch
Mir stets die Mahlzeit zu erwürken;
Gewöhnlich fress' ich Mohrenfleisch
Und Sonntags manchmal einen Türken.

Und wenn im gelben Mondlicht rings
Der Strand liegt und die Felsenbrüche,
Tanz' ich vor einer alten Sphinx
Und lausch' auf ihrer Weisheit Sprüche.

Die Klauen in den Sand gepflanzt,
Tiefsinnig spricht sie: »Tochter Thebens,
Friss nur, was du verdauen kannst!
Das ist das Rätsel deines Lebens.«

Theodor Fontane

(1819-1898)

Archibald Douglas

[1854]

»Ich hab' es getragen sieben Jahr
Und ich kann es nicht tragen mehr,
Wo immer die Welt am schönsten war,
Da war sie öd' und leer.

Ich will hintreten vor sein Gesicht
In dieser Knechtsgestalt,
Er kann meine Bitte versagen nicht,
Ich bin ja worden alt.

Und trüg' er noch den alten Groll,
Frisch wie am ersten Tag,
So komme, was da kommen soll,
Und komme, was da mag.«

Graf Douglas spricht's. Am Weg ein Stein
Lud ihn zu harter Ruh,
Er sah in Wald und Feld hinein,
Die Augen fielen ihm zu.

Er trug einen Harnisch, rostig und schwer,
Darüber ein Pilgerkleid –
Da horch, vom Waldrand scholl es her.
Wie von Hörnern und Jagdgeleit.

Und Kies und Staub aufwirbelte dicht,
Her jagte Meut' und Mann,
Und ehe der Graf sich aufgericht't,
Waren Ross und Reiter heran.

König Jakob saß auf hohem Ross,
Graf Douglas grüßte tief,
Dem König das Blut in die Wange schoss,
Der Douglas aber rief:

»König Jakob, schaue mich gnädig an
Und höre mich in Geduld,
Was meine Brüder dir angetan,
Es war nicht meine Schuld.

Denk nicht an den alten Douglas-Neid,
Der trotzig dich bekriegt,
Denk lieber an deine Kinderzeit,
Wo ich dich auf den Knien gewiegt.

Denk lieber zurück an Stirling-Schloss,
Wo ich Spielzeug dir geschnitzt,
Dich gehoben auf deines Vaters Ross
Und Pfeile dir zugespitzt.

Denk lieber zurück an Linlithgow,
An den See und den Vogelherd,
Wo ich dich fischen und jagen froh
Und schwimmen und springen gelehrt.

O denk an alles, was einsten war,
Und sänftige deinen Sinn,
Ich hab' es gebüßet sieben Jahr,
Dass ich ein Douglas bin.«

»Ich seh' dich nicht, Graf Archibald,
Ich hör' deine Stimme nicht,
Mir ist, als ob ein Rauschen im Wald
Von alten Zeiten spricht.

Mir klingt das Rauschen süß und traut,
Ich lausch' ihm immer noch,
Dazwischen aber klingt es laut:
Er ist ein Douglas doch.

Ich seh' dich nicht, ich höre dich nicht,
Das ist alles, was ich kann,
Ein Douglas vor meinem Angesicht
Wär' ein verlorener Mann.«

König Jakob gab seinem Ross den Sporn,
Bergan ging jetzt sein Ritt,

Graf Douglas fasste den Zügel vorn
Und hielt mit dem Könige Schritt.

Der Weg war steil, und die Sonne stach,
Und sein Panzerhemd war schwer,
Doch ob er schier zusammenbrach,
Er lief doch nebenher.

»König Jakob, ich war dein Seneschall,
Ich will es nicht fürder sein,
Ich will nur warten dein Ross im Stall
Und ihm schütten die Körner ein.

Ich will ihm selber machen die Streu
Und es tränken mit eig'ner Hand,
Nur lass mich atmen wieder aufs neu
Die Luft im Vaterland.

Und willst du nicht, so hab' einen Mut,
Und ich will es danken dir,
Und zieh dein Schwert und triff mich gut
Und lass mich sterben hier.«

König Jakob sprang herab vom Pferd,
Hell leuchtete sein Gesicht,
Aus der Scheide zog er sein breites Schwert,
Aber fallen ließ er es nicht.

»Nimm's hin, nimm's hin und trag' es neu
Und bewache mir meine Ruh',
Der ist in tiefster Seele treu,
Wer die Heimat liebt wie du.

Zu Ross, wir reiten nach Linlithgow,
Und du reitest an meiner Seit',
Da wollen wir fischen und jagen froh,
Als wie in alter Zeit.«

Die zwei Raben

[1855]

Ich ging übers Heidemoor allein,
Da hört' ich zwei Raben kreischen und schrein;
Der eine rief dem andern zu:
»Wo machen wir Mittag, ich und du?«

»Im Walde drüben liegt unbewacht
Ein erschlagener Ritter seit heute Nacht,
Und niemand sah ihn in Waldesgrund
Als sein Lieb und sein Falke und sein Hund.

Sein Hund auf neuer Fährte geht,
Sein Falk' auf frische Beute späht,
Sein Lieb ist mit ihrem Buhlen fort –
Wir können speisen in Ruhe dort.

Du setzest auf seinen Nacken dich,
Seine blauen Augen, die sind für mich,
Eine goldene Locke aus seinem Haar
Soll wärmen das Nest uns nächstes Jahr.

Manch einer wird sprechen: ich hatt' ihn lieb!
Doch keiner wird wissen, wo er blieb,
Und hingehn über sein bleich Gebein
Wird Wind und Regen und Sonnenschein.«

Das Trauerspiel von Afghanistan

[1859]

Der Schnee leis stäubend vom Himmel fällt,
Ein Reiter vor Dschellalabad hält.
»Wer da!« – »Ein britischer Reitersmann,
Bringe Botschaft aus Afghanistan.«

»Afghanistan!« er sprach es so matt;
Es umdrängt den Reiter die halbe Stadt,
Sir Robert Sale, der Kommandant,
Hebt ihn vom Rosse mit eigener Hand.

Sie führen ins steinerne Wachthaus ihn,
Sie setzen ihn nieder an den Kamin,
Wie wärmt ihn das Feuer, wie labt ihn das Licht,
Er atmet hoch auf und dankt und spricht:

»Wir waren dreizehntausend Mann,
Von Kabul unser Zug begann,
Soldaten, Führer, Weib und Kind
Erstarrt, erschlagen, verraten sind.

Zersprengt ist unser ganzes Heer,
Was lebt, irrt draußen in Nacht umher,
Mir hat ein Gott die Rettung gegönnt,
Seht zu, ob den Rest ihr retten könnt.«

Sir Robert stieg auf den Festungswall,
Offiziere, Soldaten folgten ihm all,
Sir Robert sprach: »Der Schnee fällt dicht,
Die uns suchen, sie können uns finden nicht.

Sie irren wie Blinde und sind uns so nah,
So lasst sie's *hören*, dass wir da,
Stimmt an ein Lied von Heimat und Haus,
Trompeter, blast in die Nacht hinaus!«

Da huben sie an und sie wurden's nicht müd',
Durch die Nacht hin klang es Lied um Lied,
Erst englische Lieder mit fröhlichem Klang,
Dann Hochlandslieder wie Klagegesang.

Sie bliesen die Nacht und über den Tag,
Laut, wie nur die Liebe rufen mag,
Sie bliesen – es kam die zweite Nacht,
Umsonst, dass ihr ruft, umsonst, dass ihr wacht.

Die hören sollen, sie hören nicht mehr,
Vernichtet ist das ganze Heer,
Mit dreizehntausend der Zug begann,
Einer kam heim aus Afghanistan.

Gorm Grymme

[1864]

König Gorm herrscht über Dänemark,
Er herrscht die dreißig Jahr,
Sein Sinn ist fest, seine Hand ist stark,
Weiß worden ist nur sein Haar,
Weiß worden sind nur seine buschigen Brau'n,
Die machten manchen stumm,
In Grimme liebt er drein zu schaun, –
Gorm Grymme heißt er drum.

Und die Jarls kamen zum Feste des Jul,
Gorm Grymme sitzt im Saal,
Und neben ihm sitzt, auf beinernem Stuhl,
Thyra Danebod, sein Gemahl;
Sie reichen einander still die Hand
Und blicken sich an zugleich,
Ein Lächeln in beider Auge stand –
Gorm Grymme, was macht dich so weich?

Den Saal hinunter, in offner Hall',
Da fliegt es wie Locken im Wind,
Jung-Harald spielt mit dem Federball,
Jung-Harald, ihr einziges Kind,
Sein Wuchs ist schlank, blond ist sein Haar,
Blau-golden ist sein Kleid,
Jung-Harald ist heut fünfzehn Jahr,
Und sie lieben ihn allbeid'.

Sie lieben ihn beid'; eine Ahnung bang
Kommt über die Königin,
Gorm Grymme aber den Saal entlang
Auf Jung-Harald deutet er hin,
Und er hebt sich zum Sprechen – sein Mantel rot
Gleitet nieder auf den Grund:
»Wer je mir spräche ›er ist tot‹,
Der müsste sterben zur Stund'!«

Und Monde gehn. Es schmolz der Schnee,

Der Sommer kam zu Gast,
Dreihundert Schiffe fahren in See,
Jung-Harald steht am Mast,
Er steht am Mast, er singt ein Lied,
Bis sich's im Winde brach,
Das letzte Segel, es schwand, es schied –
Gorm Grymme schaut ihm nach.

Und wieder Monde. Grau-Herbstestag
Liegt über Sund und Meer,
Drei Schiffe mit mattem Ruderschlag
Rudern heimwärts drüber her;
Schwarz hängen die Wimpel; auf Brömsebro-Moor
Jung-Harald liegt im Blut –
Wer bringt die Kunde vor Königs Ohr?
Keiner hat den Mut.

Thyra Danebod schreitet hinab an den Strand,
Sie hatte die Segel gesehn;
Sie spricht: »Und bangt sich euer Mund,
Ich meld' ihm, was geschehn.«
Ab legt sie ihr rotes Korallengeschmeid'
Und die Gemme von Opal,
Sie kleidet sich in ein schwarzes Kleid
Und tritt in Hall' und Saal.

In Hall' und Saal. An Pfeiler und Wand
Goldteppiche ziehen sich hin,
Schwarze Teppiche nun mit eigener Hand
Hängt drüber die Königin,
Und sie zündet zwölf Kerzen, ihr flackernd Licht,
Es gab einen trüben Schein,
Und sie legt ein Gewebe, schwarz und dicht,
Auf den Stuhl von Elfenbein.

Ein tritt Gorm Grymme. Es zittert sein Gang,
Er schreitet wie im Traum,
Er starrt die schwarze Hall' entlang,
Die Lichter, er sieht sie kaum,

Er spricht: »Es weht wie Schwüle hier,
Ich will an Meer und Strand,
Reich meinen rot-goldenen Mantel mir
Und reiche mir deine Hand.«

Sie gab ihm um einen Mantel dicht,
Der war nicht golden, nicht rot,
Gorm Grymme sprach: »Was niemand spricht,
Ich sprech' es: er ist tot.«
Er setzte sich nieder, wo er stand,
Ein Windstoß fuhr durchs Haus,
Die Königin hielt des Königs Hand,
Die Lichter loschen aus.

Die Brück' am Tay

[28. Dezember 1879]

When shall we three meet again?
Macbeth

»Wann treffen wir drei wieder zusamm?«
»Um die siebente Stund', am Brückendamm.«
»Am Mittelpfeiler.«

»Ich lösche die Flamm.«
»Ich mit.«

»Ich komme vom Norden her.«
»Und ich vom Süden.«
»Und ich vom Meer.«

»Hei, das gibt einen Ringelreihn,
Und die Brücke muss in den Grund hinein.«

»Und der Zug, der in die Brücke tritt
Um die siebente Stund'?«
»Ei, der muss mit.«
»Muss mit.«

»Tand, Tand
Ist das Gebilde von Menschenhand!«

Auf der *Norderseite*, das Brückenhaus –

Alle Fenster sehen nach Süden aus,
Und die Brücknersleut' ohne Rast und Ruh
Und in Bangen sehen nach Süden zu,
Sehen und warten, ob nicht ein Licht
Übers Wasser hin »Ich komme« spricht,
»Ich komme, trotz Nacht und Sturmesflug,
Ich, der Edinburgher Zug.«

Und der Brückner jetzt: »Ich seh' einen Schein
Am anderen Ufer. Das muss er sein.
Nun, Mutter, weg mit dem bangen Traum,
Unser Johnnie kommt und will seinen Baum,
Und was noch am Baume von Lichtern ist,
Zünd' alles an wie zum heiligen Christ,
Der will heuer *zweimal* mit uns sein, –
Und in elf Minuten ist er herein.«

Und es war der Zug. Am *Süder*turm
Keucht er vorbei jetzt gegen den Sturm,
Und Johnnie spricht: »Die Brücke noch!
Aber was tut es, wir zwingen es doch.
Ein fester Kessel, ein doppelter Dampf,
Die bleiben Sieger in solchem Kampf.
Und wie's auch rast und ringt und rennt,
Wir kriegen es unter, das Element.

Und unser Stolz ist unsre Brück';
Ich lache, denk' ich an früher zurück,
An all den Jammer und all die Not
Mit dem elend alten Schifferboot;
Wie manche liebe Christfestnacht
Hab' ich im Fährhaus zugebracht
Und sah unsrer Fenster lichten Schein
Und zählte und konnte nicht drüben sein.«

Auf der Norderseite, das Brückenhaus –
Alle Fenster sehen nach Süden aus,
Und die Brücknersleut' ohne Rast und Ruh
Und in Bangen sehen nach Süden zu;

Denn wütender wurde der Winde Spiel,
Und jetzt, als ob Feuer vom Himmel fiel',
Erglüht es in niederschießender Pracht
Überm Wasser unten ... Und wieder ist Nacht.

»Wann treffen wir drei wieder zusamm?«
»Um Mitternacht, am Bergeskamm.«
»Auf dem hohen Moor, am Erlenstamm.«

»Ich komme.«
» Ich mit.«
»Ich nenn' euch die Zahl.«
»Und ich die Namen.«
»Und ich die Qual.«
»Hei!
Wie Splitter brach das Gebälk entzwei.«

»Tand, Tand
Ist das Gebilde von Menschenhand.«

John Maynard

[1885]

John Maynard!

»Wer ist John Maynard?«

»John Maynard war unser Steuermann,
Aus hielt er, bis er das Ufer gewann,
Er hat uns gerettet, er trägt die Kron',
Er starb für uns, unsre Liebe sein Lohn.
John Maynard.«

Die »Schwalbe« fliegt über den Eriesee,
Gischt schäumt um den Bug wie Flocken von Schnee,
Von Detroit fliegt sie nach Buffalo –
Die Herzen aber sind frei und froh,
Und die Passagiere mit Kindern und Fraun
Im Dämmerlicht schon das Ufer schaun,
Und plaudernd an John Maynard heran
Tritt alles: »Wie weit noch, Steuermann?«

Der schaut nach vorn und schaut in die Rund':
»Noch dreißig Minuten ... Halbe Stund«.

Alle Herzen sind froh, alle Herzen sind frei –
Da klingt's aus dem Schiffsraum her wie Schrei,
»Feuer!« war es, was da klang,
Ein Qualm aus Kajüt' und Luke drang,
Ein Qualm, dann Flammen lichterloh,
Und noch zwanzig Minuten bis Buffalo.

Und die Passagiere, buntgemengt,
Am Bugspriet stehn sie zusammengedrängt,
Am Bugspriet vorn ist noch Luft und Licht,
Am Steuer aber lagert sich's dicht,
Und ein Jammern wird laut: »Wo sind wir? wo?«
Und noch fünfzehn Minuten bis Buffalo.

Der Zugwind wächst, doch die Qualmwolke steht,
Der Kapitän nach dem Steuer späht,
Er sieht nicht mehr seinen Steuermann,
Aber durchs Sprachrohr fragt er an:
»Noch da, John Maynard?«
»Ja, Herr. Ich bin.«
»Auf den Strand! In die Brandung!«
»Ich halte drauf hin.«
Und das Schiffsvolk jubelt: »Halt aus! Hallo!«
Und noch zehn Minuten bis Buffalo.

»Noch da, John Maynard?« Und Antwort schallt's
Mit ersterbender Stimme: »Ja, Herr, ich halt's!«
Und in die Brandung, was Klippe, was Stein,
Jagt er die »Schwalbe« mitten hinein.
Soll Rettung kommen, so kommt sie nur *so*.
Rettung: der Strand von Buffalo.

Das Schiff geborsten. Das Feuer verschwelt.
Gerettet alle. Nur *einer* fehlt!

Alle Glocken gehn; ihre Töne schwell'n
Himmelan aus Kirchen und Kapell'n,

Ein Klingen und Läuten, sonst schweigt die Stadt,
Ein Dienst nur, den sie heute hat:
Zehntausend folgen oder mehr,
Und kein Aug' im Zuge, das tränenleer.

Sie lassen den Sarg in Blumen hinab,
Mit Blumen schließen sie das Grab,
Und mit goldner Schrift in den Marmorstein
Schreibt die Stadt ihren Dankspruch ein:
»Hier ruht John Maynard! In Qualm und Brand
Hielt er das Steuer fest in der Hand,
Er hat uns gerettet, er trägt die Kron',
Er starb für *uns*, unsre Liebe sein Lohn.
John Maynard.«

Herr von Ribbeck auf Ribbeck im Havelland

[1889]

Herr von Ribbeck auf Ribbeck im Havelland,
Ein Birnbaum in seinem Garten stand,
Und kam die goldene Herbsteszeit
Und die Birnen leuchteten weit und breit,
Da stopfte, wenn's Mittag vom Turme scholl,
Der von Ribbeck sich beide Taschen voll,
Und kam in Pantinen ein Junge daher,
So rief er: »Junge, wiste 'ne Beer?«
Und kam ein Mädel, so rief er: »Lütt Dirn,
Kumm man röwer, ick hebb 'ne Birn.«

So ging es viel Jahre, bis lobesam
Der von Ribbeck auf Ribbeck zu sterben kam.
Er fühlte sein Ende. 's war Herbsteszeit,
Wieder lachten die Birnen weit und breit,
Da sagte von Ribbeck: »Ich scheide nun ab.
Legt mir eine Birne mit ins Grab.«
Und drei Tage drauf, aus dem Doppeldachhaus,
Trugen von Ribbeck sie hinaus,
Alle Bauern und Büdner mit Feiergesicht

Sangen »Jesus meine Zuversicht«,
Und die Kinder klagten, das Herze schwer:
»He is dod nu. Wer giwt uns nu 'ne Beer?«

So klagten die Kinder. Das war nicht recht,
Ach, sie kannten den alten Ribbeck schlecht,
Der *neue* freilich, der knausert und spart,
Hält Park und Birnbaum strenge verwahrt.
Aber der *alte*, vorahnend schon
Und voll Misstrauen gegen den eigenen Sohn,
Der wusste genau, was damals er tat,
Als um eine Birn' ins Grab er bat,
Und im dritten Jahr, aus dem stillen Haus
Ein Birnbaumsprössling sprosst heraus.

Und die Jahre gehen wohl auf und ab,
Längst wölbt sich ein Birnbaum über dem Grab,
Und in der goldenen Herbsteszeit
Leuchtet's wieder weit und breit.
Und kommt ein Jung' übern Kirchhof her,
So flüstert's im Baume: »Wist 'ne Beer?«
Und kommt ein Mädel, so flüstert's: »Lütt Dirn,
Kumm man röwer, ich gew di 'ne Birn. «

So spendet Segen noch immer die Hand
Des von Ribbeck auf Ribbeck im Havelland.

Gottfried Keller

(1819-1890)

Der Narr des Grafen von Zimmern

[1878]

Was rollt so zierlich, klingt so lieb
Treppauf und -ab im Schloss?
Das ist des Grafen Zeitvertrieb
Und stündlicher Genoss:
Sein Narr, annoch ein halbes Kind
Und rosiges Gesellchen,
So leicht und luftig wie der Wind,
Und trägt den Kopf voll Schellchen.

Noch ohne Arg, wie ohne Bart,
An Possen reich genug,
Ist doch der Fant von guter Art
Und in der Torheit klug;
Und was vergecken und verdrehn
Die zappeligen Hände,
Gerät ihm oft wie aus Versehn
Zuletzt zum guten Ende.

Der Graf mit seinem Hofgesind
Weilt in der Burgkapell,
Da ist, wie schon das Amt beginnt,
Kein Ministrant zur Stell;
Rasch nimmt der Pfaff den Narrn beim Ohr
Und zieht ihn zum Altare;
Der Knabe sieht sich fleißig vor,
Dass er nach Bräuchen fahre.

Und gut, als wär er's längst gewohnt,
Bedient er den Kaplan;
Doch wenn's die Müh am besten lohnt,
Bricht oft der Unstern an:
Denn als die heil'ge Hostia

Vom Priester wird erhoben,
O Schreck! so ist kein Glöcklein da,
Den süßen Gott zu loben!

Ein Weilchen bleibt es totenstill;
Erbleichend lauscht der Graf,
Der gleich ein Unheil ahnen will,
Das ihn vom Himmel traf.
Doch schon hat sich der Narr bedacht,
Den Handel zu versöhnen:
Die Kappe schüttelt er mit Macht,
Dass alle Glöcklein tönen!

Da strahlt von dem Ciborium
Ein goldnes Leuchten aus;
Es glänzt und duftet um und um
Im kleinen Gotteshaus,
Wie wenn des Himmels Majestät
In frischen Veilchen läge:
Der Herr, der durch die Wandlung geht –
Er lächelt auf dem Wege!«

Conrad Ferdinand Meyer

(1825-1898)

Die Füße im Feuer

[Erstdruck 1864]

Wild zuckt der Blitz. In fahlem Lichte steht ein Turm.
Der Donner rollt. Ein Reiter kämpft mit seinem Ross,
Springt ab und pocht ans Tor und lärmt. Sein Mantel saust
Im Wind. Er hält den scheuen Fuchs am Zügel fest.
Ein schmales Gitterfenster schimmert goldenhell
Und knarrend öffnet jetzt das Tor ein Edelmann ...

– »Ich bin ein Knecht des Königs, als Kurier geschickt
Nach Nîmes. Herbergt mich! Ihr kennt des Königs Rock!«
– »Es stürmt. Mein Gast bist du. Dein Kleid, was kümmert's mich?
Tritt ein und wärme dich! Ich sorge für dein Tier!«
Der Reiter tritt in einen dunkeln Ahnensaal,
Von eines weiten Herdes Feuer schwach erhellt,
Und je nach seines Flackerns launenhaftem Licht
Droht hier ein Hugenott im Harnisch, dort ein Weib,
Ein stolzes Edelweib aus braunem Ahnenbild ...
Der Reiter wirft sich in den Sessel vor dem Herd
Und starrt in den lebend'gen Brand. Er brütet, gafft ...
Leis sträubt sich ihm das Haar. Er kennt den Herd, den Saal ...
Die Flamme zischt. Zwei Füße zucken in der Glut.

Den Abendtisch bestellt die greise Schaffnerin
Mit Linnen blendend weiß. Das Edelmägdlein hilft.
Ein Knabe trug den Krug mit Wein. Der Kinder Blick
Hangt schreckensstarr am Gast und hangt am Herd entsetzt …
Die Flamme zischt. Zwei Füße zucken in der Glut.
– »Verdammt! Dasselbe Wappen! Dieser selbe Saal!
Drei Jahre sind's ... Auf einer Hugenottenjagd ...
Ein fein, halsstarrig Weib ... ›Wo steckt der Junker? Sprich!‹
Sie schweigt. ›Bekenn!‹ Sie schweigt. ›Gib ihn heraus!‹ Sie schweigt.
Ich werde wild. *Der* Stolz! Ich zerre das Geschöpf ...
Die nackten Füße pack ich ihr und strecke sie
Tief mitten in die Glut ... ›Gib ihn heraus!‹ ... Sie schweigt ...
Sie windet sich ... Sahst du das Wappen nicht am Tor?
Wer hieß dich hier zu Gaste gehen, dummer Narr?
Hat er nur einen Tropfen Bluts, erwürgt er dich.«
Eintritt der Edelmann. »Du träumst! Zu Tische, Gast ...«

Da sitzen sie. Die drei in ihrer schwarzen Tracht
Und er. Doch keins der Kinder spricht das Tischgebet.
Ihn starren sie mit aufgerissnen Augen an –
Den Becher füllt und übergießt er, stürzt den Trunk,
Springt auf: »Herr, gebet jetzt mir meine Lagerstatt!
Müd bin ich wie ein Hund!« Ein Diener leuchtet ihm,
Doch auf der Schwelle wirft er einen Blick zurück
Und sieht den Knaben flüstern in des Vaters Ohr ...
Dem Diener folgt er taumelnd in das Turmgemach.

Fest riegelt er die Tür. Er prüft Pistol und Schwert.
Gell pfeift der Sturm. Die Diele bebt. Die Decke stöhnt.
Die Treppe kracht ... Dröhnt hier ein Tritt? ... Schleicht dort ein Schritt? ...
Ihn täuscht das Ohr. Vorüberwandelt Mitternacht.
Auf seinen Lidern lastet Blei und schlummernd sinkt
Er auf das Lager. Draußen plätschert Regenflut.

Er träumt. »Gesteh!« Sie schweigt. »Gib ihn heraus!« Sie schweigt.
Er zerrt das Weib. Zwei Füße zucken in der Glut.
Aufsprüht und zischt ein Feuermeer, das ihn verschlingt ...
– »Erwach! Du solltest längst von hinnen sein! Es tagt!«
Durch die Tapetentür in das Gemach gelangt,
Vor seinem Lager steht des Schlosses Herr – ergraut,
Dem gestern dunkelbraun sich noch gekraust das Haar.

Sie reiten durch den Wald. Kein Lüftchen regt sich heut.
Zersplittert liegen Ästetrümmer quer im Pfad.
Die frühsten Vöglein zwitschern, halb im Traume noch.
Friedsel'ge Wolken schwimmen durch die klare Luft,
Als kehrten Engel heim von einer nächt'gen Wacht.
Die dunkeln Schollen atmen kräft'gen Erdgeruch.
Die Ebne öffnet sich. Im Felde geht ein Pflug.
Der Reiter lauert aus den Augenwinkeln: »Herr,
Ihr seid ein kluger Mann und voll Besonnenheit
Und wisst, dass ich dem größten König eigen bin.
Lebt wohl. Auf Nimmerwiedersehn!« Der andre spricht:
»Du sagst's! Dem größten König eigen! Heute ward
Sein Dienst mir schwer ... Gemordet hast du teuflisch mir
Mein Weib! Und lebst! ... Mein ist die Rache, redet Gott.«

Detev von Liliencron

(1844-1909)

Wer weiß wo

(Schlacht bei Kolin, 18 Juni 1757)

[Adjudantenritte; Wilhelm Friedrich, Leipzig 1883]

Auf Blut und Leichen, Schutt und Qualm,
Auf rosszerstampften Sommerhalm
Die Sonne schien.
Es sank die Nacht. Die Schlacht ist aus,
Und mancher kehrte nicht nach Haus
Einst von Kolin.

Ein Junker auch, ein Knabe noch,
Der heut das erste Pulver roch,
Er musst' dahin.
Wie hoch er auch die Fahne schwang,
Der Tod in seinen Arm ihn zwang,
Er musst' dahin.

Ihm nahe lag ein frommes Buch,
Das stets der Junker bei sich trug,
Am Degenknauf.
Ein Grenadier von Bevern fand
Den kleinen erdbeschmutzten Band
Und hob ihn auf.

Und brachte heim mit schnellem Fuß
Dem Vater diesen letzten Gruß,
Der klang nicht froh.
Es schrieb hinein die Zitterhand:
»Kolin. Mein Sohn verscharrt im Sand,
Wer weiß wo.«

Und der gesungen dieses Lied,
Und der es liest, im Leben zieht
Noch frisch und froh.
Doch einst bin ich, und bist auch du,

Verscharrt im Sand, in ewiger Ruh,
Wer weiß wo.

Trutz, blanke Hans

[Adjudantenritte; Wilhelm Friedrich, Leipzig 1883]

Heut bin ich über Rungholt gefahren,
Die Stadt ging unter vor fünfhundert Jahren.
Noch schlagen die Wellen da wild und empört,
Wie damals, als sie die Marschen zerstört.
Die Maschine des Dampfers schüttert' und stöhnte,
Aus den Wassern rief es unheimlich und höhnte:
Trutz, blanke Hans.

Von der Nordsee, der Mordsee, vom Festland geschieden,
Liegen die friesischen Inseln im Frieden.
Und Zeugen weltenvernichtender Wut,
Taucht Hallig auf Hallig aus fliehender Flut.
Die Möwe zankt schon auf wachsenden Watten,
Der Seehund schon sonnt sich auf sandigen Platten.
Trutz, blanke Hans.

Im Ozean, mitten, schläft bis zur Stunde,
Ein Ungeheuer, tief auf dem Grunde.
Sein Haupt ruht dicht vor Englands Strand,
Die Schwanzflosse spielt nah' Brasiliens Sand.
Es zieht, sechs Stunden, den Atem nach innen,
Und treibt ihn, sechs Stunden, wieder von hinnen.
Trutz, blanke Hans.

Doch einmal in jedem Jahrhundert entlassen
Die Kiemen gewaltige Wassermassen.
Dann holt das Untier tief Atem ein,
Und peitscht die Welle und schläft wieder ein.
Viel tausend Menschen im Nordland ertrinken,
Viel reiche Länder und Städte versinken.
Trutz, blanke Hans.

Rungholt ist reich und wird immer reicher,

Kein Korn mehr fasst selbst der größeste Speicher.
Wie zur Blütezeit im alten Rom,
Staut hier täglich der Menschenstrom.
Die Sänften tragen Syrer und Mohren,
Mit Goldblech und Flitter in Nasen und Ohren.
Trutz blanke Hans.

Zum Feste heut klingen Zimbeln und Zinken,
Aus den Fenstern mit Tüchern die Frauen winken
Und blättern Blumen in alle die Pracht –
Die Kirchen schloss wer aber über Nacht?
Die Rungholter wollen sich selbst regieren,
Und keine Zeit mehr mit Gott verlieren.
Trutz, blanke Hans.

Auf allen Märkten, auf allen Gassen
Lärmende Leute, betrunkene Massen.
Sie ziehn am Abend hinaus auf den Deich:
Wir trotzen dir, blanker Hans, Nordseeteich!
Und wie sie drohen die Fäuste ballen,
Zieht leis aus dem Schlamm der Krake die Krallen.
Trutz, blanke Hans.

Die Wasser ebben, die Vögel ruhen,
Der liebe Gott geht auf leisesten Schuhen.
Der Mond zieht am Himmel gelassen die Bahn,
Belächelt der protzigen Rungholter Wahn.
Von Brasilien glänzt bis zu Norwegs Riffen
Das Meer wie schlafender Stahl, der geschliffen.
Trutz, blanke Hans.

Und überall Frieden, auf See, in den Landen –
Plötzlich wie Ruf eines Raubtiers in Banden:
Das Scheusal wälzte sich, atmete tief,
Und schloss die Augen wieder und schlief.
Und rauschende, schwarze, langmähnige Wogen
Kommen wie rasende Rosse geflogen.
Trutz, blanke Hans.

Ein einziger Schrei – die Stadt ist versunken,

Und Hunderttausende sind ertrunken.
Wo gestern noch Lärm und lustiger Tisch,
Schwamm andern Tages der dumme Fisch.
Heut bin ich über Rungholt gefahren,
Die Stadt ging unter vor fünfhundert Jahren.
Trutz, blanke Hans?

Der Blitzzug

[um 1900]

Quer durch Europa von Westen nach Osten
Rüttert und rattert die Bahnmelodie.
Gilt es die Seligkeit schneller zu kosten?
Kommt er zu spät an im Himmelslogis?

Fortfortfort, Fortfortfort drehen sich die Räder
Rasend dahin auf dem Schienengeäder;
Rauch ist der Bestie verschwindender Schweif,
Schaffnerpfiff, Lokomotivengepfeif.

Länder verfliegen, und Städte versinken,
Stunden und Tage verflattern im Flug,
Täler und Berge, vorbei, wenn sie winken,
Traumbilder, Sehnsucht und Sinnenbetrug.

Mondschein und Sonne, noch einmal die Sterne,
Bald ist erreicht die beglückende Ferne,
Dämmerung, Abend und Nebel und Nacht,
Stürmisch erwartet, was glühend gedacht.

Dämmerung senkt sich allmählich wie Gaze,
Schon hat die Venus die Wache gestellt.
Nur noch ein Stündchen! Dann nimmt sich die Straße,
Trennt, was sich hier aneinander gesellt:

Reiche Familien, Bankiers, Kavaliere,
Landrat, Gelehrter, ein Prinz, Offiziere,
»Damen und Herren«, ein Dichter im Schwarm,
Liebliche Kinder mit Spielzeug im Arm.

Nun ist das Dunkel dämonisch gewachsen,
In den Coupés brennt die Gasflamme schon.
Fortfortfortfortfortfort, glühende Achsen,
Schrillt ein Signal, klingt ein wimmernder Ton?

Fortfortfortfortfortfort, steht an der Kurve,
Steht da der Tod mit der Bombe zum Wurfe?
Halthalthalthalthalthalthalthalthaltein –
Ein anderer Zug fährt blindlings hinein.

Folgenden Tages, unter Trümmern verloren,
Finden sich zwischen verkohltem Gebein,
Finden sich schuttüberschüttet zwei Sporen,
Brennscheren, Uhren, ein Aktienschein,

Geld, ein Gedichtbuch: »Seraphische Töne«,
Ringe, ein Notenblatt: »Meiner Camöne«,
Endlich ein Püppchen im Bettchen verbrannt,
Dem war ein Eselchen vorgespannt.

Das Kind mit dem Gravensteiner

[Gute Nacht; Schuster & Loeffler, Berlin 1909]

Ein kleines Mädchen von sechs, sieben Jahren,
Mit Kornblumenaugen und strohgelben Haaren,
Kommt mit einem Apfel gesprungen,
Hat ihn wie einen Ball geschwungen,
Von einer Hand ihn in die andre geflitzt,
Dass er blendend im grellen Sonnenlicht blitzt.
Sie sieht im Hofe hochaufgetürmt
Einen Holzstoß, und ist gleich hingestürmt.
Und wie ein Kätzchen, katzenleicht,
Hat sie schnell die Spitze erreicht,
Und hockt nun dort, und will mit Begehren
Den glänzenden, goldgelben Apfel verzehren.
Da, holterdipolter! pardauz! pardau!
Bricht zusammen der künstliche Bau.
Wie bei Bergrutsch und Felsenbeben

Haben Bretter und Scheite nachgegeben;
Wie alle Neun im Kegelspiel,
So alles übereinander fiel.
Die Leute im Hofe habens gehört
Und laufen hin entsetzt und verstört;
Die Mutter liegt ohnmächtig, Gott erbarm,
Einem raschen Nachbarn im hilfreichen Arm.
Nun gehts ans Räumen der Trümmer von oben,
Vorsichtig wird Stück für Stück gehoben,
Vorsichtig gehts weiter in dumpfem Schweigen,
Der Atem stockt: was wird sich zeigen?
Da – sitzt in einer gewölbten Halle
Das lächelnde Kind wie die Maus in der Falle,
Hat schon vergessen den Purzelschrecken,
Und beißt in den Apfel und lässt sichs schmecken.

Pidder Lüng

[Nebel und Sonne, Schuster & Loeffler, Berlin 1902]

»Frii es de Feskfang,
Frii es de Jaght,
Frii es de Strönthgang,
Frii es de Naght,
Frii es de See, de wilde See
En de Hörnemmer Rhee.«

Der Amtmann von Tondern, Henning Pogwisch,
Schlägt mit der Faust auf den Eichentisch:
Heut fahr ich selbst hinüber nach Sylt
Und hol mir mit eigner Hand Zins und Gült.
Und kann ich die Abgaben der Fischer nicht fassen,
Sollen sie Nasen und Ohren lassen,
Und ich höhn ihrem Wort:
Lewwer duad üs Slaav!

Im Schiff vorn der Ritter, panzerbewehrt,
Stützt sich finster auf sein langes Schwert.
Hinter ihm, von der hohen Geistlichkeit,
Steht Jürgen, der Priester, beflissen, bereit.

Er reibt sich die Hände, er bückt den Nacken.
Der Obrigkeit helf ich die Frevler packen;
In den Pfuhl das Wort:
Lewwer duad üs Slaav!

Nach Hörnum hat die Prunkbarke den Schnabel gewetzt,
Ihr folgen die Ewer, kriegsvolkbesetzt.
Und es knirschen die Kiele auf den Sand,
Und der Ritter, der Priester springen ans Land,
Und waffenrasselnd hinter den beiden
Entreißen die Söldner die Klingen den Scheiden.
Nun gilt es, Friesen:
Lewwer duad üs Slaav!

Die Knechte umzingeln das erste Haus,
Pidder Lüng schaut verwundert zum Fenster heraus.
Der Ritter, der Priester treten allein
Über die ärmliche Schwelle hinein.
Des langen Peters starkzählige Sippe
Sitzt grad an der kargen Mittagskrippe.
Jetzt zeige dich, Pidder:
Lewwer duad üs Slaav!

Der Ritter verneigt sich mit hämischem Hohn,
Der Priester will anheben seinen Sermon.
Der Ritter nimmt spöttisch den Helm vom Haupt
Und verbeugt sich noch einmal: Ihr erlaubt,
Dass wir euch stören bei euerm Essen,
Bringt hurtig den Zehnten, den ihr vergessen,
Und euer Spruch ist ein Dreck:
Lewwer duad üs Slaav!

Da reckt sich Pidder, steht wie ein Baum:
Henning Pogwisch, halt deine Reden im Zaum.
Wir waren der Steuern von jeher frei,
Und ob du sie wünschst, ist uns einerlei.
Zieh ab mit deinen Hungergesellen,
Hörst du meine Hunde bellen?
Und das Wort bleibt stehn:

Lewwer duad üs Slaav!

Bettelpack, fährt ihn der Amtmann an,
Und die Stirnader schwillt dem geschienten Mann:
Du frisst deinen Grünkohl nicht eher auf,
als bis dein Geld hier liegt zu Hauf.
Der Priester zischelt von Trotzkopf und Bücken
Und verkriecht sich hinter des Eisernen Rücken.
O Wort, geh nicht unter:
Lewwer duad üs Slaav!

Pidder Lüng starrt wie wirrsinnig den Amtmann an.
Immer heftiger in Wut gerät der Tyrann,
Und er speit in den dampfenden Kohl hinein:
Nun geh an deinen Trog, du Schwein.
Und er will, um die peinliche Stunde zu enden,
Zu seinen Leuten nach draußen sich wenden.
Dumpf dröhnt's von drinnen:
Lewwer duad üs Slaav!

Einen einzigen Sprung hat Pidder getan,
Er schleppt an den Napf den Amtmann heran
Und taucht ihm den Kopf ein und lässt ihn nicht frei,
Bis der Ritter erstickt ist im glühheißen Brei.
Die Fäuste dann lassend vom furchtbaren Gittern,
Brüllt er, die Türen und Wände zittern,
Das stolzeste Wort:
Lewwer duad üs Slaav!

Der Priester liegt ohnmächtig ihm am Fuß,
Die Häscher stürmen mit höllischem Gruß,
Durchbohren den Fischer und zerren ihn fort,
In den Dünen, im Dorf rasen Messer und Mord.
Pidder Lüng doch, ehe sie ganz ihn verderben,
Ruft noch einmal im Leben, im Sterben
Sein Herrenwort:
Lewwer duad üs Slaav!

Die Falschmünzer

[Gesammelte Werke, hrsg. von Richard Dehmel, Berlin 1921]

»Alles fertig? Nichts vergessen?«
Spricht der Alte zu dem Jungen.
Der kommt wie ein Luchs gesprungen:
»Nimm die Lupe: sieh die Scheine,
Zwillingsbrüder, echt, ich meine,
Täuschend ähnlich und solid,
Findest keinen Unterschied.«

Spricht er weiter dann zum Alten:
»Einen Blauen gib mir heute,
Denn ich kenne dumme Leute,
Die ihn ohne Ahnung wechseln,
Weiß die Sache gut zu drechseln.
Hulda schmollt. Doch zeig ich Gold,
Ist mir meine Hulda hold.«

Spricht der Alte zu dem Jungen:
»Dummer Bengel, wirst du schweigen,
Sonst will ich den Stock dir zeigen.
Du besäufst dich, Lausepeter,
Protz, dein Trinkgeld wird Verräter.
Warte auf den 'Kavalier';
Eh es dämmert, ist er hier.

Der versteht es, Geld zu wechseln,
Der versteht es wie die Grafen,
Macht die Rothschilds selbst zu Schafen.
Der bringt gutes Geld in Haufen,
Können dann die Welt uns kaufen.
Wechselt wie ein Herr Baron,
Kennt das Leben, hat ihm schon.

Das, was mir die Teilung einträgt:
Alles geb ich meinen Kindern,
Kein Gericht kann's je verhindern,
Denn ich trags ins Bankgebäude,
Das ist meine einzige Freude,

werd ich mal gefasst, nun gut,
hab gesorgt für meine Brut.«

Kling ein Ministrantenglöckchen?
Klingling, das geheime Zeichen,
Gleich wird sanft die Türe weichen:
Kommt geschniegelt und gebügelt,
Tritt ein Herr, verstandgezügelt,
In die Werkstatt, hochgereckt.
He, »Monocle und Glas Sekt.«

Achtung! Grandseigneursallüren.
Tadellos sitzt Rock und Weste,
Ein Minister jede Geste.
Handschuh »prima«. Der Zylinder
Ist allein schon Goldsackfinder.
Und die »feinfein« Pantalons,
Damals Mode: Mit Galons.

Lachend spricht er zu den beiden:
»Hab viel Geld in meinen Taschen,
Lauter echtes. Nur nicht paschen,
Nur Geduld, und weg die Hände.
Aufgepasst, jetzt kommt die Spende:
Ich: die Hälfte mit Verlaub.
Ihr: zwei Viertel, nehmt den Raub.

Kinder, waren das Kuriosa:
Einen Kellner in Monaco
Fand ich mit sehr leerem Tschako:
War zwei Tage in den »Laren«,
Vite, muss 8 Uhr 40 fahren,
Tausendfrancschein, changez, schnell,
und verließ drauf das Hotel.

Auf dem Train nach Bordighera
Traf ich Miss Honoria Birndl,
War ein gar nicht übles Dirndl,
Machte Liebschaft mit der Lady,
Säuselt bald sie: »Dearest Edy«

»Can you change me thousand Mark?«
»Oa, my love, here is die Quoark«.

Dann war ich in Deutschland wieder:
Sattelplatz im Trippelgarten,
Wo die feinen Herren starten.
Abends Jeu. »Graf Honiglöwe.«
»Arthur von der Grünen Möwe.«
Bank gehalten. Mitternacht:
Braunen Lappen losgemacht.

Auf dem Ball beim Herzog Fla-Fla …«
Schst, es knistern Trepp und Dielen –
»Hands up!« Sechs Revolver zielen.
Und die drei sind rasch gebunden.
Aller Reichtum futsch, verschwunden,
Rrrrrutsch, vorbei die Herrlichkeit,
Eigentlich – es tut mir leid.

Else Lasker-Schüler

(1869-1945)

Ballade – Aus den sauerländischen Bergen

[Styx, 1902]

Er hat sich
In ein verteufeltes Weib vergafft,
In sing Schwester!

Wie ein lauerndes Katzentier
Kauerte sie vor seiner Tür
Und leckte am Geld seiner Schwielen.

Im Wirtshaus bei wildem Zechgelag
Saß er und sie und zechten am Tag
Mit rohen Gesellen.

Und aus dem roten, lodernden Saft
Stieg er ein Riese aus zwergenhaft
Verkümmerten Gesellen.

Und ihm war, als blickte er weltenweit,
Und sie schürte den Wahn seiner Trunkenheit
Und lachte!

Und eine Krone von Felsgestein,
Von golddurchädertem Felsgestein
Wuchs ihm aus seinem Kopf.

Und die Säufer kreischten über den Spaß.
»Gott verdamm mich, ich bin der Satanas!«
Und der Wein sprühte Feuer der Hölle.

Und die Stürme sausten wie Weltuntergang,
Und die Bäume brannten am Bergeshang,
Es sang die Blutschande …….

Sie holten ihn um die Dämmerzeit,
Und die Gassenkinder schrien vor Freud
Und bewarfen ihn mit Unrat.

Seitdem spukt es in dieser Nacht,
Und Geister erscheinen in dieser Nacht,
Und die frommen Leute beten.

Sie schmückte mit Trauer ihren Leib,
Und der reiche Schankwirt nahm sie zum Weib,
Gelockt vom Sumpf ihrer Tränen.

– Und der mit der schweren Rotsucht im Blut
Wankt um die stöhnende Dämmerglut
Gespenstisch durch die Gassen.

Wie leidender Frevel
Wie das frevelnde Leid,
Überaltert dem lässigen Leben.

Und er sieht die Weiber so eigen an,
Und sie fürchten sich vor dem stillen Mann
Mit dem Totenkopf.

Joseph wird verkauft

[Hebräischen Balladen, 1913]

Die Winde spielten müde mit den Palmen noch,
So dunkel war es schon um Mittag in der Wüste,
Und Joseph sah den Engel nicht, der ihn vom Himmel grüßte,
Und weinte, da er für des Vaters Liebe büßte,
Und suchte nach dem Cocos seines schattigen Herzens doch.

Der bunte Brüderschwarm zog wieder nach Gottosten,
Und er bereute seine schwere Untat schon,
Und auf den Sandweg fiel der schnöde Silberlohn.
Die fremden Männer aber ketteten des Jakobs Sohn,
Bis ihm die Häute drohten mit dem Eisen zu verrosten.

So oft sprach Jakob inbrünstig zu seinem Herrn,
Sie trugen gleiche Bärte, Schaum, von einer Eselin gemolken.
Und Joseph glaubte jedes Mal, – sein – Vater blicke aus den Wolken
… Und eilte über heilige Bergeshöhen, ihm nachzufolgen,
Bis er dann ratlos einschlief unter einem Stern.

Die Käufer lauschten dem entrückten Knaben,
Des Vaters Andacht atmete aus seinem Haare;
Und sie entfesselten die edelblütige Ware.
Und drängten sich, zu tragen Kanaans Prophet in einer Bahre,
Wie die bebürdeten Kamele durch den Sand zu traben.

Ägypten glänzte feierlich in goldenen Mantelfarben,
Da dieses Jahr die Ernte auf den Salbtag fiel.
Die kleine Karawane – endlich – nahte sie dem Ziel.
Sie trugen Joseph in das Haus des Potiphars am Nil.
An seinem Traume hingen aller Deutung Garben.

Georg Heym

(1887-1912)

Nachtgesang

[Entstanden um 1910]

Mit spitzem Dolche in dem Bratenrocke
Die Mörder humpeln jetzt auf ihren Zehen.
In allen Winkeln sitzen sie und stehen,
Und ihre Augen werfen böse Blocke.

Von Lichtern scheint es hell im Freudenhause,
Gewaltig tönt und singet das Klavier.
Auf einem Sofa sitzt der Kavalier,
Und öffnet einem Mädchen wild die Blause.

Doch eine Frau stürzt traurig zur Rotunde.
Dort wird ein kleines Kind zur Welt gebracht,
Das stürzt von selber in den Lokusschacht.
Das ist der Lauf der Welt und keine Sunde.

Ein schönes Haus verbrennt mit Flammen hoch.
Und furchtbar tobt die große Feuerwehr.
Das Publikum, es steht und freut sich sehr.
Und jemand lacht sich einen Leistenbroch.

Ein Offizier wird plötzlich lebensmüd.
Er hängt sich auf mit seinem Lockenband.
Im kalten Tode spreizet seine Hand,
Die nimmermehr den schönen Säbel züht.

Der kahle Mond kommt aus dem Nebel feucht,
Und seine großen Backen hängen weich.
Die Fische aber steigen auf im Teich
Und blinzeln mit den Augen trüb gebläucht.

Dionysos

[Entstanden um 1910]

Am Wege sitzt er. An der Felder Schwelle.
Die Winde, die im weißen Korne spielen,
Sie tragen ihm des Landes Würze zu.

Des Ölbaums grüner Schatten folgt der Sonne.
Im Kreise ziehn am Himmel hin die Stunden.
Nun ward es Mittag. Und der Wind schläft ein.

Die Panther stehen müde im Geschirr.
Wo ist ihr Goldglanz, der von India kam,
Der Welt Entzücken. – Sie sind alt und matt.

Der Gott ist manches Jahr herumgestreift,
Verstoßnen Sklaven gleich, durchs Waldgebirge
Und niemand hat sich seiner mehr erbarmt.

Durch Städte kam er, wo er einst geherrscht.
Die Tempel sind zerstört und schon zerfallen.
Kein Opfer netzt den heilgen Boden mehr.

Durch Dörfer kam er, wo sein Säulchen sonst
Mit Rosen jeden Morgen ward bekränzt
Und wo der Herden Erstling er empfing.

Der Exorzisten Horde in den Kutten
Trieb ihn mit Flüchen aus. Und Scheiterhaufen
Verbrannten seine letzten Söhne lang.

Ein neuer Gott ist in das Land gekommen.
Des Kreuzwegs Heiligkeit ward frech entweiht
Von seinem Bilde, das am Kreuze hängt.

Nackt, fahl, und wund, so hängt er in dem Tag
Im goldnen Licht des Mittags, anzuschaun,
Ein Schandfleck der geschändeten Natur.

Wo sind die Spiele hin, die Philosophenschulen,
Heros Akademos. Der Männer Schönheit.
Wo ist der Sang der stolzen Olympiaden.

Wo sind die Götter hin. Sie sind verwandelt,
Sie sind zerstreut. Sie wohnen in der Erde.
O Aphrodite, die zur Spinne ward.

Er sieht herüber zu dem Götterberge.
Des eisern Haupt ins Blau des Himmels ragt.
Verlassen ist er. Einsam alle Zeit.

»Warum, warum.« Und seine Hände suchen
Beim Weinlaub Trost, das ihm zu Häupten hängt,
Und zitternd streicheln sie das reife Korn.

Die Tränen rinnen langsam ins Gesicht
Des greisen Gottes, in den Falten hängend.
Und wie ein Kind schläft er vom Weinen ein.

Dryaden zwei, die in den Wald geflohn,
Sie treten aus des Waldes Schatten vor.
Vorsichtig spähn sie über Weg und Feld.

Sie sehn den Gott und stürzen ihm zu Fuß:
O Vater, Vater. Ach er schläft. Sie tragen
Behutsam ihn zum Walde Schritt vor Schritt.

Die Panther folgen ihres Herren Spur.
Der Zug verzieht im Wald. Ein goldner Schein
Des Wagens schimmert durch die Stämme noch.

Doch atemlos und stumm wird die Natur.
»Er ist gestorben« ruft es in den Dörfern.
Ein heißer Ostwind streicht durch Asia.

Die Pest tritt in die niedren Türen ein.
Vorm Kruzifix zergeißelt sich das Fleisch,
Blut netzt des neuen Gottes bleichen Fuß.

Kehr wieder, Gott. Kehr wieder aus dem Reich
Des grünen Waldes. Denn erfüllt ist nun
Des neuen Gottes kummervolles Reich.

Der Usurpator muss vom Throne stürzen,
Die Bettlergilde die sich angemaßt,
Der Himmlischen Paläste zu bespein.

Der Himmel ist zum Tollhaus nun geworden.
Krankheit und Wahnsinn herrschen im Olymp.
Drei ward gleich eins. Und Brot ward dort zu Fleisch.

Sie passen in die Königskleider nicht,
Die Zwerge, die wie kleine Affen hocken
Im Götterpurpur auf der Blitze Thron.

Kehr wieder Gott, dem Pentheus einst erlag.
Du Gott der Feste und der Jugendzeit.
Kehr wieder aus des Waldes grünem Reich.

Kehr wieder, Gott. Erlösung, rufen wir.
Erlöse uns vom Kreuz und Marterpfahl.
Tritt aus dem Walde. Finde uns bereit.

Wir wolln dir wieder Tempel bauen, Herr.
Wir wollen Feuer an die Kirchen legen,
Vergessen sei des Lebens 'Traurigkeit.

Wir flehn zu dir in mancher stillen Nacht.
Wir sehen hoffend zu den Sternen auf.
Tritt aus den Sternen. Hör das Rufen, Herr.

Ophelia

[Entstanden um 1910]

1.

Im Haar ein Nest von jungen Wasserratten,
Und die beringten Hände auf der Flut
Wie Flossen, also treibt sie durch den Schatten
Des großen Urwalds, der im Wasser ruht.

Die letzte Sonne, die im Dunkel irrt,
Versenkt sich tief in ihres Hirnes Schrein.
Warum sie starb? Warum sie so allein
Im Wasser treibt, das Farn und Kraut verwirrt?

Im dichten Röhricht steht der Wind. Er scheucht
Wie eine Hand die Fledermäuse auf.
Mit dunklem Fittich, von dem Wasser feucht

Stehn sie wie Rauch im dunklen Wasserlauf,

Wie Nachtgewölk. Ein langer, weißer Aal
Schlüpft über ihre Brust. Ein Glühwurm scheint
Auf ihrer Stirn. Und eine Weide weint
Das Laub auf sie und ihre stumme Qual.

2.

Korn. Saaten. Und des Mittags roter Schweiß.
Der Felder gelbe Winde schlafen still.
Sie kommt, ein Vogel, der entschlafen will.
Der Schwäne Fittich überdacht sie weiß.

Die blauen Lider schatten sanft herab.
Und bei der Sensen blanken Melodien
Träumt sie von eines Kusses Karmoisin
Den ewigen Traum in ihrem ewigen Grab.

Vorbei, vorbei. Wo an das Ufer dröhnt
Der Schall der Städte. Wo durch Dämme zwingt
Der weiße Strom. Der Widerhall erklingt
Mit weitem Echo. Wo herunter tönt

Hall voller Straßen. Glocken und Geläut.
Maschinenkreischen. Kampf. Wo westlich droht
In blinde Scheiben dumpfes Abendrot,
In dem ein Kran mit Riesenarmen dräut,

Mit schwarzer Stirn, ein mächtiger Tyrann,
Ein Moloch, drum die schwarzen Knechte knien.
Last schwerer Brücken, die darüber ziehn
Wie Ketten auf dem Strom, und harter Bann.

Unsichtbar schwimmt sie in der Flut Geleit.
Doch wo sie treibt, jagt weit den Menschenschwarm
Mit großem Fittich auf ein dunkler Harm,
Der schattet über beide Ufer breit.

Vorbei, vorbei. Da sich dem Dunkel weiht
Der westlich hohe Tag des Sommers spät,
Wo in dem Dunkelgrün der Wiesen steht

Des fernen Abends zarte Müdigkeit.

Der Strom trägt weit sie fort, die untertaucht,
Durch manchen Winters trauervollen Port.
Die Zeit hinab. Durch Ewigkeiten fort,
Davon der Horizont wie Feuer raucht.

Robespierre

[*Der ewige Tag*; Rowohlt, Leipzig 1911]

Er meckert vor sich hin. Die Augen starren
Ins Wagenstroh. Der Mund kaut weißen Schleim.
Er zieht ihn schluckend durch die Backen ein.
Sein Fuß hängt nackt heraus durch zwei der Sparren.

Bei jedem Wagenstoß fliegt er nach oben.
Der Arme Ketten rasseln dann wie Schellen.
Man hört der Kinder frohes Lachen gellen,
Die ihre Mütter aus der Menge hoben.

Man kitzelt ihn am Bein, er merkt es nicht.
Da hält der Wagen. Er sieht auf und schaut
Am Straßenende schwarz das Hochgericht.

Die aschengraue Stirn wird schweißbetaut.
Der Mund verzerrt sich furchtbar im Gesicht.
Man harrt des Schreis. Doch hört man keinen Laut.

Pilatus

[*Umbra vitae*; Kurt Wolff, Leipzig 1912]

Ein Lächeln schiefen Grames, das verschwindet
Hinein in seiner Stirne weißes Tor.
Er sitzt auf seinem Stuhl. Seine Hände erhoben
Brechen den Stab und fallen von oben.

Aber wie eine Blume voll grüner Helle
Leuchtet im Dunkel der Höfe der König der Juden.
Und die Stirn, die sie schattig mit Dornen beluden,
Brennt wie ein Stein in fahler Grelle.

Und der Gott steigt hinauf, von den Schultern gehoben
Riesiger Engel, er singet, ein Schwan,
Leicht und klein fährt er auf in der strahlenden Bahn
Und der Vater, im Glanze, wartet sein droben.

Aber der Richter am blauen Gebirge
Hänget im riesigen Mantel wie faltige Frucht.
Wild kommt der Abend über die hallenden Öden.
Schweigsame Wasser fallen in grüner Schlucht.

Die Tote im Wasser

[*Der ewige Tag*; Rowohlt, Leipzig 1911]

Die Masten ragen an dem grauen Wall
Wie ein verbrannter Wald ins frühe Rot,
So schwarz wie Schlacke. Wo das Wasser tot
Zu Speichern stiert, die morsch und im Verfall.

Dumpf tönt der Schall, da wiederkehrt die Flut,
Den Kai entlang. Der Stadtnacht Spülicht treibt
Wie eine weiße Haut im Strom und reibt
Sich an dem Dampfer, der im Docke ruht.

Staub, Obst, Papier, in einer dicken Schicht,
So treibt der Kot aus seinen Röhren ganz.
Ein weißes Tanzkleid kommt, in fettem Glanz
Ein nackter Hals und bleiweiß ein Gesicht.

Die Leiche wälzt sich ganz heraus. Es bläht
Das Kleid sich wie ein weißes Schiff im Wind.
Die toten Augen starren groß und blind
Zum Himmel, der voll rosa Wolken steht.

Das lila Wasser bebt von kleiner Welle.
– Der Wasserratten Fährte, die bemannen
Das weiße Schiff. Nun treibt es stolz von dannen,
Voll grauer Köpfe und voll schwarzer Felle.

Die Tote segelt froh hinaus, gerissen
Von Wind und Flut. Ihr dicker Bauch entragt
Dem Wasser groß, zerhöhlt und fast zernagt.

Wie eine Grotte dröhnt er von den Bissen.

Sie treibt ins Meer. Ihr salutiert Neptun
Von einem Wrack, da sie das Meer verschlingt,
Darinnen sie zur grünen Tiefe sinkt,
Im Arm der feisten Kraken auszuruhn.

Das Fieberspital

[*Der ewige Tag*; Rowohlt, Leipzig 1911]

1.

Die bleiche Leinwand in den vielen Betten
Verschwimmt in kahler Wand im Krankensaal.
Die Krankheiten alle, dünne Marionetten,
Spazieren in den Gängen. Eine Zahl

Hat jeder Kranke. Und mit weißer Kreide
Sind seine Qualen sauber aufnotiert.
Das Fieber donnert. Ihre Eingeweide
Brennen wie Berge. Und ihr Auge stiert

Zur Decke auf, wo ein paar große Spinnen
Aus ihrem Bauche lange Fäden ziehn.
Sie sitzen auf in ihrem kalten Linnen
Und ihrem Schweiß mit hochgezognen Knien.

Sie beißen auf die Nägel ihrer Hand.
Die Falten ihrer Stirn, die rötlich glüht,
Sind wie ein graugefurchtes Ackerland,
Auf dem des Todes großes Frührot blüht.

Sie strecken ihre weißen Arme vor,
Vor Kälte zitternd und vor Grauen stumm.
Schon wälzt ihr Hirn sich schwarz von Ohr zu Ohr
In ungeheurem Wirbel schnell herum.

Dann gähnt in ihrem Rücken schwarz ein Spalt,
Und aus der weißgetünchten Mauerwand
Streckt sich ein Arm. Um ihre Kehle ballt
Sich langsam eine harte Knochenhand.

2.

Des Abends Trauer sinkt. Sie hocken stumpf
In ihrer Kissen Schatten. Und herein
Kriecht Wassernebel kalt. Sie hören dumpf
Durch ihren Saal der Qualen Litanein.

Das Fieber kriecht in ihren Lagern um,
Langsam, ein großer, gelblicher Polyp.
Sie schaun ihm zu, von dem Entsetzen stumm.
Und ihre Augen werden weiß und trüb.

Die Sonne quält sich auf dem Rand der Nacht.
Sie blähn die Nasen. Es wird furchtbar heiß.
Ein großes Feuer hat sie angefacht,
Wie eine Blase schwankt ihr roter Kreis.

Auf ihrem Dache sitzt ein Mann im Stuhl
Und droht den Kranken mit dem Eisenstab.
Darunter schaufeln in dem heißen Pfuhl
Die Nigger schon ihr tiefes, weißes Grab.

Die Leichenträger gehen durch die Reihen
Und reißen schnell die Toten aus dem Bett.
Die andern drehn sich nach der Wand mit Schreien
Der Angst, der Toten grässlichem Valet.

Moskitos summen. Und die Luft beginnt
Vor Glut zu schmelzen. Wie ein roter Kropf
Schwillt auf ihr Hals, darinnen Lava rinnt.
Und wie ein Ball von Feuer dröhnt ihr Kopf.

Sie machen sich von ihren Hemden los
Und ihren Decken, die sie nass umziehn.
Ihr magrer Leib, bis auf den Nabel bloß,
Wiegt hin und her im Takt der Phantasien.

Das Floß des Todes steuert durch die Nacht
Heran durch Meere Schlamms und dunkles Moor.
Sie hören bang, wie seine Stange kracht
Lauthallend unten am Barackentor.

Zu einem Bette kommt das Sakrament.

Der Priester salbt dem Kranken Stirn und Mund.
Der Gaumen, der wie rotes Feuer brennt,
Würgt mühsam die Oblate in den Schlund.

Die Kranken horchen auf der Lagerstatt
Wie Kröten, von dem Lichte rot gefleckt.
Die Betten sind wie eine große Stadt,
Die eines schwarzen Himmels Rätsel deckt.

Der Priester singt. In grauser Parodie
Krähn sie die Worte nach in dem Gebet.
Sie lachen laut, die Freude schüttelt sie.
Sie halten sich den Bauch, den Lachen bläht.

Der Priester kniet sich an der Bettstatt Rand.
In das Brevier taucht er die Schultern ein.
Der Kranke setzt sich auf. In seiner Hand
Dreht er im Kreise einen spitzen Stein.

Er schwingt ihn hoch, haut zu. Ein breiter Riss
Klafft auf des Priesters Kopf, der rückwärts fällt.
Und es erfriert sein Schrei auf dem Gebiss,
Das er im Tode weit noch offen hält.

Der Gott der Stadt

[*Der ewige Tag*; Rowohlt, Leipzig 1911]

Auf einem Häuserblocke sitzt er breit.
Die Winde lagern schwarz um seine Stirn.
Er schaut voll Wut, wo fern in Einsamkeit
Die letzten Häuser in das Land verirrn.

Vom Abend glänzt der rote Bauch dem Baal,
Die großen Städte knien um ihn her.
Der Kirchenglocken ungeheure Zahl
Wogt auf zu ihm aus schwarzer Türme Meer.

Wie Korybanten-Tanz dröhnt die Musik
Der Millionen durch die Straßen laut.
Der Schlote Rauch, die Wolken der Fabrik
Ziehn auf zu ihm, wie Duft von Weihrauch blaut.

Das Wetter schwelt in seinen Augenbrauen.
Der dunkle Abend wird in Nacht betäubt.
Die Stürme flattern, die wie Geier schauen
Von seinem Haupthaar, das im Zorne sträubt.

Er streckt ins Dunkel seine Fleischerfaust.
Er schüttelt sie. Ein Meer von Feuer jagt
Durch eine Straße. Und der Glutqualm braust
Und frisst sie auf, bis spät der Morgen tagt.

Der Krieg

[Entstanden im September 1911; *Umbra vitae*; Kurt Wolff, Leipzig 1912]

Aufgestanden ist er, welcher lange schlief,
Aufgestanden unten aus Gewölben tief.
In der Dämmrung steht er, groß und unerkannt,
Und den Mond zerdrückt er in der schwarzen Hand.

In den Abendlärm der Städte fällt es weit,
Frost und Schatten einer fremden Dunkelheit,
Und der Märkte runder Wirbel stockt zu Eis.
Es wird still. Sie sehn sich um. Und keiner weiß.

In den Gassen fasst es ihre Schulter leicht.
Eine Frage. Keine Antwort. Ein Gesicht erbleicht.
In der Ferne wimmert ein Geläute dünn
Und die Bärte zittern um ihr spitzes Kinn.

Auf den Bergen hebt er schon zu tanzen an
Und er schreit: Ihr Krieger alle, auf und an.
Und es schallet, wenn das schwarze Haupt er schwenkt,
Drum von tausend Schädeln laute Kette hängt.

Einem Turm gleich tritt er aus die letzte Glut,
Wo der Tag flieht, sind die Ströme schon voll Blut.
Zahllos sind die Leichen schon im Schilf gestreckt,
Von des Todes starken Vögeln weiß bedeckt.

Über runder Mauern blauem Flammenschwall
Steht er, über schwarzer Gassen Waffenschall.

›Über Toren, wo die Wächter liegen quer,
Über Brücken, die von Bergen Toter schwer.‹

In die Nacht er jagt das Feuer querfeldein
Einen roten Hund mit wilder Mäuler Schrein.
Aus dem Dunkel springt der Nächte schwarze Welt,
Von Vulkanen furchtbar ist ihr Rand erhellt.

Und mit tausend roten Zipfelmützen weit
Sind die finstren Ebnen flackernd überstreut,
Und was unten auf den Straßen wimmelt hin und her,
Fegt er in die Feuerhaufen, dass die Flamme brenne mehr.

Und die Flammen fressen brennend Wald um Wald,
Gelbe Fledermäuse zackig in das Laub gekrallt.
Seine Stange haut er wie ein Köhlerknecht
In die Bäume, dass das Feuer brause recht.

Eine große Stadt versank in gelbem Rauch,
Warf sich lautlos in des Abgrunds Bauch.
Aber riesig über glühnden Trümmern steht
Der in wilde Himmel dreimal seine Fackel dreht,

Über sturmzerfetzter Wolken Widerschein,
In des toten Dunkels kalte Wüstenein,
Dass er mit dem Brande weit die Nacht verdorr,
Pech und Feuer träufet unten auf Gomorrh.

Die Stadt

[*Umbra vitae*; Kurt Wolff, Leipzig 1912]

Sehr weit ist diese Nacht. Und Wolkenschein
Zerreißet vor des Mondes Untergang.
Und tausend Fenster stehn die Nacht entlang
Und blinzeln mit den Lidern, rot und klein.

Wie Aderwerk gehn Straßen durch die Stadt,
Unzählig Menschen schwemmen aus und ein.
Und ewig stumpfer Ton von stumpfem Sein
Eintönig kommt heraus in Stille matt.

Gebären, Tod, gewirktes Einerlei,
Lallen der Wehen, langer Sterbeschrei,
Im blinden Wechsel geht es dumpf vorbei.

Und Schein und Feuer, Fackeln rot und Brand,
Die drohn im Weiten mit gezückter Hand
Und scheinen hoch von dunkler Wolkenwand.

Georg Trakl

(1887-1914)

Ballade

[um 1909]

Ein schwüler Garten stand die Nacht.
Wir verschwiegen uns, was uns grauend erfasst.
Davon sind unsre Herzen erwacht
Und erlagen unter des Schweigens Last.

Es blühte kein Stern in jener Nacht
Und niemand war, der für uns bat.
Ein Dämon nur hat im Dunkel gelacht.
Seid alle verflucht! Da ward die Tat.

Die tote Kirche

[um 1909]

Auf dunklen Bänken sitzen sie gedrängt
Und heben die erloschnen Blicke auf
Zum Kreuz. Die Lichter schimmern wie verhängt,
Und trüb und wie verhängt das Wundenhaupt.
Der Weihrauch steigt aus güldenem Gefäß
Zur Höhe auf, hinsterbender Gesang
Verhaucht, und ungewiss und süß verdämmert
Wie heimgesucht der Raum. Der Priester schreitet
Vor den Altar; doch übt mit müdem Geist er
Die frommen Bräuche – ein jämmerlicher Spieler,
Vor schlechten Betern mit erstarrten Herzen,
In seelenlosem Spiel mit Brot und Wein.
Die Glocke klingt! Die Lichter flackern trüber –
Und bleicher, wie verhängt das Wundenhaupt!
Die Orgel rauscht! In toten Herzen schauert
Erinnerung auf! ein blutend Schmerzensantlitz
Hüllt sich in Dunkelheit und die Verzweiflung
Starrt ihm aus vielen Augen nach ins Leere.

Und eine, die wie aller Stimmen klang,
Schluchzt auf – indes das Grauen wuchs im Raum,
Das Todesgrauen wuchs: Erbarme dich unser –
Herr!

Die junge Magd

[Erstdruck Kurt Wolff, Leipzig 1913]

Ludwig von Ficker zugeeignet

1.

Oft am Brunnen, wenn es dämmert,
Sieht man sie verzaubert stehen
Wasser schöpfen, wenn es dämmert.
Eimer auf und nieder gehen.

In den Buchen Dohlen flattern
Und sie gleichet einem Schatten.
Ihre gelben Haare flattern
Und im Hofe schrein die Ratten.

Und umschmeichelt von Verfalle
Senkt sie die entzundenen Lider.
Dürres Gras neigt im Verfalle
Sich zu ihren Füßen nieder.

2.

Stille schafft sie in der Kammer
Und der Hof liegt längst verödet.
Im Hollunder vor der Kammer
Kläglich eine Amsel flötet.

Silbern schaut ihr Bild im Spiegel
Fremd sie an im Zwielichtscheine
Und verdämmert fahl im Spiegel
Und ihr graut vor seiner Reine.

Traumhaft singt ein Knecht im Dunkel
Und sie starrt von Schmerz geschüttelt.

Röte träufelt durch das Dunkel.
Jäh am Tor der Südwind rüttelt.

3.

Nächtens übern kahlen Anger
Gaukelt sie in Fieberträumen.
Mürrisch greint der Wind im Anger
Und der Mond lauscht aus den Bäumen.

Balde rings die Sterne bleichen
Und ermattet von Beschwerde
Wächsern ihre Wangen bleichen.
Fäulnis wittert aus der Erde.

Traurig rauscht das Rohr im Tümpel
Und sie friert in sich gekauert.
Fern ein Hahn kräht. Übern Tümpel
Hart und grau der Morgen schauert.

4.

In der Schmiede dröhnt der Hammer
Und sie huscht am Tor vorüber.
Glührot schwingt der Knecht den Hammer
Und sie schaut wie tot hinüber.

Wie im Traum trifft sie ein Lachen;
Und sie taumelt in die Schmiede,
Scheu geduckt vor seinem Lachen,
Wie der Hammer hart und rüde.

Hell versprühn im Raum die Funken
Und mit hilfloser Gebärde
Hascht sie nach den wilden Funken
Und sie stürzt betäubt zur Erde.

5.

Schmächtig hingestreckt im Bette

Wacht sie auf voll süßem Bangen
Und sie sieht ihr schmutzig Bette
Ganz von goldnem Licht verhangen,

Die Reseden dort am Fenster
Und den bläulich hellen Himmel.
Manchmal trägt der Wind ans Fenster
Einer Glocke zag Gebimmel.

Schatten gleiten übers Kissen,
Langsam schlägt die Mittagsstunde
Und sie atmet schwer im Kissen
Und ihr Mund gleicht einer Wunde.

6.

Abends schweben blutige Linnen,
Wolken über stummen Wäldern,
Die gehüllt in schwarze Linnen.
Spatzen lärmen auf den Feldern.

Und sie liegt ganz weiß im Dunkel.
Unterm Dach verhaucht ein Girren.
Wie ein Aas in Busch und Dunkel
Fliegen ihren Mund umschwirren.

Traumhaft klingt im braunen Weiler
Nach ein Klang von Tanz und Geigen,
Schwebt ihr Antlitz durch den Weiler,
Weht ihr Haar in kahlen Zweigen.

Romanze zur Nacht

[Erstdruck Kurt Wolff, Leipzig 1913]

Einsamer unterm Sternenzelt
Geht durch die stille Mitternacht.
Der Knab aus Träumen wirr erwacht,
Sein Antlitz grau im Mond verfällt.

Die Närrin weint mit offnem Haar

Am Fenster, das vergittert starrt.
Im Teich vorbei auf süßer Fahrt
Ziehn Liebende sehr wunderbar.

Der Mörder lächelt bleich im Wein,
Die Kranken Todesgrausen packt.
Die Nonne betet wund und nackt
Vor des Heilands Kreuzespein.

Die Mutter leis' im Schlafe singt.
Sehr friedlich schaut zur Nacht das Kind
Mit Augen, die ganz wahrhaft sind.
Im Hurenhaus Gelächter klingt.

Beim Talglicht drunt' im Kellerloch
Der Tote malt mit weißer Hand
Ein grinsend Schweigen an die Wand.
Der Schläfer flüstert immer noch.

Stefan George

(1868-1933)

Das Lied

[Das Neue Reich, Band IX der *"Gesamt-Ausgabe der Werke"*,
Georg Bondi, Berlin 1928]

Es fuhr ein knecht hinaus zum wald
Sein bart war noch nicht flück
Er lief sich irr im wunderwald
Er kam nicht mehr zurück.

Das ganze dorf zog nach ihm aus
Vom früh- zum abendrot
Doch fand man nirgends seine spur
Da gab man ihn für tot.

So flossen sieben jahr dahin
Und eines morgens stand
Auf einmal wieder er vorm dorf
Und ging zum brunnenrand.

Sie fragten, wer er wär, und sahn
Ihm fremd ins angesicht
Der vater starb die mutter starb
Ein andrer kannt ihn nicht.

Vor tagen hab ich mich verirrt
Ich war im wunderwald
Dort kam ich recht zu einem fest
Doch heim trieb man mich bald.

Die leute tragen güldnes haar
Und eine haut wie schnee ...
So heißen sie dort sonn und mond
So berg und tal und see.

Da lachten all: in dieser früh
Ist er nicht weines voll.
Sie gaben ihm das vieh zur hut

Und sagten, er ist toll.

So trieb er täglich in das feld
Und saß auf einem stein
Und sang bis in die tiefe nacht
Und niemand sorgte sein.

Nur kinder horchten seinem lied
Und saßen oft zur seit …
Sie sangen's, als er lang schon tot,
Bis in die spätste zeit.

Hugo von Hofmannsthal

(1874-1929)

Ballade vom kranken Kind

[1892]

Das Kind mit fiebernden Wangen lag,
Rotgolden versank im Laub der Tag.
Das Fenster hing voller wildem Wein,
Da sah ein fremder Jüngling herein.

»Lass, Mutter, den schönen Knaben ein,
Er beut mir die Schale mit leuchtendem Wein,
Seine Lippen sind wie Blumen rot,
Aus seinen Augen ein Feuer loht.«

Der nächste Tag verglomm im Teich,
Da stand am Fenster der Jüngling, bleich,
Mit Lippen wie giftige Blumen rot
Und einem Lächeln, das lockt und droht.

»Schick, Mutter, den fremden Knaben fort,
Mich zehrt die Glut und mein Leib verdorrt,
Mich ängstigt sein Lächeln, er hält mir her
Die Schale mit Wein, der ist heiß und schwer!

Ach Mutter, was bist du nicht erwacht!
Er kam geschlichen ans Bett bei Nacht:
Und, weh, seinen Wein ich getrunken hab
Und morgen könnt ihr mir graben das Grab!«

Ballade des äußeren Lebens

[Blätter für die Kunst, Berlin 1896]

Und Kinder wachsen auf mit tiefen Augen,
Die von nichts wissen, wachsen auf und sterben,
Und alle Menschen gehen ihre Wege.

Und süße Früchte werden aus den herben
Und fallen nachts wie tote Vögel nieder

Und liegen wenig Tage und verderben.

Und immer weht der Wind, und immer wieder
Vernehmen wir und reden viele Worte
Und spüren Lust und Müdigkeit der Glieder.

Und Straßen laufen durch das Gras, und Orte
Sind da und dort, voll Fackeln, Bäumen, Teichen,
Und drohende, und totenhaft verdorrte ...

Wozu sind diese aufgebaut? und gleichen
Einander nie? und sind unzählig viele?
Was wechselt Lachen, Weinen und Erbleichen?

Was frommt das alles uns und diese Spiele,
Die wir doch groß und ewig einsam sind
Und wandernd nimmer suchen irgend Ziele?

Was frommts, dergleichen viel gesehen haben?
Und dennoch sagt der viel, der »Abend« sagt,
Ein Wort, daraus Tiefsinn und Trauer rinnt

Wie schwerer Honig aus den hohlen Waben.

Börries Freiherr von Münchhausen

(1874-1945)

Die Wunderwirkung der Latinität

[1907]

Ihr lieben Jungens in Stadt und Land,
Ich weiß euch eine Geschichte!
Ich kenn euch, ihr hört so trefflich zu
Mit sehr ernsthaftem Gesichte,
Doch in den Winkeln am Auge blitzts,
Wie von ganz anderen Sachen,
Und eure Lippen beben dabei, –
Das ist verhaltenes Lachen, –
Ihr seid nämlich eine ganz dolle Schwefelbande! –

Der Kurfürst Johann von Brandenburg,
Der war gelehrt wie sonst keiner,
Er sprach das flüssigste, klarste Latein
Noch besser als selbst die Lateiner,
Da nannten sie ihn den 'Cicero'
– Er fand das übel geraten, –
Viel besser hätte ihm 'Cäsar' gepasst,
So liebte er die Soldaten,
Vor allem seine sechstausend schweren märkischen Reiter!

Nun hatten einst einen großen Streit
Die Könige von Ungarn und Polen,
Da ließ der Kaiser, den das verdross,
Den Johann Cicero holen:
„Herr Kurfürst, ihr sprecht das berühmte Latein,
So bitt ich euch, habt die Gnade
Und zieht gen Warschau und söhnt sie aus
Mit eurer lateinischen Suade, –
Vielleicht nehmt ihr auch ein paar Soldaten mit?“

„Herr Kaiser“, der Auftrag passt mir gut!“
Sprach Johann mit tiefem Verneigen,

„Die klassische Kunst der Rhetorik wird
Sich stark am Barbaren erzeigen,
Die Ungarn und Polen versöhne ich
Ganz ohne Schwertstreich und Wunde, –
So wirkt der Wohllaut der Latinität
In meinem beredsamen Munde, –
Und außerdem nehm ich meine sechstausend Reiter mit!"

Vor Warschau, auf dem weiten Plan,
Da standen die Ungarn und Polen,
Die beiden Könige rechts und links,
Die saßen wie auf Kohlen,
Denn Johann Cicero sprach und sprach,
Wie troff die Rede von Milde,
Und wenn er von „christlichen Gründen" sprach,
So waren doch alle im Bilde, –
Hinter ihm standen Sechstausend aufgesessen und Lanzen eingelegt!

Was Johann Cicero dort gesagt,
Es ist der Nachwelt verloren,
Den feindlichen Königen klangen nur
So einzelne Worte in Ohren:
„Totschlago vos sofortissime,
Nisi vos benehmitis bene!!" –
Da söhnten die Gegner gerührt sich aus,
Und Johann vergoss eine Träne,
Und seine sechstausend Kerle brüllten: „Hurra, vivat Cicero!"

Ihr lieben Jungens, euch ist ja gelehrt,
Warum die Dichter was dichten,
Ihr wisst, der Zweck ist stets die Moral
Bei allen solchen Geschichten,
Drum wenn einen Klassenaufsatz es gibt
Über Münchhausens letzte Ballade,
So schreibt: Ein tadelloses Latein
Das ebnet im Leben die Pfade. –
Vorausgesetzt, dass einer eine gute Faust daneben haut!

Joachim Ringelnatz

(1883-1934)

Herrn Steins Reise nach München

[Der Grobian, 5. Jahrgang, Nr. 43, 1908]

»Amalie«, sprach Herr Pastor Stein,
»In München soll's gemütlich sein.
Um das mir einmal anzusehn,
Verreis' ich jetzt. Auf Wiedersehn!«
Zwölf Stunden später kam er dann
Am Hauptbahnhof in München an.
Ein Mann saß dort mit grünem Hut
Und tat sich in der Sonnenglut
An einem Riesenmaßkrug gütlich.
Der Pastor fand das sehr gemütlich.
Und rief ganz harmlos: »Alter, prost!«
Doch der erwiderte erbost:
»Du Stadtfrack, du gescheerter Dackl!
Du Rindvieh, damisches! Du Lackl!«
Und schlug dem Pastor voll Ekstase
Zweimal den Maßkrug um die Nase.
Herrn Stein, der sonst ein Mann voll Güte,
Ward's sehr beklommen zu Gemüte.
Verschiednes schien sich ihm zu drehn,
Und so nur konnte es geschehn,
Dass er am Karlsplatz etwas später
Geriet in eines Autos Räder.
Halbtot gequetscht sprach er voll Qual
Zu dem Chauffeur: »Na, hörn Sie mal!«
Worauf ihm der, halb unbewusst,
Noch ein Stilett stieß in die Brust.
»Gemütlich soll's in München sein«,
Begann mit schwachem Ton Herr Stein,
Doch eh er noch den Satz beendet,
Lag er am Boden schon verendet.

Die Stadtbehörde sargt ihn ein
Und depeschierte an Frau Stein:
»Verehrte Frau, es schmerzt uns sehr,
Jedoch Ihr Mann – der lebt nicht mehr.
Er starb in seiner Blütezeit.«

Nachwort des Herausgebers Joerg K. Sommermeyer

Peter Hacks ließ nur wenige gelten: *»Von den hundert Balladen, die die Deutschen besitzen, sind je ein Viertel von Goethe, Schiller und Heine und ist das verbleibende Viertel von sonstigen Dichtern verfasst.«* Und seit über fünfzig Jahren wurde und wird sie immer wieder für tot erklärt. Aber Totgesagte leben länger. Die Ballade ist nicht tot, sie trägt nur einen anderen Namen, sie heißt jetzt *»Rap«*!

Das Balladenjahr 1797 ist über 220 Jahre alt, und Balladen sind wie alles dem Zeitenlauf, der Vergesslichkeit, Vergänglichkeit und Moden unterworfen. Man erinnere (und vergesse dann vielleicht) das *»Heldenlied«* und die *»Ehre der Jungfrau«*.

Etymologisch ist der Begriff Ballade nicht sehr ergiebig (eher nichtssagend und irreführend): Das Wort, dem Französischen entlehnt, wiederum von der italienischen *»ballata«* herrührend, findet sich seit dem 16. Jh. in Deutschland und meint *»Tanzlied«*; aus dem Englischen stammt *»ballad«*, ein populäres erzählendes Lied. Ebenso selten wie auf deutsche Volksballaden wurde auf sie getanzt. In Deutschland ist außerdem nach und nach der für Ballade synonym gewordene Begriff *»Romanze«* (aus Spanien stammend, ein erzählendes volkstümliches Lied) heimisch geworden.

Verschiedenartigste Gebilde (nordische, südliche, et cetera) werden unter dem Begriff Ballade subsumiert. Zu ihrem Kreis zählen auch Legende, Lied, Moritat und Bänkelgesang. Einen engen Bezug zur Musik bezeugen zahllose Vertonungen. Gehört vielleicht gar auch die Popmusik-Ballade, diese schön-schnulzig-traurigen Songs über Liebesfreud' und Liebesleid, dazu? Es verwundert jedenfalls nicht, dass seit langen umstritten ist, was eine Ballade sei? *»Gedichte, die dramatische Geschichten erzählen«* (Wulf Segebrecht), *»Episch-fiktionale Gattung«* (Hartmut Laufhütte), *»Sonderform zwischen Lyrik und Epik«* (Käte Homburger), *»Handlungsgedicht«* (Gunter E. Grimm)?

»Die Ballade hat etwas Mysteriöses, ohne mystisch zu sein; diese letzte Eigenschaft eines Gedichts liegt im Stoff, jene in der Behandlung. Das Geheimnisvolle der Ballade entspringt aus der Vortragsweise. Der Sänger nämlich hat seinen prägnanten Gegenstand, seine Figuren, deren Taten und Bewegung so tief im Sinne, dass er nicht weiß, wie er ihn ans Tageslicht fördern will. Er bedient sich daher aller drei Grundarten der Poesie, um zunächst auszudrücken, was die Einbildungskraft erregen, den Geist beschäftigen soll; er kann lyrisch, episch, dramatisch beginnen und, nach Belieben die Formen wechselnd, fortfahren, zum Ende hineilen oder es weit hinaus-

schieben. Der Refrain, das Wiederkehren ebendesselben Schlussklanges, gibt dieser Dichtart den entschiedenen lyrischen Charakter. Hat man sich mit ihr vollkommen befreundet, wie es bei uns Deutschen wohl der Fall ist, so sind die Balladen aller Völker verständlich, weil die Geister in gewissen Zeitaltern, entweder kontemporan oder sukzessiv, bei gleichem Geschäft immer gleichartig verfahren. Übrigens ließe sich an einer Auswahl solcher Gedichte die ganze Poetik gar wohl vortragen, weil hier die Elemente noch nicht getrennt, sondern wie in einem lebendigen Ur-Ei zusammen sind, das nur bebrütet werden darf, um als herrlichstes Phänomen auf Goldflügeln in die Lüfte zu steigen.« (Johann Wolfgang Goethe, *»Ballade«* Betrachtung und Auslegung, Über Kunst und Altertum, Bd. 3, 1821)

Die Ballade überschreitet jedenfalls Gattungsgrenzen: Lyrik + Drama + Prosa; merkwürdige Begebenheiten erzählende Lyrik, gereimtes dramatisches Epos, in Reimen erzähltes Drama? Komprimierung ist dabei wichtig! Aus einer Ballade könnte man ein 5-aktiges Schauspiel, eine Oper, eine TV-Serie mit sieben Staffeln und 154 Episoden kreieren, umgekehrt ließen sich beispielsweise *Breaking Bad*, *Game of Thrones* oder *The Sopranos* balladesk komprimiert darstellen (rappen?).

Die vorliegende Ausgabe (mit absichtlichem Schwerpunkt auf Heinrich Heines Werke) will weder Enzyklopädie noch Balladengeschichte vergangener Jahrhunderte und schon gar nicht ein Beitrag zur Balladentheorie sein, sie ist vielmehr als Lesebuch gedacht, welches anregen und erfreuen soll. Leser dürfen keineswegs nur alle zwanzig oder dreißig Seiten auf einen packenden Text stoßen, sondern gerade umgekehrt, langweilende oder gar nervende Texte, wenn sich das – über Geschmäcker lässt sich (nicht?) streiten – nicht gänzlich vermeiden ließe, sollten bei der Lektüre dieses Buches höchst selten begegnen, äußerstenfalls siebenmal, nicht mehr!

Balladen haben ihre Hypothek, bis zum Verdruss Pflichtlektüre in der Schule zu sein, überlebt. Meisterwerke erweisen sich bis heute als *»unkaputtbar«*! Die Beliebtheit ihrer Parodien, man möge z. B. nur an *»Ramses der Ägypterkönig«* denken, spricht für sich. Und wirklich Abgestorbenes, Überlebtes, Befremdliches ist hoffentlich von mir vermieden worden.

Joerg K. Sommermeyer, Berlin, 2. Oktober 2018